LA DIPLOMATIE FRANÇAISE

AU XVIIᵉ SIÈCLE

HUGUES DE LIONNE

SES AMBASSADES EN ITALIE

1642-1656

PARIS

TYPOGRAPHIE GEORGES CHAMEROT

19, RUE DES SAINTS-PÈRES, 19

LA DIPLOMATIE FRANÇAISE

AU XVIIe SIÈCLE

HUGUES DE LIONNE

SES AMBASSADES EN ITALIE

1642-1656

D'APRÈS SA CORRESPONDANCE

CONSERVÉE AUX ARCHIVES DU MINISTÈRE DES AFFAIRES ÉTRANGÈRES

PAR

J. VALFREY

PARIS

LIBRAIRIE ACADÉMIQUE

DIDIER ET Cie, LIBRAIRES-ÉDITEURS

35, QUAI DES AUGUSTINS, 35

1877

AVERTISSEMENT

L'idée d'écrire une Histoire des Ambassades de Lionne et de son Ministère m'est venue à l'esprit, à la suite de la mesure libérale, et si heureusement inspirée, par laquelle M. le duc Decazes a ouvert au public les Archives du Ministère des Affaires étrangères. Pour montrer combien ce sujet est vaste et compliqué, il suffira de dire que les correspondances de Lionne s'ouvrent à la fin du ministère de Richelieu, qu'elles comprennent celui de Mazarin tout entier et qu'elles ne finissent, par la mort de leur auteur, que trois ans après le traité d'Aix-la-Chapelle.

J'ai eu d'abord quelque peine à m'orienter à travers cette immense quantité de pièces, dont la plupart

a

sont d'une écriture fort difficile. Peu à peu cependant, j'ai pu apercevoir les véritables horizons de mon sujet et en saisir les divisions naturelles. J'espère donc maintenant, si le public m'y encourage, arriver dans quelques années au terme de ma tâche.

Les documents que j'ai utilisés pour ce premier volume sont tous manuscrits et inédits. Ils appartiennent au riche et incomparable dépôt des Affaires étrangères, et M. Faugère, qui en a la garde, ne s'est pas contenté de les mettre à ma disposition avec une complaisance infinie dont je tiens à le remercier ; il m'a encore souvent exprimé le désir de voir mes recherches aboutir à un travail digne de Lionne. Il a été amené ainsi à me donner, en maintes circonstances, des conseils précieux, dont j'ai essayé de tirer le meilleur profit.

Mais les correspondances de Lionne, conservées aux Affaires étrangères, ne suffisaient pas pour reconstituer sa biographie, qui n'a jamais été écrite jusqu'ici avec quelque développement. Afin de les compléter, je m'adressai d'abord à toutes les personnes et à toutes les publications que la nature des choses m'indiquait dans cet ordre d'idées. Je n'en recueillis

que de très-minimes résultats ; lorsque je reçus ino-
pinément la suggestion de consulter les Archives de
l'Assistance publique, à Paris. Ici, je fus plus heu-
reux. La dernière marquise de Lionne ayant fait,
en 1754, des legs importants à l'Hôtel-Dieu, tous
les papiers de la famille y furent transportés à cette
époque, et, avant 1871, ils ne formaient pas moins
de douze cartons, dont quatre ont péri dans les incen-
dies de la Commune.

C'est grâce à ces nouveaux documents qu'il m'a
été possible, sinon d'écrire une notice définitive sur
Lionne, du moins de rectifier beaucoup d'erreurs qui
se reproduisaient traditionnellement, depuis plus de
cent ans, sur les principales dates de sa vie privée
et publique. A ces pièces qui m'ont été communi-
quées fort obligeamment par l'archiviste de l'Admi-
nistration, M. Brièle (1), je dois ajouter les tra-
vaux auxquels a donné lieu récemment la Maison
de Lionne, de la part de plusieurs savants du Dau-
phiné, notamment de M. Chevalier. Sur les origines

(1) Depuis, M. Brièle a publié un *Récolement des Archives de*
l'Administration générale de l'Assistance publique, qui ont échappé à
l'incendie de mai 1871. — Paris, Champion. 1876. — (Voir l'indication des papiers de la Maison de Lionne, pages 54 et 55.)

de la famille de Lionne, sur les relations que le
ministre de Louis XIV entretint en Dauphiné, pendant tout le cours de sa vie, j'ai trouvé chez
M. Chevalier bon nombre de détails complémen-
taires fort curieux.

Une fois en possession de tant de matériaux, je
pouvais hésiter sur l'emploi qui leur convenait.
Devais-je procéder à une publication destinée à
prendre place dans la collection des Documents inédits sur l'Histoire de France? Je ne l'ai pas pensé.
La correspondance politique de Lionne est très-
considérable, et dépasse certainement en étendue
celle de Richelieu ou de Mazarin, sans avoir partout le relief et l'éclat qui animent les billets, même
les plus insignifiants, de ces deux grands ministres,
placés par leur génie à une hauteur exceptionnelle.
Devais-je préférablement écrire une histoire de
Lionne, en m'inspirant, autant que possible, des
ouvrages qui, dans ce genre, sont les vrais modèles,
comme celui de M. Camille Rousset sur Louvois?
Je ne l'ai pas cru davantage. C'est moins l'œuvre
de Lionne et ses résultats qu'il m'a semblé intéressant
de mettre en lumière, que les procédés par les-

*quels il sut appliquer ou tracer des instructions,
et dont sa correspondance, soit comme ambassadeur, soit comme ministre, nous livre le secret.
Je me suis donc arrêté à une forme de récit qui,
en laissant le plus souvent la parole à Lionne lui-
même, fait de chacune des belles négociations qu'i
a dirigées une sorte de tableau, dans lequel le
lecteur saisira sur le vif l'ancienne diplomatie
française, et, j'ose dire, un de ses représentants
les plus accomplis (1).*

J. VALFREY.

(1) Dans les nombreux emprunts que j'ai faits aux correspondances
de Lionne, je n'ai pas cru devoir m'asservir à la reproduction de
l'orthographe. En effet, la plupart des dépêches de l'ambassadeur
étaient chiffrées, et leur déchiffrement interlinéaire, opéré dans le
cabinet de Mazarin par des secrétaires particuliers, dont plusieurs
étaient italiens, prend souvent des libertés excessives avec l'orthographe du xviie siècle.

INTRODUCTION

HUGUES DE LIONNE

Voici un homme dont le nom a été mêlé aux actes les plus glorieux des vingt premières années du règne de Louis XIV et qui fut, de son vivant, l'expression même du savoir et de l'habileté diplomatiques. De 1642 jusqu'à 1671, on ne citerait peut-être pas une seule affaire de quelque importance dans le domaine de la politique extérieure où il n'ait joué un rôle en évidence. Élève de Mazarin, il devient son successeur et continue sa tradition, avec la sûreté et l'éclat du maître. Puis il meurt, à peine âgé de soixante ans, dans la plénitude d'une situation qu'il a illustrée par les services les plus brillants. Et cependant, qui parle aujourd'hui du ministre Lionne ? Combien y a-t-il de Français qui connaissent seulement son nom ? Ses contemporains, sans prévoir qu'un jour viendrait où Lionne serait ignoré à ce point, n'ont guère songé à écrire sa vie. Ils parlent volontiers et fréquemment de lui, pour exalter ses hautes capacités ; mais ils négligent systématiquement tout ce qui est relatif à sa personne, tant il leur semble impossible que l'histoire ne conserve pas naturellement à cette grande figure l'intégralité de son relief !

Les contemporains de Lionne, après l'avoir tant admiré, n'ont donc pas assez fait pour lui garantir sa place à travers les siècles. En réalité, son nom n'a survécu qu'avec peine. Deux circonstances ont contribué à ce résultat. Jeune, ardent, ambitieux, Lionne a été associé de très-près à la politique de Mazarin ; il en a été l'instrument le plus remarquable ; mais Mazarin, qui avait absorbé le gouvernement, a confisqué la gloire. Le traité de Münster, la ligue du Rhin, la paix des Pyrénées, voilà l'œuvre de Mazarin ; on n'a pas daigné retenir que Lionne en fut le principal négociateur. Plus tard, quand il eut pris en mains, sur la désignation formelle du cardinal mourant, la direction du ministère des Affaires étrangères, Lionne se trouva en présence d'un monarque aussi jaloux de son pouvoir qu'impatient de l'exercer. Louis XIV apprécia hautement sans doute les mérites de Lionne ; il le combla d'honneurs et de dignités, mais il l'effaça. Si Colbert, Louvois et quelques

autres ont été plus heureux, c'est parce que le champ
d'activité, sur lequel s'est porté leur génie, n'était
pas aussi accessible que celui de la politique extérieure aux préoccupations dominantes et à l'intervention personnelle du Roi. Enfin, il n'est pas inutile de rappeler que les Archives du Ministère des
Affaires étrangères, où la correspondance diplomatique de Lionne est conservée, ont été, jusqu'à ces
dernières années, à peu près fermées au public.
Dans de pareilles conditions, comment Lionne
aurait-il échappé à l'oubli?

Après les travaux de M. Mignet, nous n'avons
plus à l'en tirer. Il reste cependant à le faire connaître plus complétement, et, avant tout, à essayer
de reconstituer sa biographie.

I

Hugues de Lionne naquit le 11 octobre 1611 à
Grenoble, sur la paroisse Saint-Hugues. Il appartenait à une ancienne et noble famille du Dauphiné (1).

(1) Nous avons consulté sur ce sujet, d'abord l'*Essai biographique
sur M. Hugues de Lionne*, de M. Réal (Bulletin de l'Académie delphi-
nale, 1856-60, p. 104 et suiv.), et la *Biographie du Dauphiné*, par

Son grand-père, Sébastien de Lionne, avait été conseiller du roi, receveur général des finances et
premier président à la Chambre des comptes de
Chambéry, après la conquête de la Savoie par
Lesdiguières. Son père, Artus de Lionne, conseiller au Parlement de Grenoble, avait épousé, le
17 mars 1605, Isabeau de Servien, sœur d'Abel de
Servien, qui devint procureur général au Parlement
de Grenoble, en 1616, et qui plus tard, après avoir
rempli les emplois les plus élevés dans l'administration et la diplomatie, devait terminer sa carrière, en
partageant avec Fouquet les fonctions de surintendant des finances. Hugues de Lionne comptait à
peine une année, lorsqu'il perdit sa mère. Il fut élevé
avec le plus grand soin par son père, qui ne négligea
rien pour lui donner une instruction solide, jusqu'au
moment où il résolut de se démettre de sa charge
et d'embrasser l'état ecclésiastique. Louis XIII l'appela ensuite à l'évêché de Gap (1).

Ad. Rochas (2 vol. Charavay, 1860). La première de ces deux notices
est incomplète et superficielle ; la seconde, en revanche, quoique
très-abrégée, donne des dates et des faits positifs. Mais c'est dans
la *Notice historique sur la famille de Lionne*, par M. le Dr U. Chevalier, de Romans, que nous avons trouvé les indications les plus
détaillées et les plus complètes. M. Chevalier a bien voulu nous communiquer en épreuves la dernière partie de son travail.

(1) Voici comment M. Chevalier résume les principaux traits de
la vie d'Artus de Lionne : « Artus de Lionne, né le 1er septembre

Hugues de Lionne fit-il ses études à Grenoble?
Vers quelle époque exactement vint-il à Paris?
Malgré toutes nos recherches, il nous a été impossible de recueillir à cet égard la moindre indication.
Tout ce que nous savons, c'est qu'à l'âge de dix-
neuf ans à peine, son oncle, qui venait d'être nommé
secrétaire d'État de la Guerre, l'appela auprès de lui
et « lui confia, dit un biographe anonyme, ce qu'il y
avait de plus délicat, de plus difficile, de plus important en son ministère. » Dès ce moment le jeune
Lionne montrait des aptitudes remarquables pour la
diplomatie. « Les mœurs, les langues, la politique
et les intérêts des nations étrangères, ajoute le
même biographe, furent l'étude où il s'appliqua
d'abord. Son génie l'y avait préparé; ce qui lui
acquit promptement toutes ces connaissances et qui

1583, seigneur d'Aoust, docteur en droit, conseiller au Parlement
de Grenoble, le 29 janvier 1605. Il épousa, le 17 mars de la même
année, Isabeau de Servien, fille d'Antoine, seigneur de Biviers, et
de Diane Bally, et sœur d'Abel Servien, surintendant des finances,
qu'Artus avait remplacé dans la charge de conseiller. Ayant eu la
douleur, en 1612, de perdre sa femme, âgée de vingt et un ans, il
s'engagea dans les ordres sacrés, et fut nommé chanoine de l'église
Notre-Dame de Grenoble, dans laquelle, le 9 janvier 1623, il pro-
nonça une oraison funèbre sur le *Trespas de messire François de
Salles*. Il devint, le 13 août 1634, coadjuteur de Salomon du Serre,
évêque de Gap, qu'il remplaça en mai 1637. Il fit son entrée solennelle dans sa ville épiscopale le 19 août 1640. Il en reconstruisit
l'église, ruinée par les protestants en 1577, et rédigea l'histoire des

a donné lieu à ces fameux emplois, à ces ambassades éclatantes et à ces importantes négociations qu'il a eues et qu'il a faites en divers pays. Il se faisait admirer, lorsqu'il entretenait des affaires étrangères son oncle et bien d'autres grands personnages. Il n'avait jamais vu le Tage, le Tibre, la Tamise, le Rhin, ni le Danube; il savait néanmoins les régions que ces fleuves arrosaient, connaissait les princes qui commandaient à ces régions et n'ignorait rien de leur gouvernement ni de leur conduite (1). »

évêques de son diocèse. Il s'occupa aussi beaucoup de mathématiques et publia des mémoires sur divers problèmes. Après avoir refusé l'archevêché d'Embrun, auquel il avait été nommé le 8 août 1658, et le riche évêché de Bayeux, en 1659, il donna sa démission en 1661, et se retira auprès de son illustre fils, à Paris, où il testa le 16 avril de cette dernière année et mourut le 18 mai 1663. »

Nous n'avons qu'une observation à ajouter aux lignes qui précèdent, c'est pour constater que la cour de Rome n'avait pas mis beaucoup d'empressement à sanctionner la nomination d'Artus de Lionne à la coadjutorerie de l'évêché de Gap. Le 27 février et le 10 mai 1636, Richelieu insistait encore auprès de l'ambassadeur de France auprès du Saint-Siège pour la solution de cette affaire, qui restait en souffrance depuis plus de vingt mois. — Voyez : Richelieu au comte de Noailles, 27 février et 10 mai 1636. Affaires étrangères. *Correspondance de Rome,* tome LIX.

(1) Archives de l'Assistance publique. *Généalogie de la Maison de Lionne,* manuscrit. — Cette généalogie fut fournie par Lionne au chapitre du Saint-Esprit, pour établir ses droits à exercer la prévôté des ordres du roi, le 11 décembre 1656. Aux termes des statuts, le prévôt devait prouver qu'il était gentilhomme de nom et d'armes, de-

A la fin de l'année 1630, Servien avait été envoyé en Piémont pour y remplir une mission diplomatique fort délicate. Il s'agissait de refuser la ratification du roi Louis XIII au traité de Ratisbonne, sans provoquer une reprise des hostilités auxquelles ce traité avait mis fin.

Servien se rendit à son poste, au commencement du mois de février 1631, accompagné de Lionne, qui lui servit de secrétaire pendant toute la durée de la négociation, ainsi que l'attestent plusieurs dépêches de l'ambassadeur, écrites de la main de son neveu, dépêches qu'on peut lire dans la correspondance de Turin, conservée aux Archives des Affaires étrangères (1).

Sa mission terminée, Servien rentra à Paris avec Lionne, qui resta attaché au service de son oncle, tant que celui-ci occupa les fonctions de secrétaire d'État de la Guerre. Servien fut disgracié, comme on sait, en 1636, et il se retira en Anjou. Richelieu, qui avait apprécié Lionne, loin de lui imposer l'obligation de suivre Servien dans sa

puis huit générations, la sienne comprise. Cette généalogie, si elle n'est pas l'œuvre de Lionne lui-même, a donc été au moins écrite avec sa participation. M. Chevalier a découvert qu'elle est de Guy-Allard.

(1) Voyez *Correspondance de Turin*, tome XVIII.

retraite, essaya de le retenir à Paris, par l'offre d'un emploi en rapport avec ses capacités. Mais Lionne, qui devait tout à son oncle, crut s'honorer en lui faisant le sacrifice momentané de ses légitimes ambitions, et il préféra s'éloigner de Paris.

Il partit pour Rome, où il passa plus de quatre années, jusqu'à la fin de l'automne de 1641 (1). C'est là qu'il eut la bonne fortune de se lier avec Jules Mazarin qui, dès cette époque, considérait la France comme le théâtre de sa fortune politique.

La générosité, dit Fromentières, qui le retirait des affaires ne servit qu'à l'en approcher. A Rome, il connut Mazarin qui, charmé de trouver en lui tant de vertus et de capacités dans une si grande jeunesse, ne put se défendre de lui accorder son amitié (2).

Dans la notice sur Lionne, qui figure parmi les œuvres mêlées de Saint-Evrement, nous trouvons le même renseignement (3).

(1) Il résulte d'une lettre particulière de Lionne, en date du 5 février 1670, lettre qui est entre les mains de M. Chevalier, que le neveu de Servien aurait fait une excursion à Grenoble en 1640, pour des intérêts de famille.

(2) Œuvres mêlées de messire Jean-Louis de Fromentières, évêque d'Aire et prédicateur de Sa Majesté. *Oraison funèbre de Hugues de Lionne*. Paris, Couterot, 1690.

(3) Mélanges curieux des meilleures pièces attribuées à M. de Saint-Évremond. *Abrégé de la vie de M. de Lionne, ministre d'État.*

Enfin l'écrivain officieux, dont nous avons déjà cité le témoignage plus haut, n'est pas moins explicite sur ce sujet. Après avoir constaté dans quelles conditions le neveu de Servien arriva à Rome, il ajoute :

Jules Mazarin l'y connut et l'admira en même temps. Ce grand homme, qui vint en ce royaume peu d'années après, lui continua son estime et sa bienveillance. Il se l'attira parce qu'il le crut utile au bien de la France, se le conserva parce qu'il connut que personne n'était plus digne que lui des emplois qu'il lui procura ensuite (1).

On ne peut faire que des conjectures au sujet du genre d'existence que Lionne mena en Italie, pendant ces quatre années. Sa correspondance et les Mémoires du temps ne nous fournissent à cet égard aucune information positive. On est autorisé cependant à supposer, on sait même que Lionne mit à profit son séjour dans une ville, où toute la politique européenne aboutissait, pour se familiariser avec ses secrets et pour nouer des relations utiles dans la Cour pontificale et le Sacré-Collège. Le cardinal Antoine Barberini et le cardinal Sacchetti notamment l'accueillirent avec sympathie et lui vouèrent bientôt

(1) Archives de l'Assistance publique. *Généalogie de la maison de Lionne.*

une affection, qui devait lui donner plus tard un
point d'appui sérieux. Mais Lionne ne perdit jamais
de vue un seul instant les intérêts de Mazarin, et il
s'efforça dès cette époque, croyons-nous, de les
servir en toute occasion par les influences qu'il avait
réussi à se créer.

Mazarin avait compris de bonne heure que le cardinalat lui était indispensable pour conquérir en
France la haute situation à laquelle il prétendait.
Sans autre levier que sa précoce intelligence et
son tact, Lionne ne pouvait évidemment songer à
emporter de haute lutte, pour son protecteur, une
dignité qui était refusée aux instances de Richelieu,
depuis plusieurs années. Mais du moins le jeune diplomate était placé à merveille pour suivre les péripéties de cette affaire et rendre compte à Mazarin des
obstacles qui retardaient son dénouement. Lionne
entra avec zèle dans ce rôle d'agent officieux, et il
s'y montra, selon toute apparence, infatigable. Dans
les derniers mois qu'il passa en Italie, c'est-à-dire
au cours de l'année 1641, la promotion de Mazarin
traversa une épreuve des plus graves. Les démêlés
incessants du maréchal d'Estrées avec le Saint-Siége,
auprès duquel il était accrédité comme ambassadeur,
avaient fini par décider Richelieu à lui envoyer

ses lettres de rappel. Mais le maréchal ne se pressait pas de rentrer en France. Il avait passé d'abord trois ou quatre mois à Capraroles ; puis il était allé s'établir à la cour de Parme, et partout son langage et ses actes avaient été calculés pour irriter au plus haut degré la cour pontificale. La promotion de Mazarin commençait donc à souffrir sérieusement de cet incident. Lionne n'hésita pas à prévenir son protecteur du péril qui menaçait sa candidature, et il le fit dans une lettre qui mérite d'être citée, parce qu'elle donne une idée exacte des rapports intimes qui existaient dès lors entre Mazarin et le neveu de Servien. Celui-ci, après avoir signalé les démarches impolitiques du maréchal d'Estrées, ajoutait :

Voilà, monseigneur, une partie des artifices dont on se sert et que j'ai découverts en diverses conférences. J'ai été longtemps en doute si je prendrais la liberté de vous les mander, sur l'appréhension que j'avais que, sachant comme je suis avec M. le maréchal d'Estrées, vous ne pensassiez que ce fût à dessein de lui nuire. Néanmoins, la passion que j'ai pour tous vos intérêts m'a fait passer sur toutes sortes de considérations, et, pourvu que mes avis vous servissent, il m'en importerait pas tant de quel motif vous jugeriez qu'ils viennent. J'ose espérer que vous me ferez la grâce de ne me point alléguer, pour ne me trouver point après entre deux feux, si ce n'est qu'il fût absolument nécessaire pour votre service, car, en ce cas, je n'appréhende aucun accident et ne refuse aucune sorte de per-

sécution de mondit sieur le maréchal. Vous savez, monseigneur,
la portée de mon esprit et à quoi je puis être propre ; s'il faut
aller ou parler pour votre service, comme quelquefois, ou vous
faire dire des choses qu'on n'ose proposer soi-même, je n'at-
tends que le moindre de vos commandements, sur lequel j'en-
tretiendrai toutes les personnes qu'il vous plaira et me trans-
porterai partout où vous me ferez l'honneur de m'ordonner (1).

Cette lettre, quelle qu'en soit la date, doit avoir
précédé de très-peu de semaines le retour de Lionne
en France. Dès le mois. de juillet 1641, en effet,
Mazarin avait été désigné par le cardinal de Richelieu pour représenter la France au Congrès de
Münster, et il résulte de plusieurs lettres, écrites par
lui vers cette époque, qu'il comptait se rendre à son
poste, après les chaleurs de l'été (2). Mazarin avait
besoin d'un auxiliaire de choix, et il offrit à Lionne,
qui l'accepta, l'emploi de premier secrétaire dans sa

(1) Affaires étrangères. *Correspondance de Rome,* tome LXXVI,
fol. 528. — La lettre est classée dans la *Correspondance de Rome,*
bien qu'elle ne porte aucune indication positive qui y justifie son
insertion, et elle n'est pas davantage datée. Mais, comme elle fait
allusion à des événements qui se sont produits dans les derniers
jours de septembre 1641, on est en droit d'en conclure qu'elle est
du mois suivant. Toutefois nous devons faire remarquer que le
maréchal d'Estrées, au mois d'octobre 1641, avait quitté le territoire pontifical pour se porter à Parme. Dès lors, il est possible et
même probable que la lettre de Lionne aura été écrite de cette dernière ville et non de Rome.

(2) Mazarin à M. d'Argenson. Mézières, 2 août 1641. — Affaires
étrangères. *Lettres de Mazarin,* France, tome XX.

mission (1). « C'était justement, dit le biographe officieux à la notice duquel nous avons déjà eu occasion
de recourir plusieurs fois, une ouverture à la connaissance de tout ce qu'il y avait de secret, de considérable et d'important dans les affaires du royaume. »
Par suite de circonstances imprévues, la mission de
Mazarin fut abandonnée ; mais Lionne, qui était rentré à Paris sur ces entrefaites, et qui se trouvait muni
d'une nomination, désormais sans objet, avait droit
à une compensation. Le conflit de Castro, qui venait
d'éclater avec une violence fâcheuse, mettait en péril
le seul allié sur lequel la France fût en mesure de
compter au-delà des Alpes, et réclamait par conséquent l'envoi immédiat à Parme et à Rome d'un
agent, en état de préparer une transaction entre le
duc Farnèse et le pape Urbain VIII. Lionne fut
choisi pour cette négociation compliquée, qui mar-
qua son entrée dans dans la carrière diplomatique.

Nous n'avons pas à nous étendre ici sur les péripéties de la mission de Parme, que nous racontons
plus loin tout au long et qui mit en évidence, à un âge
où tant d'autres ont encore beaucoup à apprendre,
les qualités supérieures du neveu de Servien.

(1) Mazarin au P. Provincial Michel Mazarin. Ruel, 26 décembre
1641. — Affaires étrangères. *Lettres de Mazarin,* France, tome XX.

II

Lionne avait quitté Paris dans les derniers jours du mois de décembre 1641 et il était resté absent jusqu'au mois de septembre 1643. Lorsqu'il revint, tout était changé. Cardinal depuis près de deux ans, Mazarin avait d'abord succédé à Richelieu, comme premier ministre ; puis, à la mort du roi Louis XIII, il avait pris possession, non-seulement du pouvoir politique, mais encore du cœur de la reine régente elle-même. Mazarin n'avait pas oublié, pendant ce temps, son protégé. Dès le mois de juillet 1643, il l'avait pourvu du titre de conseiller d'État, et rappelé à Paris, pour en faire son confident le plus intime.

Lionne s'installa auprès de Mazarin, au commencement du mois d'octobre 1643 et devint immédiatement, on peut le dire, le principal rédacteur de ses dépêches diplomatiques (1).

Il suffit de parcourir les volumes de la correspon-

(1) Lionne se faisait adresser ses lettres à cette époque « chez M. le cardinal Mazarin », à Paris. Voir Affaires étrangères. *Correspondance de France,* tome CVI. Lettre du 2 avril 1644.

dance d'Allemagne, d'Angleterre, d'Autriche, de
Bavière, de Danemark, d'Espagne, de Hollande, de
Rome, de Venise, et en général de tous les pays
avec lesquels la France entretenait alors des relations suivies, pour se convaincre de l'activité de
Lionne et de la facilité inépuisable de sa plume. Dans
la plupart des questions, c'est lui qui trace les instructions des agents français, avec une sûreté et une
abondance vraiment incomparables. Une affaire
exceptionnellement importante était engagée alors,
qui absorbait toutes les préoccupations du gouvernement français. Nous voulons parler des conférences de Münster, où la France était représentée par
des plénipotentiaires dont les démêlés sont restés cé-
lèbres, Servien et d'Avaux, mais qui ne connaissaient
pas, au même degré, la pensée secrète de Mazarin.
Inutile d'ajouter que celui des deux ambassadeurs
qui la possédait le plus complétement, c'était Servien, et les contemporains de ce dernier n'hésitent
pas à dire que le traité de 1648 fut en grande partie l'ouvrage de son neveu Lionne.

Il faisait, lisons-nous dans la notice manuscrite de l'Assistance publique, toutes les dépêches, dressait tous les mémoires
et les contredits, et répondait à toutes les objections et excep-
tions des princes étrangers.

D'autres ont prétendu que Mazarin, dans la négociation de Münster, se servait de Lionne non-seulement pour écrire des dépêches, mais encore pour
résoudre plus commodément, et toujours en faveur
de Servien, les conflits qui s'élevaient si fréquemment entre lui et son collègue d'Avaux.

S'il faut en croire un manifeste publié par Chavigny, dans les premiers temps de la Fronde, le cardinal
« faisait tenir des conseils en sa présence pour juger
leurs différends, et le sieur de Lionne, qui recevait
toutes les dépêches de Münster, ajustait si bien toutes
les écritures, que le sieur d'Avaux y avait toujours du
désavantage (1) ». Lorsque Chavigny rédigea ce manifeste, il n'était pas dans les conditions voulues pour
parler de ses adversaires avec impartialité ; son témoignage montre cependant jusqu'à quel point Lionne
passait pour jouir de la confiance du ministre dirigeant.

III

Mais, bien avant la signature du traité de Westphalie, il était survenu, dans la vie de Lionne, des
événements qui avaient grandi et consolidé sa situa-

(1) Cité par M. Chéruel, *Mémoires sur la vie publique et privée de
Fouquet.* 2 vol. in-8°, Paris, 1865 ; tome I, chap. III.

tion. Le 10 septembre 1645, il avait épousé Paule
Payen, fille unique d'un de ses collègues au conseil
d'État et qui lui avait apporté une dot d'une valeur
de 500,000 livres (1).

Le mariage eut lieu en grande pompe. Toute la
cour et la haute société de Paris, notamment la
reine mère, le duc d'Orléans, les cardinaux Mazarin,
de Lyon et Bichi, le chancelier, le duc de Lesdiguières, le maréchal de Bassompierre et une foule
d'autres dignitaires de l'État avaient signé au contrat,
où le père de Lionne, alors évêque de Gap, s'était
fait représenter par François Servien, aumônier
ordinaire du roi, abbé de More et évêque de Car-
cassonne (2).

(1) Nous n'avons pu nous procurer, aux Archives de l'Assistance
publique, le contrat de mariage de Lionne, qui a été détruit, avec
beaucoup d'autres papiers, par les incendies de 1871. Mais, en revanche, nous y avons trouvé diverses pièces relatives à la situation de ses affaires, après son décès, notamment : *Un état des effets
actifs et passifs de la succession de M. de Lionne, ministre,* et le
texte du jugement rendu le 1er juin 1678, *pour la vérification et
l'ordre des dettes de sa maison.* Nous ferons de nombreux emprunts
à ces documents dans le cours de cette notice. Du premier, il résulte que la dot de Mme de Lionne se décomposait ainsi : 180,000
livres en deniers comptant ; 120,000 livres en une grande maison,
sise rue Vivienne, et 200,000 livres en offices de receveurs collecteurs
des tailles des paroisses. La belle-mère de Lionne était née de
Rives ; sa famille était originaire de Normandie.

(2) Mme de Lionne mourut seulement en 1704, à l'âge de soixante-
quatorze ans. Elle avait donc quinze ans au moment de son mariage.

A partir de ce moment, Lionne adopta un train de
maison qui ne lui permit pas de respecter toujours
les lois de l'économie. Ses dépenses excédèrent
bientôt ses revenus et aboutirent à des embarras
d'argent, qui, comme nous le verrons plus loin,
faillirent quelquefois porter préjudice à sa carrière
politique.

En 1646, la charge de secrétaire des commandements, maison et finances de la reine étant devenue vacante, par la mort de Nicolas Legras, la
reine mère l'accorda au protégé de Mazarin, à titre
gratuit.

Nous avons cru, dit le roi dans l'acte de provision du
13 août 1646, que nous ne pouvions faire un meilleur choix
pour cela que de la personne de notre amé et féal Me Hugues
de Lionne, conseiller en notre conseil d'État, tant pour son
mérite particulier, que pour les preuves qu'il nous a ren-
dues de son expérience et de sa fidélité, en plusieurs traités,
négociations et affaires d'importance où il a été employé
pour notre service vers les princes étrangers et en d'autres
occurrences, dont il s'est toujours très-dignement acquitté(1).

Enfin, le surlendemain, 15 août, Lionne eut entrée, par lettres patentes, à tous les conseils du roi.
Une faveur si rapide se justifiait sans doute par

(1) Archives de l'Assistance publique.

des services éclatants. Il n'est pas défendu de supposer néanmoins qu'en faisant donner le secrétariat
des commandements de la reine mère à Lionne,
Mazarin avait voulu s'assurer un appui et un concours
de plus auprès de la régente. Il y réussit, et Lionne,
dans ce poste de confiance, sut défendre toutes les
avenues du palais contre les influences hostiles au
cardinal. Hâtons-nous d'ajouter que les nouvelles
fonctions de Lionne ne l'éloignèrent nullement du
cabinet de Mazarin et que le secrétaire de la reine
continua à prendre, comme par le passé, la part la plus
active aux grandes affaires diplomatiques de l'époque.
Il remplit, même, malgré un titre qui semblait destiné
à le retenir assidûment à Paris ou à Saint-Germain, de
véritables missions à l'étranger. Ainsi, dans le cours
de l'année 1649, le pape et la république de Venise
firent des démarches pressantes pour amener la
France et l'Espagne à conclure la paix, à des conditions sur lesquelles tout accord avait été jugé impossible l'année précédente, à Münster. Avant de
renouer les négociations officiellement, il fut décidé
que les deux cours échangeraient leurs vues dans des
conférences préliminaires, où elles se feraient représenter chacune par un plénipotentiaire spécial. Le
comte de Peñaranda et Lionne furent désignés pour

représenter l'un l'Espagne et l'autre la France, et ils se rencontrèrent à Cambrai, où les pourparlers s'ouvrirent, le 9 août 1649. Mais le comte de Peñaranda ayant réclamé, entre autres sacrifices à la charge de la France, la restitution de la Catalogne, Lionne déclara, dit un témoin, que son gouvernement « aimerait mieux faire une guerre malheureuse pendant vingt ans », que de consentir à une pareille exigence, et que si, après avoir perdu plusieurs batailles, il était obligé d'acheter chèrement la paix, il préférerait céder « une de ses anciennes provinces », plutôt qu'une principauté qu'il « avait promis avec serment de retenir ». En présence de ces difficultés et des allures chaque jour plus présomptueuses de la cour de Madrid, Lionne n'insista pas et les négociations furent définitivement rompues (1).

IV

La situation politique intérieure avait pris sur ces entrefaites une extrême gravité en France, et le secrétaire des commandements de la reine ne pou-

(1) Archives des affaires étrangères. *Histoire des traités de Westphalie,* chap. II. Manuscrit.

vait échapper, au milieu du trouble des-esprits et de
la sédition dans la rue, à de redoutables responsabilités. La Fronde était devenue puissante et elle portait chaque jour quelque nouvelle atteinte au pouvoir royal, tout en s'attachant rigoureusement,
dans ses programmes, à ne poursuivre que le ren-
versement de Mazarin. Des résolutions décisives
durent être prises au commencement de l'année
1650; elles se traduisirent par l'arrestation, à la date
du 18 janvier, des princes de Condé et de Conti, et de
leur beau-frère le duc de Longueville, qui furent
transférés un peu plus tard au Havre. Mais cet
acte de vigueur ne suffit pas pour enrayer le mouvement, et, treize mois après, la reine mère était
conduite aux plus douloureux sacrifices, en décrétant
l'élargissement des princes, ce qui plaçait Mazarin
dans l'obligation de s'éloigner de Paris et du territoire français. Lionne avait joué un rôle considérable dans ces diverses mesures. C'est lui qui avait
signé l'ordre d'arrêter les princes ; c'est lui encore
qui se rendit au Havre, avec Gramont et Goulas, le
1ᵉʳ février 1651, pour les mettre en liberté, au nom
du roi, de la reine mère et du duc d'Orléans (1). Les
prisonniers sortirent de la citadelle où ils étaient

(1) *Muze historique de Loret,* livre II, lettre vɪᵉ.

enfermés, le 13 du même mois, et ils arrivèrent presque immédiatement dans la capitale. Ils y furent reçus en triomphateurs.

Mazarin n'avait pas attendu leur retour. Dès le 6 février, il avait quitté Paris, laissant le gouvernement entre les mains de ceux qu'on appela bientôt les sous-ministres, Le Tellier, Servien et Lionne. Jamais la position de ce dernier n'avait été plus délicate, ni ses perplexités plus intenses, pour concilier le dévouement qu'il devait à la reine avec les obligations de toute nature qui l'attachaient à son premier ministre. Dans ces temps malheureux, Lionne se conduisit avec beaucoup de loyauté. Il n'échappa point cependant aux soupçons injustes, ni aux récriminations violentes de Mazarin, aigri par l'exil et enclin à juger tout, avec les préventions d'un cœur ulcéré. Au mois d'avril 1651, l'abbé Fouquet s'étant rendu auprès de lui, à Bouillon, il l'avait trouvé dans une sorte d'humeur noire, qui ne lui laissait que peu de liberté pour s'exprimer impartialement sur les affaires publiques. Le nom de Lionne avait été prononcé dans la conversation, et Fouquet avait rapporté sans aucun ménagement les griefs du cardinal contre son protégé. Lionne s'émut vivement de ces accusations, et il

s'en plaignit, paraît-il, à Mazarin, qui lui répondit
bientôt avec une certaine brutalité :

Pourvu que je choisisse pour mes confidents ceux qui sont
entièrement à vous, ou plus à vous qu'à moi, et que je m'emploie en faveur de vos amis ou contre vos ennemis, ou ceux
qui peuvent faire obstacle à ce que vous souhaitez, vous savez
si bien porter mes instances à la reine que tout réussit; mais
autrement, Sa Majesté se tient ferme. Je connais bien des personnes qui, si je vous écrivais de les faire chasser, ne demeu-
reraient guère à la cour; et cependant je sais fort bien que la
reine a plus envie de me donner des marques de sa bienveillance qu'à vous (1).

Dans une autre lettre, écrite au même, quelques
jours plus tard, et datée de Brühl, Mazarin articulait
avec plus de précision ses griefs. Il était resté privé
de toutes nouvelles directes de Lionne pendant cinquante jours, c'est-à-dire du 16 mars au 5 mai
1651 :

Faites votre compte, ajoutait-il, et voyez si je me trompe
de beaucoup, et s'il y a homme au monde qui crût que, ayant
toute confiance en vous, que n'ayant rien oublié pour obliger
Sa Majesté à vous la donner, que vous considérant comme un
autre moi-même et qu'ayant souhaité que vous allassiez à
Paris pour me reposer sur vous de tout, il pût arriver que je
demeurerais si longtemps sans avoir de vos nouvelles, et s'il y

(1) Mazarin à Lionne, mai 1651. *Lettres du cardinal Mazarin*, etc.
par M. Ravenel. Page 66, 1 vol. in-8°, Paris, Renouard, 1836.

a barbare qui ne compatit à un semblable malheur dans une conjoncture qu'on me fait injure sur injure, et que je me vois accablé de tous côtés (1).

Mais c'est dans les lettres de Mazarin à la reine qu'il faut chercher l'expression la moins mesurée de la colère qu'inspire au cardinal la conduite de Lionne.

Si vous voyiez, écrit-il, le 6 juillet, à Anne d'Autriche, l'état dans lequel je suis, je vous ferais pitié, et il y a de petites choses qui me tourmentent au dernier point. Par exemple, je sais que vous avez dit plus d'une fois à Lionne pourquoi il ne prenait les chambres de Mazarin, lui témoignant tendresse de ce qu'il se mouillait en passant la cour. Cela m'a fait perdre le sommeil deux nuits de suite et des choses semblables seraient capables de me faire mourir. Je vous proteste que si je pouvais être persuadé que vous eussiez estime ou affection pour un si lâche coquin, qui me trahit continuellement, je serais incapable de vivre. Que vous dissimuliez avec lui, si le bien des affaires le requiert, patience; mais que, dans votre âme, vous en fassiez aucun cas, cela ne se pourrait souffrir (2).

Le sentiment auquel s'abandonne Mazarin dans ces lignes réclame quelque indulgence. Le cardinal est envahi par des préoccupations, qui n'ont rien à

(1) Mazarin à Lionne, Brühl, 18 mai 1651. *Lettres du cardinal Mazarin,* etc., par M. Ravenel.

(2) Mazarin à la reine, 6 juillet 1651. *Lettres du cardinal Mazarin,* etc., par M. Ravenel.

voir avec le bien de l'État, ni avec les intérêts politiques de la reine ; en d'autres termes, il se livre à un accès de jalousie, qui lui trouble la perspective des hommes et des choses.

L'histoire est, au contraire, fort à l'aise pour établir que, au moment même où il était accusé si cruellement de trahir son protecteur, Lionne s'entremettait avec un zèle infatigable pour négocier son retour, en agissant sur l'esprit du prince de Condé, à l'insu du duc d'Orléans. Ces démarches n'aboutirent qu'à mettre en évidence le dévouement de Lionne pour Mazarin, et à fournir ainsi de nouvelles armes aux ennemis du second pour obtenir le renvoi du premier. Il fut à son tour éloigné, ainsi que Servien et Le Tellier, par ordre de la reine, au mois de juillet 1651, et se retira en Normandie, probablement dans une des propriétés de l'oncle de sa femme, avec l'intention de préparer et de publier un mémoire justificatif de sa conduite (1).

Cette mesure, à laquelle Anne d'Autriche n'avait consenti qu'à la dernière extrémité et après avoir résisté longtemps à ceux qui devaient finir par la lui imposer, portait un coup désastreux à la fortune poli-

(1) Mazarin à Lionne, 22 septembre 1651. Affaires étrangères. *Lettres de Mazarin*, France, tome XXIX.

tique de Lionne. Mazarin fut le premier à s'en émouvoir, et, dès le mois d'août 1651, nous le voyons
intervenir pour que Lionne ne perde pas sa charge de
secrétaire des commandements de la reine (1). Celle-
ci tint compte de la recommandation, mais elle ne
réussit pas à abréger pour autant la durée de l'exil
dont elle avait été contrainte de frapper Lionne.
Mazarin repassa la frontière française, au mois de
décembre 1651, à la tête d'une petite armée, dont
Turenne était destiné à prendre le commandement. A cette nouvelle, le Parlement et la Fronde
s'abandonnèrent à une exaspération indicible. On
fit appel à des troupes, recrutées dans les Pays-Bas
espagnols, pour occuper Paris, où des fêtes brillantes
furent données en leur honneur, au printemps de
1652. Éloigné de nouveau au mois d'août suivant,
Mazarin alla reprendre possession de sa petite
chambre du château de Bouillon, qui ne le proté-
geait qu'insuffisamment, dit-il, contre les intempé-
ries. Mais, quelques semaines plus tard, la situation
se présentait déjà sous un meilleur aspect, car, dès
le 21 octobre, le roi faisait son entrée dans Paris, au
milieu des acclamations d'un peuple, qui ne demandait que le rétablissement de l'ordre et de la paix.

(1) *Mazarin à la reine*, 3 août 1651. Ravenel, ouvrage cité.

V

Pendant les derniers mois de l'année 1651 et pendant tout le cours de l'année 1652, Lionne était donc resté à l'écart de la scène politique. Peu à peu, cependant, les préventions de Mazarin contre lui s'étaient dissipées et elles avaient été remplacées par les sentiments affectueux d'autrefois. Le 12 septembre 1651, le cardinal écrivait à son ami, pour le dissuader de se constituer prisonnier à Saumur, et il ajoutait :

Je vous réitère que je n'ai eu nulle part à votre éloignement, tant s'en faut. J'ai écrit puissamment pour votre conservation et des autres qui se sont retirés avec vous, afin que M le prince n'eût pas cet avantage et que cette nouvelle brèche à l'autorité royale ne lui servit point à en faire de plus grandes... Je n'ai rien tant aimé que vous ; je m'y suis confié sans aucune réserve, et, lorsque vous retournâtes du Havre à Paris, j'ai cru si bien que mes affaires étaient beaucoup mieux entre vos mains que dans les miennes propres que vous savez si j'ai rien oublié, afin que la reine eût une dernière confiance en vous (1), à l'exclusion de tout autre.

Au mois d'octobre suivant, Lionne eut l'idée d'aller conférer avec Mazarin, et il lui proposa de

(1) Mazarin à Lionne, 12 septembre 1651. Affaires étrangères. Lettres de Mazarin, France, tome XXIX.

c

se porter à sa rencontre jusqu'à Sedan. Le cardinal
ayant accepté cette ouverture avec empressement,
Lionne se mit en route. Il arriva au rendez-vous
dans les conditions fixées ; mais, pour un motif ou
pour un autre; il ne put y attendre assez longtemps
Mazarin, que des circonstances imprévues avaient
empêché d'être exact. Celui-ci en éprouva un vif
regret, qui se traduisit par une lettre datée de Bouillon, le 21 décembre 1651, et où nous lisons :

Depuis que je suis arrivé ici, il m'a encore été plus sensible de vous trouver parti de Sedan, et que le courrier que
je priai M. de Fabert de vous dépêcher, afin de vous y faire
revenir, si vous n'étiez pas encore fort éloigné, ne vous ait pas
rencontré (1).

Mais Lionne craignit que le bruit de ses démarches, en se répandant, ne le compromît irrévocablement. Mazarin s'empressa de le dégager quelques
jours après :

Si vous croyez, lui dit-il, qu'il y ait le moindre inconvénient à me venir voir dans mon passage, tant s'en faut que je
désire que vous le fassiez (2).

(1) Mazarin à Lionne, Bouillon, 21 décembre 1651. Affaires étrangères. *Lettres de Mazarin*, France, tome XXIX.
(2) Mazarin à Lionne, Sedan, 27 décembre 1651. Affaires étrangères. *Lettres de Mazarin*, id.

A la suite de cet incident, plusieurs mois s'écoulèrent sans que Mazarin, toujours tenu en échec par la Fronde, trouvât les moyens de remédier à la situation de Lionne.

Rien ne garantissait donc celui-ci d'une manière absolue contre l'oubli de son protecteur, le jour où la fortune du cardinal viendrait à changer de face après tant d'épreuves.

Mais, heureusement pour lui, Lionne comptait des amis dévoués dans le procureur Fouquet et son frère Basile, qui avaient déployé tant de zèle et de courage pour la cause de Mazarin, pendant la crise de la Fronde. Le cardinal fut donc sollicité très-vivement par eux de prendre des engagements formels en faveur de Lionne, afin que l'exil de ce dernier cessât en même temps que celui du premier ministre. Mazarin manifesta les meilleures dispositions; toutefois, les deux frères Fouquet ayant insisté pour obtenir des assurances plus positives et plus catégoriques, Mazarin s'en défendit avec une certaine impatience, comme d'une atteinte à sa dignité. Il avait écrit à Lionne, le 22 septembre 1652 : « N'ayez nulle inquiétude et croyez que je n'oublierai rien, afin que vous ayez le repos d'esprit au point que vous souhaitez ; » il écrivit à l'abbé Fouquet, au mois de novembre suivant :

Je suis surpris de ce que vous me marquez que M. le procureur général ne comprend rien à ce que je lui ai écrit touchant de Lionne, puisqu'il me semble m'être assez bien expliqué en lui disant, comme je lui réitère encore, que je suis toujours dans les mêmes sentiments que j'ai fait témoigner audit sieur de Lionne même et que, comme je sais qu'il en est fort satisfait, je crois, par conséquent, que mondit sieur le procureur général le doit être aussi. Après tout, il faudrait bien que j'eusse perdu tout crédit auprès de Leurs Majestés, si je ne venais à bout de leur faire résoudre le retour dudit sieur de Lionne à la cour (1).

VI

Le 3 février 1653, Mazarin reprenait possession, à Paris, de son poste de premier ministre. Lionne n'attendit pas longtemps l'exécution des promesses qui lui avaient été faites, et il retrouva immédiatement toute la faveur du cardinal. D'abord, son oncle Servien fut nommé sans retard surintendant des

(1) Mazarin à Lionne, Bouillon, 22 septembre 1652 ; à l'abbé Fouquet, Sedan, 21 novembre 1652. Affaires étrangères. *Lettres de Mazarin*, France, t. XXX. — Cité également par M. Chéruel, dans ses *Mémoires sur la vie publique et privée de Fouquet*, tome I, page 220.

finances, avec Nicolas Fouquet. Puis, la Vrillière
s'étant démis de sa charge de grand maître des cérémonies des ordres de Saint-Michel et du Saint-
Esprit, Lionne fut autorisé à l'acheter, par lettres
royales du 28 du même mois, en raison de « ses
sens, suffisance, intégrité, prud'homie et bonne diligence ». Il s'acquitta de ses engagements, en ver-
sant, avec le prix intégral de sa charge de secrétaire des commandements de la reine, cédée par lui
à Montigny-Servien, une somme de 252,000 livres. Au point de vue politique, les plus grands
avantages s'attachaient à la prévôté des ordres du
roi dans une société et dans une cour, où les dis-
tinctions honorifiques formaient le complément envié
des plus hauts emplois. Mazarin ne crut pas cependant avoir fait assez pour Lionne dans cette circonstance; il voulut encore que l'État lui payât presque
entièrement sa nouvelle charge. Un brevet du roi,
en date du 15 juillet 1653, assura au successeur de
la Vrillière, pour le cas où il viendrait à décéder
dans l'exercice de ses fonctions, le remboursement,
au profit de ses héritiers, d'une somme de 200,000 livres. Le brevet est conçu en ces termes :

Le roi..... ayant égard aux longs, fidèles et laborieux
services que le sieur de Lionne..... a rendus à feu le roi, son

père, de glorieuse mémoire, à Sa Majesté, à présent régnante, et à l'État, pendant vingt-trois ans, tant en plusieurs emplois considérables au dedans du royaume, en diverses négociations auprès des princes étrangers, que depuis, en la charge de secrétaire des commandements de la reine sa mère, et auprès de la personne de M. le cardinal Mazarini, aux affaires de l'État les plus importantes et de la plus grande confiance, dont il s'est toujours acquitté à l'entière satisfaction de Leurs Majestés, et mettant en considération que la principale et seule récompense qu'il a eue de la libéralité de Leurs Majestés pour tous ses services, a été le don qui lui fut fait, en 1646, de la charge de secrétaire des commandements de ladite dame reine..... attendu qu'en cela consiste la seule récompense de vingt-trois années de services utiles, par lui rendus à l'État, entend, veut et ordonne qu'en cas que ledit sieur de Lionne vînt à décéder, en possession de ladite charge de prévôt de ses ordres, des 252,000 livres qu'il a payées au sieur de la Vrillière, secrétaire d'État, pour le prix de ladite charge, il en soit payé et remboursé à sa veuve, enfants ou héritiers, la somme de 200,000 livres (1).

VII

Par suite de la mort de son beau-père, survenue le 7 mai 1653, Lionne se vit bientôt en possession d'une fortune opulente. Il en profita pour

(1) Archives de l'Assistance publique. *Titres d'Honneur de la maison de Lionne.*

acquérir, le 15 septembre suivant, une riche habi-
tation de campagne; au sud de Paris, dans la vallée
de la Bièvre. Nous voulons parler du château de
Berny, avec la terre et la seigneurie de Fresnes,
que Lionne acheta au premier président Pomponne
de Bellelièvre, moyennant une rente de 21,175 livres, et la somme de 169,000 livres, dont 38,000
payés comptant (1). A partir de ce moment, Lionne
fit entrer dans ses titres celui de marquis de Berny,
nom sous lequel son fils aîné est plus particulièrement connu. Construit sur les dessins de François
Mansart, le château de Berny comptait parmi les
résidences les plus somptueuses des environs de la
capitale, au dix-septième siècle, et nous aurons
bientôt occasion de constater que Lionne y donna
souvent des fêtes splendides au roi et à la cour (2).

(1) Archives de l'Assistance publique. *Inventaire de M. de Lionne.*
(2) Après Lionne, le château de Berny fut acquis par l'abbaye
Saint-Germain-des-Prés, et devint la résidence personnelle du comte
de Clermont, abbé commendataire de ce monastère. Le château de
Berny acquit alors une véritable célébrité, grâce à ses fêtes extrêmement mondaines, qui rappelaient beaucoup celles du château de
Sceaux. Avec de tels souvenirs, la Révolution ne devait pas être
indulgente pour le château de Berny. Il n'en reste plus aujourd'hui
qu'un fragment d'aile replâtré, surmonté d'une haute cheminée
en briques et transformé en moulin. Les bosquets, les jardins ont
disparu, ainsi que le canal qui bordait la cour d'honneur. Quelques
lignes de grands arbres, un fossé à demi comblé marquent seuls les
limites de l'ancien parc. On connaît cinq vues différentes du châ-

Lionne avait repris ses fonctions de conseiller d'État, mais il avait cessé de prendre part, dans le cabinet de Mazarin, à la conduite des affaires diplomatiques. Il était, comme on dit de nos jours, à la disposition du premier ministre, sans occuper de situation définie sous ses ordres. C'est dans cette sorte de demi-retraite qu'il passa l'année 1653 et la plus grande partie de l'année 1654, comptant sur l'amitié de Mazarin, qui ne laissait échapper aucune occasion de lui témoigner ses sentiments affectueux. On en trouvera la preuve dans le billet suivant, que le cardinal écrivait, le 16 août 1654, à Lionne, pour lui annoncer une faveur, d'ailleurs de peu d'importance :

Outre le zèle que vous avez pour le service du roi, je sais que vous conservez assez d'amitié pour moi pour vous réjouir de la prospérité des affaires de Sa Majesté, pour l'intérêt particulier que je puis avoir ; rendez-moi la même justice sur les sentiments que j'ai pour vous et croyez bien que, loin d'être effacé de mon souvenir, vous y êtes plus avantageusement que jamais. Le sieur de Murinez vous porte les expéditions pour l'établissement de la pension que vous voulez mettre sur l'abbaye de Solignac, lorsqu'il vaquera quelque bénéfice que l'on puisse donner pour l'éteindre. Je

teau de Berny. Trois ont été dessinées et gravées par Israël Silvestre, au milieu du dix-septième siècle ; les deux autres ont été dessinées et gravées par Perelle, environ cinquante ans plus tard. Je dois ces détails intéressants à l'obligeance de M. Tisserand, chef de bureau à la Direction des travaux de Paris.

m'emploierai avec joie pour vous le procurer. Ce sont des
bagatelles que vous devez compter pour rien; mais, dans les
choses essentielles, vous éprouverez autant qu'il sera en mon
pouvoir que vous n'avez pas un meilleur ami que moi (1).

Lionne n'eut pas à attendre longtemps l'effet de
ces bienveillantes promesses. Au mois de novembre
suivant, l'affaire du cardinal de Retz ayant pris un
caractère aigu, à la suite de son évasion du château
de Nantes, il devenait urgent d'envoyer à Rome
un négociateur habile et expérimenté, pour y tenir
en échec les menées de l'ex-coadjuteur, et négocier
son éloignement définitif de l'archevêché de Paris.
Mazarin jeta les yeux sur Lionne pour cette mission
délicate et compliquée, qui dura jusqu'au printemps
de l'année 1656, et qui fut signalée par des péripéties que nous exposons plus loin dans tous leurs
détails. Rentré à Paris dans les derniers jours du
mois de mai, il fut reçu avec beaucoup de bienveillance par le roi et la reine mère, qui lui témoignè-
rent la plus complète satisfaction pour ses services,
et qui lui en donnèrent immédiatement des preuves
éclatantes (2).

(1) Mazarin à Lionne; Péronne, 16 août 1654. Affaires étrangères.
Correspondance de France, tome CLI.
(2) *Gazette* de Renaudot, année 1656, n° 67, 27 mai.

VIII

Lionne, en effet, venait d'être chargé de se rendre immédiatement et dans le plus grand secret à Madrid, afin d'y conclure la paix entre l'Espagne et le roi de France. Mais ce nouveau déplacement était incompatible avec les obligations et les devoirs de prévôt et maître des cérémonies des ordres du roi, et Lionne dut chercher une combinaison pour tout concilier. Il demanda donc au roi l'autorisation de vendre sa charge, mais en conservant la jouissance des immunités et prérogatives qui y étaient attachées. Cette permission lui fut accordée par une lettre royale du 26 mai 1656, motivée ainsi qu'il suit :

L'entière satisfaction que nous avons des longs, fidèles et recommandables services que le sieur de Lionne, conseiller en notre conseil d'État, commandeur, prévôt et maître des cérémonies de nos ordres, nous a rendus depuis vingt-six ans, et au feu roi de glorieuse mémoire et à cet État, en plusieurs grandes et considérables occasions; nous donnant lieu de continuer à l'employer en nos plus importantes affaires et le plus souvent hors de notre royaume, comme présentement, à son retour de son ambassade extraordinaire aux princes d'Italie, dont il s'est acquitté très-dignement, nous l'avons honoré de la qualité de notre ministre plénipotentiaire pour la paix générale et l'envoyons en Espagne; nous avons mis en considération qu'à raison desdits emplois, il est malaisé qu'il puisse vaquer autant qu'il serait requis au fait de la charge qu'il a de commandeur, prévôt et maître des cérémonies desdits ordres, et voulant d'ailleurs donner audit sieur de Lionne quelque marque de notre affection et de notre reconnaissance pour les services qu'il nous rend journellement au bien et avantage de cet État, etc..... (1).

Après avoir réglé ses intérêts privés, Lionne partit pour Madrid, avec un pouvoir de la main du roi lui-même, en date du 1er juin 1656. Nous n'insisterons pas ici sur l'objet de cette mission, que nous raconterons plus tard, et qui dura jusqu'à la fin du mois de septembre suivant. Bien qu'elle n'ait pas été couronnée de succès, elle marque cependant une étape nouvelle dans la fortune de Lionne, qui voit son crédit grandir chaque jour, et semble réservé, dès à présent, pour les plus hautes situations de l'État.

Il avait acheté, comme nous l'avons vu précédemment, la charge de prévôt des ordres du roi en 1653;

(1) Archives de l'Assistance publique. *Permission à M. de Lionne de jouir des honneurs de l'ordre du Saint-Esprit, en se défaisant de sa charge.*

il avait obtenu, en 1656, la permission de la vendre,
tout en conservant les priviléges et les immunités
qui y étaient afférents, mais jusqu'ici le chapitre
n'avait pas encore eu occasion de vérifier les preuves
de noblesse que les statuts exigeaient de tout récipiendaire. A cette fin, Lionne avait fait rechercher,
dans les archives de sa famille, à Grenoble, les
titres originaux de sa maison, qui avaient été collationnés et certifiés par le duc de Lesdiguières,
gouverneur du Dauphiné, Prunier de Saint-André,
président du parlement, et Salvaing de Boissieu, président de la chambre des comptes. Ces
pièces une fois réunies, le roi désigna le duc de
Mortemart et le marquis de Saint-Simon pour en
examiner l'authenticité. Lionne traversa victorieusement cette épreuve, et, dans la séance tenue le
11 décembre 1656 par le chapitre de l'ordre du
Saint-Esprit, en présence de Louis XIV, il fut déclaré gentilhomme de nom et d'armes, depuis huit
générations, la sienne comprise (1), et, par consé-

(1) Archives de l'Assistance publique.— Dans la notice historique
sur la famille de Lionne, publiée par le docteur Ulysse Chevalier
(*Bulletin de la Société départementale d'archéologie et de statistique
de la Drôme*, 1877), nous lisons que la vérification des preuves de
noblesse de Lionne fut faite avec quelque complaisance en Dauphiné. Il se trouva, en effet, à Grenoble, « un notaire assez affectionné et secret », selon le vœu de Lionne, pour omettre, parmi les

quent, digne d'exercer la prévôté et la maîtrise des
cérémonies des ordres du roi.

Arrivé à cette hauteur, Lionne n'avait plus rien à
souhaiter. Il comptait parmi les personnages les
plus marquants du royaume, et sa réputation, ses
hautes capacités faisaient de lui le collaborateur obligé
et le bras droit de Mazarin, en attendant que les
événements lui permissent de recueillir la meilleure
part de la succession politique du cardinal. C'est
l'époque de la véritable splendeur du château de
Berny, où Lionne reçoit non-seulement les hauts
dignitaires et les seigneurs de la cour, mais quelquefois les princes et jusqu'au roi lui-même, qui
y trouvent une hospitalité somptueuse et les diver-
tissements les plus recherchés. La *Gazette* de
Renaudot ne se contente pas d'enregistrer ces
fêtes avec la ponctualité d'un organe officieux ;
elle les raconte en détails, nous donne le nom
de tous les personnages qui y assistaient, et
pousse même envers Lionne l'obligeance jusqu'à
nous assurer qu'en se rendant, tel jour, à Berny,
Louis XIV n'y était nullement attendu. On nous

titres de son grand-père Sébastien, celui de contrôleur des greniers
à sel, qui n'était pas précisément un titre en rapport avec les prétentions du récipiendaire..

pardonnera de reproduire ici un des nombreux
articles que l'excellente *Gazette* a consacrés aux
réceptions de Berny. Ils peignent fidèlement les
mœurs politiques du temps. Nous sommes à la
date du 11 avril 1657 :

Le roi, dit la *Gazette,* ayant su que la princesse de Cari-
gnan, la comtesse de Soissons, la duchesse de Roquelaure,
la comtesse de Lude et d'Olone, la demoiselle de Beuvron et
d'autres beautés de la cour étaient allées à la promenade en
la délicieuse maison du sieur de Lionne à Berny, Sa Majesté,
accompagnée de Monsieur, du comte de Soissons, du duc de
Candale, du maréchal du Plessis, du prince de Marsillac et
d'autres seigneurs, les y fut agréablement surprendre, et,
après y avoir passé les belles heures du jour, avec partie de
ces dames qui couraient à cheval dans le parc, tandis que
les autres se promenaient en bateau dans le grand rond d'eau,
à l'harmonie des vingt-quatre violons, quoique le maître du
logis ne se fût pas attendu à l'honneur d'y recevoir de si
grands hôtes, les tables se trouvèrent en un instant couvertes,
avec une telle abondance et magnificence, que le souper
ayant encore été suivi d'un feu d'artifice sur le canal et d'un
bal des mieux éclairés, sadite Majesté, qui n'en partit
qu'après minuit, témoigna audit sieur de Lionne qu'elle
n'avait point vu de maison de campagne plus achevée, ni
plus à son gré, ni depuis longtemps eu tant de plaisirs et si
diversifiés en une seule journée (1).

(1) *Gazette* de Renaudot, année 1657, n° 45, 14 avril. Le fidèle
Loret raconte, lui aussi, dans sa *Muse historique,* la fête de Berny
du 11 avril. (Voir livre III, lettre xiv.)

IX

Une fois entré à ce point dans les bonnes grâces du roi, Lionne ne devait pas rester longtemps en dehors de la diplomatie active. Le 2 avril 1657, l'empereur Ferdinand III étant mort, les gouvernements européens se préparèrent à l'élection de son successeur, et il importait que, pendant cette opération, Louis XIV fût représenté à Francfort par des plénipotentiaires de poids et de renom. Il s'agissait, en effet, de sauvegarder, contre les entreprises du Saint-Empire, les principes tutélaires de la paix de Westphalie. Le choix du roi s'arrêta immédiatement sur Lionne, qui fut nommé, à cette occasion, ambassadeur extraordinaire et plénipotentiaire, « dans toute l'étendue de l'Empire ». Mais la mission de Francfort ne demandait pas seulement de l'activité et du zèle : elle réclamait aussi une solennité et une pompe extérieures, en rapport avec le prestige de Louis XIV. On résolut donc d'adjoindre à Lionne, avec des pouvoirs égaux, le duc de Gramont, pair et maréchal de France, ministre d'État, souverain de

Bidache, gouverneur et lieutenant général du
roi, en Navarre et en Béarn, de la citadelle
de Saint-Jean de Pied-de-Port et du pays de
Labour, et maître de camp du régiment des
gardes.

Toutefois, avant de se rendre à son poste, Lionne
voulut se démettre définitivement de sa charge de
prévôt des ordres du roi. Il la vendit au comte de
Villeneuve, conseiller d'État et à la cour du Parlement de Bretagne, et se fit confirmer par un acte
royal, en date du 18 mai 1657, la permission de conserver tous les « priviléges, honneurs, autorités,
prérogatives, franchises et libertés », attachés à cette
dignité (1). Plusieurs semaines s'écoulèrent encore
entre la nomination de Lionne et son départ pour
l'Allemagne. Elles furent signalées par un incident,
sur lequel il convient de dire quelques mots. Lionne
était alors en procès avec Colbert, qui remplissait
les fonctions d'intendant de Mazarin. Fidèle aux
habitudes du temps, le premier ne négligeait rien
pour exercer sur les magistrats devant lesquels il

(1) L'acte du 18 mai 1657 donne l'énumération suivante de ces
priviléges : « Porter les marques d'honneur desdits ordres, la croix
et cordon pendus au col et sur ses habits, ensemble le grand collier
de l'ordre, tout ainsi que les autres commandeurs ». — Archives de
l'Assistance publique.

plaidait, une pression favorable à ses intérèts, et il avait mis en campagne, dans ce but, ses amitiés et ses relations, qui étaient naturellement aussi nombreuses que puissantes. Ces manœuvres effrayèrent beaucoup Colbert, et il s'en plaignit au cardinal dans des lettres fort vives.

Je ne puis m'empêcher de dire encore un mot à Votre Éminence, écrit Colbert à Mazarin, le 23 mai 1657, de l'affaire que j'ai contre M. de Lionne, qui, dans les sollicitations pressantes, mêle fort le nom de Votre Éminence et fait grande parade de l'emploi d'Allemagne pour parvenir à ses fins. Ayant eu l'industrie de séquestrer et rendre neutre la seule protection que je pouvais espérer, qui était celle de Votre Éminence, il se sert avec grand effet de toute celle qui émane d'elle et qui est immédiatement au-dessous d'elle, qui est celle des deux surintendants. M. Servien sollicite de porte en porte. M. le procureur général envoie tous ses amis, qui sont en grand nombre, et leur donne la leçon de tout ce qu'ils doivent dire, tandis qu'il fait solliciter en personne par M. Delorme (commis de Fouquet), qui, en même temps, porte les appointements de conseiller d'État aux vieux du Conseil et les assure à quantité de maîtres de requêtes, qui sont encore incités à tout faire par les espérances des emplois..... Enfin, il n'y a rien que l'on ne déchaîne pour faire réussir une friponnerie de 1,860,000 livres, fondée sur deux exploits faux, en ruinant plus de cinquante familles, dans laquelle M. de Lionne ne paraît point en son nom et n'oserait faire paraître le titre en vertu duquel il y a quelque intérêt. J'avais espéré que si Votre Éminence avait eu la bonté de s'en informer à quelqu'un, l'infamie d'une si noire friponnerie lui aurait frappé l'esprit, de sorte qu'elle aurait interposé son autorité ou pour imposer silence ou pour accommoder (1).

C'était une des meilleures qualités de Mazarin de ne jamais se départir du rôle d'arbitre bienveillant, au milieu des conflits qui pouvaient s'élever entre ses amis. Dans le cas présent, le cardinal tint essentiellement à faire intervenir ses bons offices pour mettre fin aux griefs de Colbert, sans blesser Lionne. Mazarin informa bientôt son intendant du résultat de ses démarches par le billet suivant :

..... M. de Lionne m'a témoigné dernièrement à Compiègne qu'il était très-fâché d'avoir un procès dans lequel vous étiez obligé de prendre part, et que, par votre considération, il apporterait toute sorte de facilité à l'accommodement, soutenant pourtant toujours qu'il croyait que sa femme avait la justice tout entière de son côté (2).

Le maréchal de Gramont quitta Paris le 17 juillet 1657 pour se rendre à Francfort ; Lionne se mit en route seulement le 19. Ils arrivèrent ensemble, le 4 août, à Strasbourg où ils reçurent, de la part des

---

(1) *Lettres, instructions et mémoires de Colbert,* publiés par P. Clément. 9 volumes in-4°, tome I, page 270.

(2) *Lettres, instructions et mémoires de Colbert,* publiés par P. Clément, tome I, page 272.

autorités municipales et de la population, un brillant accueil. Le 19 août, ils firent leur entrée solennelle à Francfort, avec tant de splendeur et de magnificence, dit la *Gazette* de Renaudot, « que tout le peuple qui était en foule dans les rues de leur passage, gardées chacune par un peloton d'infanterie, témoignait par ses acclamations continuelles qu'il ne pouvait regarder de si belles choses qu'avec l'admiration que causent les plus rares (1) ».

La mission de Lionne à Francfort dura bien au-delà du terme qui lui avait été assigné à l'origine par l'ensemble des probabilités. L'élection du nouvel empereur, Léopold I, n'eut lieu que le 18 juillet 1658 et son couronnement le 1er août suivant. Mais, comme nous le verrons plus tard, Lionne sut mettre à profit ces lenteurs pour réaliser, avec la célèbre ligue du Rhin, une des conceptions diplomatiques les plus heureuses du règne de Louis XIV, puisqu'elle devait avoir pour résultat de couper l'Empire de ses communications avec l'Espagne et d'empêcher ainsi toute solidarité militaire entre les deux monarchies. Des pouvoirs spéciaux avaient été également envoyés aux ambassadeurs français, à la date du 20 mars 1658, à l'effet de renouveler et de fortifier

_____

(1) *Gazette* de Renaudot, année 1657, n° 113, 8 septembre.

l'ancienne alliance franco-suédoise et de l'accommoder aux nécessités nouvelles d'un équilibre, qui assurait la prépondérance de Louis XIV en Europe (1).

X

A peine le négociateur de Francfort était-il rentré
à Paris, que la confiance du cardinal Mazarin le
portait sur un autre théâtre. Vers la fin de l'année
1658, il était sérieusement question de marier
Louis XIV avec une princesse de Savoie, Marguerite,
sœur du duc Charles-Emmanuel. C'est à Lyon que
les deux cours s'étaient donné rendez-vous et elles
s'y rencontrèrent en effet le 28 novembre.

Mais la maison de Savoie ne put se méprendre
longtemps sur le véritable caractère de ces ouvertures. Il s'agissait avant tout, aux yeux de Mazarin,
d'éveiller par ce spectacle les préoccupations de la
cour d'Espagne, et de décider celle-ci à accorder
à Louis XIV la main de l'infante Marie-Thérèse,

(1) Archives de l'Assistance publique. *Pouvoirs pour MM. de Gramont et de Lionne de traiter avec le roi de Suède de l'alliance du roi
de France*, 20 mars 1658.

fille de Philippe IV. Lionne fut chargé d'expliquer la
situation à la duchesse douairière, Christine de
France, et de lui faire comprendre que la princesse
Marguerite ne deviendrait la femme du jeune roi, que
si les pourparlers, engagés depuis plusieurs années
avec la cour de Madrid, échouaient définitivement.
Mlle de Treseson, que Fouquet avait placée auprès de
la jeune princesse, écrivait à ce propos au surintendant :

Encore que je sache que M. de Lionne et d'autres personnes
vous informent de toutes les choses qui se passent ici, je ne
veux pas manquer à vous rendre compte, aussi bien comme
eux, de l'état des choses de ce pays-ci. Je vous dirai donc
que je ne trouve pas qu'elles aillent trop bien, et nous n'en
avons pas l'espérance que nous en avions le premier jour. La
princesse n'a pas déplu au roi; mais M. le cardinal veut
traîner les choses en longueur. M. de Lionne a fait aujour-
d'hui parler à S. A. R. et lui a fait savoir qu'il était dans son
intérêt; car jusqu'à cette heure, il n'avait point voulu qu'on
dit son nom. Mais S. A. R. n'est pas tout à fait persuadée et
elle m'a dit aujourd'hui que M. de Lionne devait faire un
voyage en Espagne pour négocier l'autre mariage (1).

Mais déjà il n'était plus besoin de tant d'ar
tifices pour obtenir la conclusion d'un mariage

(1) *Mémoires sur la vie publique et privée de Fouquet,* par Chéruel,
tome I, chap. XXII.

dont Mazarin avait conçu la pensée dès l'année
1646. Un envoyé extraordinaire de Philippe IV, don
Antonio Pimentel, venait d'arriver à Lyon avec
pouvoir d'offrir la main de l'infante et de traiter des
préliminaires de la paix. La cour de France étant
retournée à Paris après le départ des princesses de
Savoie, Pimentel l'y accompagna, et, à partir de ce
moment, les négociations marchèrent avec plus de
facilité.

XI

Lionne, vers cette époque, fut éprouvé par un
deuil cruel : son oncle Abel Servien mourut le
17 février 1659. Lionne le pleura comme un second
père, dont les conseils et l'influence ne lui avaient
jamais fait défaut. Mais cette perte ne pouvait plus
arrêter la marche ascendante de Lionne, qui, depuis
la fin de la Fronde, était devenu le protecteur
de Servien, presque au même degré qu'il avait
été autrefois son protégé. Le 23 juin de la même
année, il était nommé ministre d'État, et les termes
dans lesquels est rédigée sa nomination achèvent

de montrer jusqu'à quel point il jouissait de la confiance du roi et de l'estime affectueuse du cardinal Mazarin.

Comme les affaires qui se traitent dans notre conseil étroit, y est-il dit, sont les plus importantes de. l'État et· dans lesquelles nous avons le plus besoin d'être assisté des avis des plus capables et de nos plus confidents serviteurs, aussi nous apportons une particulière considération à n'y appeler que ceux dont la suffisance et le mérite nous sont bien connus ; et sachant comme vous avez longuement et dignement servi le feu roi, notre très-honoré seigneur et père, de glorieuse mémoire, que Dieu absolve, en des emplois et occurrences très-importantes dedans et dehors notre royaume, et incontinent après notre avénement à la couronne, vous ayant appelé près de nous, nous vous avons employé durant plusieurs années aux affaires et occurrences les plus secrètes et de plus grande conséquence qui se soient offertes auprès de notre personne et pour notre service ; ensuite de quoi, nous vous avons envoyé, en qualité de notre ambassadeur extra-ordinaire et plénipotentiaire, en Italie, Espagne et Allemagne, tant pour la paix générale que pour d'autres négociations très-considérables et concernant le repos universel de la chrétienté, la représentation et les avantages de cette couronne et des princes, nos alliés ; dans toutes lesquelles charges, emplois et occasions, vous avez donné toutes les preuves possibles d'une. singulière capacité, prudence et expérience et d'une fidélité et affection très-entières à notre service, en sorte que vous avez beaucoup mérité de nous ; dont voulant vous reconnaître et témoigner la satisfaction qui nous demeure des signalés et recommandables services que vous nous

avez rendus, et à cet État, et de toute votre conduite,
et vous donner une marque spéciale de notre parfaite confiance, ainsi que de l'estime que nous faisons de votre
personne, pour les qualités recommandables de vertu et de
naissance qui sont en vous ; à ces causes..... nous vous avons
constitué, ordonné et établi..... l'un des ministres de notre
État pour, en cette qualité, avoir entrée, séance et voix
délibérative en tous nos conseils et jouir de cette dignité, aux
honneurs, prérogatives et prééminences qui y appartiennent (1).

C'est donc en qualité de ministre d'État que
Lionne accompagna Mazarin dans le midi, au mois de
juillet 1659, pour négocier le traité des Pyrénées,
avec don Louis de Haro, comte duc d'Olivarès, et
son secrétaire don Pedro Coloma. Les deux premiers ministres se réservèrent surtout les questions
relatives à la paix ; Lionne et Coloma furent chargés
spécialement de discuter les conditions du mariage
royal, qui en devait être le complément. Celles-ci furent réglées par voie de contrat, le 7 novembre 1659.
Le même jour fut signée la grande paix des Pyrénées,
qui couronna si brillamment l'œuvre commencée
onze ans auparavant à Münster.

(1) Archives de l'Assistance publique. *Titres d'honneur de la maison de Lionne.* D'après Saint-Évremond, le traitement attaché, pour
Lionne, à la situation de ministre d'État, était de 20,000 livres.

Les nouveaux services que Lionne avait rendus au roi dans cette négociation décisive furent reconnus et récompensés avec libéralité. Louis XIV fit don presque immédiatement à son ministre, sur le duché de Bar, de 25,000 livres de rente, applicables à ses héritiers. La donation était ainsi libellée :

Aujourd'hui, 25 du mois de novembre 1659, le roi étant à Toulouse, mettant en considération les longs, fidèles et recommandables services que le sieur de Lionne, ministre d'État, a rendus à Sa Majesté dans ses affaires les plus importantes, et combien ses travaux et ses veilles, ainsi que sa grande capacité, son expérience et son adresse, ont été utiles à l'État, lequel a tiré des avantages considérables des diverses négociations et traités où il a été employé, et des ambassades dont il a été honoré, et Sa Majesté désirant l'en reconnaître et le dédommager en quelque sorte des grandes et excessives dépenses qu'il a été obligé de faire en des emplois si considérables et pour en soutenir, ainsi qu'il a fait, le poids et la dignité, comme aussi lui donner plus de moyens de lui continuer ses services, Sa Majesté a accordé et fait don audit sieur de Lionne de la somme de 25,000 livres de rente annuelle, à prendre sur tous et chacun les domaines et revenus appartenant à Sa Majesté dans le duché de Bar, à elle acquis et cédé par le traité de paix entre cette couronne et celle d'Espagne, conclu et signé le 7 du présent mois (1).

(1) Archives de l'Assistance publique. *Titres d'honneur de la maison de Lionne.*

XII

Une partie de l'année 1660 s'écoula dans les
préparatifs du mariage de Louis XIV et dans les
fêtes qui en furent la suite. Lionne, mêlé de plus en
plus intimement à la marche des affaires politiques,
était désigné dès cette époque pour suppléer
Mazarin dans la direction de notre diplomatie et
pour l'y remplacer. Mais l'histoire doit constater
que les soucis et les travaux de son emploi n'absor-
baient pas tout le temps de Lionne et qu'il se
livrait alors, comme tant d'autres de ses contemporains, à la passion effrénée du jeu. Le surintendant Fouquet et les financiers de son entourage donnaient, sous ce rapport, le plus funeste
exemple, et Lionne, très répandu dans leur société,
n'était pas le dernier à y compromettre sa réputation
et sa fortune. Un jour, après avoir perdu des
sommes considérables, il n'eut plus d'autre ressource
que de s'adresser à la générosité de Fouquet. Nous
trouvons dans diverses lettres du ministre la pein-
ture éloquente de sa détresse. On en jugera par
les extraits suivants :

Je me trouve depuis deux jours, écrit Lionne à Fouquet le 19 octobre 1660, tellement accablé de tous côtés de dettes qu'on me presse de payer, sans que je puisse être aidé d'aucun endroit de ce qui m'est dû, que je suis forcé de recourir à vous pour trouver quelque remède à mon embarras, que je vous avoue que je ne dis qu'à la dernière extrémité (1).

Bien qu'elle se terminât par ces mots : « Je me remets entre vos bras dans une extrême nécessité, » la lettre du 19 octobre ne semble pas avoir produit d'effet immédiat. Lionne revint à la charge, le 28 suivant, et proposa alors à Fouquet une combinaison nouvelle.

Je vous assure, lui dit-il, que je ne sais plus où donner de la tête, pour 70,000 francs qu'on me demande de divers côtés. Je passai, il y a quatre jours, chez M. Bruant (2) ; mais il y a quatre mois que cela dure ; je vois bien que s'il ne vous plaît y mettre la bonne main, je languirai encore longtemps..... J'ai toujours oublié en cette affaire-ci à vous parler du point principal, et sans lequel j'aurais peine à me résoudre d'y entendre, qui est que vous me ferez la faveur de me donner Mlle votre fille pour mon fils, si l'affaire réussit (3). Je ne

(1) Bibliothèque nationale. *Papiers de Fouquet.* Voir aussi les *Mémoires sur la vie publique et privée de Fouquet,* par M. Chéruel, tome II, chap. XXVIII.

(2) Bruant des Barrières était un commis de Fouquet.

(3) Il s'agit probablement ici du fils aîné de Lionne, Louis, marquis de Berny, né en 1646 ; il avait eu pour parrain, sur les fonts baptismaux, le cardinal Mazarin, et pour marraine la reine mère,

serais pas assez impertinent pour faire cette proposition et
cette instance, si je n'étais persuadé (je ne sais si je me
trompe), que de la donner à un secrétaire d'État, titulaire de
la charge des étrangers, peut être aussi avantageux que de
la placer dans une maison de duc et pair et peut-être plus,
ayant votre protection. Si vous m'accordez cette grâce, il
serait bien aisé de faire, dès à présent, des conventions où
chacun trouverait son compte et où l'on ne manquerait pas
de l'argent qu'il faut pour venir à bout de l'affaire. Je ne
vous presse pourtant de rien à quoi vous puissiez avoir la
moindre répuguance, sans que je m'en départe aussitôt. Je
vous dis cela, parce que vous pouvez avoir d'autres vues plus
avantageuses qui le seront aussi à moi-même, dans la profession que je veux faire toute ma vie d'être plus à vous qu'à moi (1).

Fouquet ne rejeta pas ces ouvertures, mais, en
homme pratique, il demanda à Lionne de formuler
ses conditions par écrit. Il résulte de la réponse de
ce dernier qu'il s'agissait dès ce moment d'acheter
la charge dont Brienne était alors titulaire, pour la
somme de 800,000 livres, sur laquelle Fouquet s'engagerait à rembourser au vendeur 300,000 livres
environ d'anciens billets de l'épargne, en les faisant
assigner sur des fonds disponibles, et, en outre, à lui

Anne d'Autriche, représentée par Madeleine Fabry, femme de Pierre
Séguier, chancelier de France. Louis de Lionne n'avait donc alors
que quatorze ans.

(1) *Mémoires sur la vie publique et privée de Fouquet*, par M. Chéruel, tome II, chap. xxviii.

payer comptant 200 ou 250,000 livres, qui seraient
regardées comme avancement d'hoirie. « En sorte,
ajoutait Lionne, que si au temps que le mariage se
pourrait consommer, il venait à manquer par la
volonté de mon fils, il serait obligé de vous rendre
cette somme à vous ou aux vôtres, et, en cas que le
mariage manquât par votre volonté ou celle de votre
fille, si elle était alors en état de trouver un meilleur
parti, que ladite somme avancée demeurerait à mon
fils. » Enfin, si le mariage s'accomplissait, les avances
indiquées plus haut seraient comptées comme une
partie de la dot, que Fouquet aurait à constituer
à sa fille. La catastrophe du surintendant qui survint
l'année suivante expliquerait à elle seule pourquoi
ce projet n'eut pas de suite; mais les lettres échan-
gées alors entre Lionne et Fouquet achevèrent,
comme le fait justement remarquer M. Chéruel, de
livrer le premier à la merci du haut fonctionnaire
qui disposait du trésor public.

Lionne était d'ailleurs en situation de lui rendre
presque chaque jour des services inestimables.
Le surintendant voyait le nombre de ses ennemis
grossir au fur et à mesure que sa scandaleuse fortune s'accroissait. Son luxe, ses dilapidations frap-
paient tous les yeux, et des influences puissantes

agissaient incessamment auprès du roi et du cardinal pour précipiter la chute de Fouquet. Une querelle très-vive s'étant élevée entre le surintendant et son frère l'abbé, celui-ci s'en vengea par des récriminations et des accusations qui parvinrent jusqu'aux oreilles de Mazarin, et qui, semble-t-il, produisirent quelque impression sur son esprit.

Une explication eut lieu alors entre Fouquet et le premier ministre, et Lionne fut chargé de s'assurer dans quelle mesure elle avait eu pour résultat de rétablir le crédit du surintendant. Lionne lui écrivait à ce sujet le 16 février 1661 :

Je vous avertirai que Son Éminence m'a dit que vous lui aviez tenu un discours qui l'avait infiniment satisfait. Je suis au désespoir que, quand il disait cela, M. le chancelier est entré, qui a rompu cet entretien, dans lequel, s'il fût entré dans le détail, j'avais la plus belle occasion de pousser la chose et de dire peut-être ce que vous n'aviez pas dit. Je compte néanmoins pour beaucoup que votre discours lui ait plu, et il me semble qu'il y a à en tirer des conjectures fort avantageuses (1).

Ces assurances n'étaient pas rigoureusement fondées ; au contraire, il paraît indubitable que Mazarin,

_____

(1) Bibliothèque nationale. F^{ds} Baluze. Cité par M. Chéruel dans ses *Mémoires sur la vie publique et privée de Fouquet*, tome II, chap. XXIX.

dans les derniers mois de sa vie, appela l'attention du roi sur les concussions et les ruineux caprices de Fouquet, tout en reconnaissant sa haute intelligence et la fécondité de ses ressources comme administrateur. Mais on est autorisé à croire que le cardinal n'alla jamais jusqu'à conseiller l'arrestation du surintendant, avec lequel il s'était compromis lui-même dans plusieurs opérations financières. Une grave maladie venait d'ailleurs de l'atteindre et il mourut peu de temps après ces incidents, le 9 mars 1661.

XIII

Secrétaire d'État depuis deux ans environ, et familier de longue date avec tous les secrets de la puissance publique, rien ne pouvait plus ébranler la situation de Lionne. La mort de Mazarin le privait d'un ami puissant, mais son habileté et son expérience des affaires l'avaient mis à l'abri de toutes les vicissitudes. Ajoutons que le cardinal avait pris soin de le recommander, dans sa dernière entrevue avec Louis XIV, comme le personnage le plus apte à diriger la politique extérieure du royaume.

On n'avait pas prévu toutefois jusqu'à quel point le jeune roi était impatient de saisir les rênes du gouvernement. En effet, à peine Mazarin avait-il rendu le dernier soupir que Louis XIV fit connaître sa volonté d'exercer en personne le gouvernement, et de ne laisser se produire aucune initiative en dehors de la sienne. Nous trouvons dans les Mémoires de Brienne fils un récit fort curieux de cette communication. Le roi réunit son conseil, et, après avoir notifié au chancelier « de ne rien sceller en commandement » que par les ordres du souverain, il se tourna vers les ministres et leur tint le langage suivant :

Et vous, mes secrétaires d'État, je vous ordonne de ne rien signer, pas même un sauvegarde ou une passeport, sans mon commandement ; de me rendre compte chaque jour à moi-même et de ne favoriser personne dans vos rôles du mois. Et vous, monsieur le surintendant, je vous ai expliqué mes volontés; je vous prie de vous servir de Colbert, que feu M. le cardinal m'a recommandé. Pour Lionne, il est assuré de mon affection et je suis content de ses services. Je prétends, Brienne, me dit-il, que vous agissiez de concert avec lui dans les affaires étrangères et que vous écriviez à mes ambassadeurs tout ce qu'il vous mandera ou dira de ma part, sans nouvel ordre de moi (1).

(1) *Mémoires de Brienne,* chap. XVII. Collection Barrière. Paris, Ponthieu, 1828.

Afin de concentrer plus fortement l'autorité entre ses mains, Louis XIV décida en outre de n'appeler à son conseil que trois ministres, Le Tellier, Fouquet et Lionne.

Le premier réunissait dans ses attributions les affaires intérieures et l'armée; le second, les finances, et le troisième, les affaires étrangères. Mais le triumvirat, comme l'appelait alors Gui-Patin, ne donna pas longtemps le spectacle d'une grande harmonie. Le Tellier se montrait fort mal disposé pour Fouquet, que Lionne soutenait en revanche avec beaucoup d'énergie. Il n'en fallait pas davantage pour susciter de graves mésintelligences dans le conseil, et les contemporains sont unanimes à relever qu'elles ne tardèrent pas à causer quelque scandale dans le public.

Elles se prolongèrent avec des péripéties diverses jusqu'à l'arrestation de Fouquet, qui eut lieu dans les circonstances suivantes.

XIV

Louis XIV, suivi des principaux personnages de sa cour, avait quitté Fontainebleau vers la fin du

mois d'août 1661, pour aller présider les États de
Bretagne. En arrivant à Nantes, il trouva Fouquet
qui l'y attendait, en compagnie de son ami Lionne,
avec lequel le surintendant avait fait le voyage en
poste, de Paris à Orléans et, à partir de cette ville, par
la voie d'eau, en descendant la Loire. Le 5 septembre, Fouquet fut arrêté, jeté dans un des carrosses
du roi et conduit au château d'Angers. L'impression
causée par cet événement fut profonde. Louis XIV
l'annonça à son entourage avec une solennité me-
naçante : « J'ai fait arrêter le surintendant, dit-il ;
il est temps que je fasse mes affaires moi-même (1). »
Le moins rassuré dans l'assistance, c'était sans
contredit Lionne, dont l'intimité avec Fouquet était
connue de tous, et qui, après avoir mis à contribu-
tion depuis près de dix ans, et sous tant de formes,
son amitié et son obligeance, ne pouvait manquer
de se sentir atteint moralement par la catastrophe
du surintendant.

Voici en quels termes Brienne fils raconte cette
scène dans ses Mémoires :

M. de Lionne était pâle et défait, comme un homme à
demi mort. Le roi lui dit quelques paroles obligeantes en ma

(1) *Mémoires de l'abbé de Choisy*. Édition Michaud et Poujoulat.

présence et que Sa Majesté voulait bien que j'entendisse,
comme celle-ci : « Les fautes sont personnelles ; vous étiez
son ami, mais je suis content de vos services. Brienne,
continuez de recevoir de Lionne mes ordres secrets. La disgrâce de Fouquet n'a rien de commun avec lui (1). »

Ces paroles honorent beaucoup Louis XIV devant
l'histoire. Elles eurent pour effet immédiat de déli-
vrer Lionne de toute incertitude sur sa propre situation et de mettre fin aux entreprises de ses ennemis,
qui se plaisaient déjà à entrevoir le commencement
de sa disgrâce dans la chute de Fouquet. Lionne n'en
ressentit pas moins le coup qui venait de le frapper
et il en conserva longtemps une tristesse profonde,
que l'abbé Arnauld dépeint ainsi, à l'occasion du
passage de la cour à Angers, lorsqu'elle rentrait à
Fontainebleau, après le voyage de Nantes :

Nous vîmes, dit-il, revenir M. de Lionne, qui avait fait le
voyage avec M. Fouquet. Il était dans une grande inquiétude;
mais son mérite et le besoin qu'on eut de lui, puisqu'il était
presque le seul qui eût connaissance des affaires étrangères,
l'affermirent..... M. Colbert marchait avec plus d'assurance,
comme ayant eu part, à ce qu'on croyait, au dessein qui
venait d'éclater (2).

(1) *Mémoires de Brienne*, chap. xx, page 207.
(2) *Mémoires de l'abbé Arnauld*, page 541. Édition Michaud et
Poujoulat.

Il importe d'ajouter que Lionne ne se crut pas dégagé pour autant de l'obligation de conserver un souvenir reconnaissant à Fouquet et qu'il ne craignit pas de témoigner un vif intérêt à sa famille, par des lettres du sentiment le plus digne et le plus élevé.

En voici une qu'il faut citer intégralement. Elle fut écrite de Fontainebleau, à la date du 20 septembre 1661, et adressée à Basile Fouquet, frère du surintendant, qui venait d'être exilé dans ses abbayes :

Je ne participe pas seulement, comme je le dois, au déplaisir de toute votre famille ; mais, comme je prends une part très-sensible à tout ce qui vous regarde personnellement, je reprends la plume pour vous témoigner ma nouvelle douleur, sur l'ordre qu'on m'assure vous avoir été envoyé de sortir de Paris. Je prie Dieu de tout mon cœur qu'il vous donne, monsieur, toute la force dont vous avez besoin pour supporter avec constance de si rudes coups, et vous prie cependant de croire que j'imputerai à singulière bonne fortune les occasions de vous faire paraître, en ces rencontres-ci et en toute autre, que je suis fort véritablement, Monsieur, votre très-humble et très-obéissant serviteur (1).

(1) Bibliothèque nationale. Fds Gaignières, cité par M. Chéruel, *Mémoires sur la vie publique et privée de Fouquet,* tome II, chap. xxix.

XV

Lionne, comme nous l'avons indiqué plus haut, avait reçu le titre de secrétaire d'État, en 1659; toutefois, il n'exerçait pas de charge ministérielle. Le 4 février 1662, on lui donna en cette qualité la signature des ordres du roi pour la marine et le commerce.

En réalité, l'étude et la préparation de ces importantes affaires commençaient dès ce moment à être placées sous la main de Colbert, mais l'organisation administrative du temps exigeait que leur expédition officielle fût réservée à un secrétaire d'État, titre que l'intendant de Mazarin, alors contrôleur général des finances, n'avait pas encore obtenu, et qui ne lui fut même accordé que sept ans plus tard. Jusque-là, Colbert, malgré sa compétence et ses services, demeura confiné dans une situation équivalente à ce que nous appelons aujourd'hui une direction générale.

Quant à Lionne, sa véritable voie n'était pas là. Évidemment, depuis plusieurs années, il était réservé par le roi et par le sentiment universel de la

cour pour remplir la charge ministérielle qui mettrait dans ses attributions les affaires extérieures.
Les deux Brienne s'étaient succédé dans l'exploi-
tation commune de leur charge depuis vingt ans et
on n'attendait qu'une circonstance favorable pour
les y remplacer ; car, après la mort de Mazarin, ils
n'avaient plus reçu les ordres du roi que par l'intermédiaire de Lionne. Or, cette circonstance ne tarda
pas à se présenter. Brienne fils s'étant trouvé compromis dans un scandale de jeu, le roi lui demanda
sa démission qu'il fut obligé, d'après son propre
témoignage, de donner en faveur de Lionne, pour la
somme de 900,000 livres. La démission de Brienne
est du 19 avril 1663 (1). La nomination de son successeur est du lendemain 20 avril.

L'acte royal qui la motive contient l'énumération
de tous les services de Lionne, et doit figurer ainsi
parmi les témoignages les plus authentiques de l'influence et de l'autorité, dont il jouissait dans les

(1) La démission de Brienne fut donnée par acte authentique
devant les notaires garde-notes du roi au Châtelet, Possuin et
Mousnier. Quant au traité sous seing privé, intervenu entre Lionne
et les comtes de Brienne père et fils, il est du 14 avril. Lionne
s'engage à payer à Brienne père 200,000 livres et à son fils 700,000
livres. Les quittances, établissant le payement comptant, sont du
19 avril. — Archives de l'Assistance publique. *Inventaire de M. de
Lionne.*

conseils de Louis XIV. Nous ne pouvons moins faire que de le reproduire. Il suffirait à lui seul pour montrer avec quel soin et quelle prudence, sous ce gouvernement que l'on qualifie trop volontiers d'absolu, on procédait, lorsqu'il s'agissait de pourvoir aux charges ministérielles, et combien peu le nom et la fortune entraient en ligne de compte dans les choix du souverain :

..... L'état et office, dit Louis XIV, de secrétaire de nos commandements et finances, duquel notre amé et féal Henry Auguste de Loménie, comte de Brienne, père, et notre amé et féal Louis Henry de Loménie, comte de Brienne, son fils, étaient pourvus, à la survivance l'un de l'autre, étant à présent vacant par la démission qu'ils en ont faite en nos mains, et étant nécessaire et important à notre service et à celui de cet État de remplir au plutôt ledit office d'une personne capable de s'en bien acquitter et dont le mérite et la suffisance répondent à l'importance et à la dignité de l'emploi, nous avons estimé, après avoir jeté les yeux sur divers sujets, que nous ne pouvions nous en reposer sur aucun, ni faire pour cette fin un meilleur choix que de notre amé et féal Hugues de Lionne, commandeur de nos ordres et ministre de notre État, pour les longs, fidèles et recommandables services qu'il a rendus tant au feu roi, notre très-honoré seigneur et père, de glorieuse mémoire, qu'à nous, en plusieurs occasions et emplois, dedans et dehors notre royaume ; et pour les bonnes et rares qualités qui sont en sa personne, lesquelles convièrent le feu roi, notre dit seigneur et père, à l'envoyer vers les princes d'Italie pour, par son adresse, s'employer en notre nom à accommoder

ʌ

les différends qui étaient pour lors entre le feu pape Urbain VIII
et lesdits princes; et, après y avoir réussi à la satisfaction
commune, il repassa dans notre royaume où, étant arrivé, il fut
choisi par la reine, notre très-honorée dame et mère, pour
remplir la charge de secrétaire de ses commandements, et
fut employé sous les ordres de feu notre très-cher et très-aimé
cousin, le cardinal Mazarini, aux affaires étrangères, et entre
autres à celles concernant la négociation de la paix qui se
traitait à Münster et où celle d'Allemagne fut conclue. Ensuite
de quoi, l'ayant renvoyé vers les princes d'Italie, en qualité de
notre ambassadeur extraordinaire, sur des affaires importantes à cet État, et s'y étant trouvé dans le temps du décès
d'Innocent X, il nous servit utilement à Rome, et y eut la
direction de nos affaires, pendant tout le temps du conclave;
et, à son retour, s'étant rencontré des dispositions favorables
pour la paix entre cette couronne et celle d'Espagne, et ayant
jugé ne pouvoir confier une affaire de cette conséquence à
une personne qui la pût mieux ménager, nous l'envoyâmes
à Madrid en qualité de notre ambassadeur et plénipotentiaire
pour traiter de ladite paix, d'où étant revenu, et la mort de
l'Empereur étant arrivée, nous le fîmes passer en Allemagne,
en qualité de l'un de nos ambassadeurs extraordinaires au
sujet de l'élection du nouvel Empereur; dans laquelle occasion, il contribua beaucoup par sa prudence et son adresse au
bon succès des affaires qui s'y traitèrent, et nous y rendit
des services si utiles que nous nous trouvâmes obligé à son
retour de l'en reconnaître et de l'honorer du titre et dignité
de ministre de notre État; et depuis, de l'employer, sous les
ordres de notre dit cousin le cardinal Mazarini, à la négociation de ce fameux traité de paix entre cette couronne et
celle d'Espagne et de celui de notre mariage; lesquels ont été
conclus et signés dans l'île des Faisans, aux confins des

Pyrénées. Dans lesquels traités ainsi qu'ès autres ambassades, négociations et emplois qui lui ont été confiés, même dans notre conseil secret, depuis que nous l'y avons appelé, il s'est acquis non-seulement une connaissance parfaite des affaires de cet État et de celles des princes étrangers, qui fait la principale fonction de la charge qui est à remplir, mais aussi beaucoup d'expérience au maniement d'icelles, et a donné partout des preuves d'une grande capacité, probité, diligence et sage conduite, qui nous donnent lieu de croire qu'il nous servira dignement et utilement en une charge de cette conséquence ; prenant ainsi toute confiance en sa fidélité et affection à notre service, savoir faisons que........ nous avons audit sieur de Lionne donné et octroyé, donnons et octroyons par ces présentes, signées de notre main, l'état et office de secrétaire d'État et de nos commandements et finances...

Nous ne croyons pas qu'il y ait, dans les actes officiels de l'ancienne monarchie, beaucoup de nominations ministérielles libellées avec autant de soin et de développement. Dans d'autres circonstances, nous avons vu le souverain justifier les faveurs et les dignités dont il comblait Lionne, depuis près de quinze ans, par des indications précises sur ses emplois et ses services antérieurs ; mais l'énumération en était plus succincte et moins complaisante et l'on pouvait y soupçonner encore avec raison l'influence amicale de Mazarin. Or, à l'époque où nous sommes, Mazarin est mort et son crédit n'existe

plus. On est également fondé à ajouter que l'avénement de Lionne n'était pas envisagé avec sympathie
par ses collègues. Le Tellier lui était plutôt hostile
que favorable, et Colbert, dont le nom commençait
à jeter, quoique dans une situation toujours secondaire, un vif éclat, considérait Lionne comme un
rival et non comme un ami. Il est donc permis
d'affirmer que la nomination de ce dernier et les
considérations qui la motivent sont l'œuvre personnelle de Louis XIV, si judicieux pour discerner les hommes et si habile à s'en servir.

A partir de ce moment, Lionne devient le principal conseiller du roi. Nous raconterons plus tard
son ministère, qui dura près de neuf ans, et qui,
après avoir préparé avec prudence et conduit avec
patriotisme la guerre de dévolution, sut la terminer si glorieusement par le traité d'Aix-la-
Chapelle. En vérité, peu de ministres ont eu, au
même degré que le successeur de Brienne, la consolation de concourir efficacement et par des
moyens aussi honorables à la grandeur de leur pays,
et de confondre ainsi leurs services avec sa prospérité militaire et diplomatique.

XVI

Plusieurs fois, au cours de ce récit, nous avons fait allusion au train de vie somptueux dans lequel Lionne s'était jeté, après son mariage, et qui avait suivi une progression constante depuis quinze ans. Parmi les immeubles dont se composait la dot de sa femme, figurait, on s'en souvient, une maison sise rue Vivienne. C'est là que Lionne habitait et qu'il recevait, quand ses occupations ne le retenaient pas à Saint-Germain ou ne lui permettaient pas de résider dans sa magnifique propriété de Berny. Mais, dès le milieu de l'année 1662, entraîné par le goût du temps, il eut l'idée de se faire bâtir un hôtel, dont l'histoire n'est pas sans intérêt.

La construction de cet hôtel se rattache d'ailleurs aux grandes entreprises édilitaires de Richelieu. De bonne heure, ce dernier avait eu la pensée de continuer l'œuvre de Henri IV et de reprendre en faveur de Paris tous les projets d'embellissement, abandonnés depuis 1610.

Après avoir confié aux entrepreneurs Marie,

Poultier et Le Regrattier, la création d'un nouveau quartier dans l'île Notre-Dame, et à l'archi-
tecte Marsilly, celle d'un nouveau quai, en même
temps qu'il activait le percement des rues de Lille,
de Verneuil, etc., Richelieu fit rechercher « les grands
vuides » qui pouvaient encore exister dans la capitale
et aux abords de son enceinte. Il y en avait deux :
le Marais du Temple et le vaste espace compris entre
les faubourgs Montmartre et Saint-Honoré. Richelieu prit à tâche d'y multiplier les constructions,
notamment de 1624 à 1626; puis, en 1631, le cardinal décida l'établissement, entre les portes Montmartre et Saint-Honoré, d'une nouvelle enceinte.
Les rues de Cléry, du Mail, Neuve-Saint-Eustache,
des Fossés-Montmartre, Neuve-Saint-Augustin,
Notre-Dame des Victoires, Sainte-Anne, de Richelieu, Neuve-des-Petits-Champs, sont dues à l'exécution de ce plan.

Richelieu ne s'était réservé que les terrains nécessaires à la construction de son propre palais; toutes
les autres « places vuides » furent abandonnées à
l'entrepreneur, pour le couvrir des frais de son opération. Celui-ci les vendit facilement aux grands
seigneurs et aux riches traitants, qui adoptèrent avec
empressement le nouveau quartier et le couvrirent de

splendides hôtels, à l'instar de ceux qui décoraient les quatre quais de l'île Saint-Louis. Dans l'impossibilité où ils étaient de leur donner vue sur la Seine, les architectes les bâtirent en bordure de la rue Neuve-des-Petits-Champs et de la rue Neuve-Saint-Augustin, avec des jardins qui se prolongaient jusqu'au nouveau rempart, où furent établis des terrasses et des pavillons, de l'effet le plus gracieux.

Lionne devint naturellement acheteur d'un de ces terrains ; c'était celui qui forme l'emplacement occupé aujourd'hui par la rue Ventadour, le passage Choiseul, le Théâtre-Italien et les maisons environnantes. Le prix de vente s'éleva à 70,000 livres environ. L'hôtel fut construit en dix-huit ou vingt mois, par les frères Villedo, pour la somme de 232,000 livres, et Lionne s'y installa vraisemblablement, pendant le cours de l'année 1664. D'après les plans du temps, on arrive à reconstituer ainsi sa distribution essentielle (1).

Au rez-de-chaussée, d'abord une cour intérieure, rectangulaire, sur laquelle s'ouvraient les cuisines, les chambres d'officiers, les écuries pour vingt che-

---

(1) Archives de l'Assistance publique. *Inventaire de M. de Lionne.*

vaux et les remises. Venait ensuite la cour d'honneur, au fond de laquelle se dressait un perron à
trois degrés, qui conduisait à l'entrée du principal
corps de logis. On pénétrait alors dans le vestibule,
coupé par un grand escalier à double révolution,
et conduisant au salon de réception ; celui-ci avait
trois fenêtres sur le jardin et se terminait par une
chapelle ouverte. Dans l'angle de gauche, le salon
aboutissait à un cabinet, qui était probablement
réservé aux conversations diplomatiques pendant
les fêtes officielles. Les appartements personnels du
secrétaire d'État étaient à droite. Ils se composaient
d'une antichambre, d'une chambre à alcôve, d'une
salle de bain, d'une garde-robe et d'un grand
cabinet ; c'est là que Lionne travaillait.

Sans poursuivre plus loin cette description, on
peut dire hardiment que l'hôtel de Lionne constituait une résidence princière, avec des jardins magni-
fiques, plantés et décorés à la française et qui se prolongaient presque jusqu'à la rue Neuve-Saint-
Augustin. Il resta dans la famille jusqu'au commencement du xviiie siècle, époque à laquelle il fut acheté
par le chancelier Pontchartrain, qui lui donna son
nom. Vers 1768, Louis XV en fit l'acquisition pour
le compte de l'État et on y installa un peu plus tard le

ministère des finances. Sous la Révolution, c'est là
que furent transportés le ministère de l'intérieur,
puis les bureaux de la loterie. L'hôtel fut démoli
par les opérations édilitaires de 1825 à 1828 (1).

XVII

Lionne n'était pas seulement un homme politique
de premier ordre, il était encore de son temps, par
son instruction solide et variée, son goût pour les
arts et ses amitiés littéraires. A ce point de vue, la
lecture attentive de l'inventaire, dressé après sa
mort, offre un intérêt incomparable. Sa bibliothèque,
sur laquelle l'attention de l'observateur est attirée
fort naturellement, se composait d'environ 4,000 volumes, choisis avec beaucoup de goût, et dont
Lionne était certainement un lecteur assidu. Les
poëtes, les historiens, les orateurs et les philoso-
phes de l'antiquité y tiennent la première place
avec Virgile, Plutarque, Cicéron, Dion Chrysos-
tome, saint Augustin, Tertullien, Platon, Martial,

---

(1) La rue Sainte-Anne a porté, jusqu'au commencement du dix-
huitième siècle, le nom de Lionne, dans la partie comprise entre
les rues Neuve-des-Petits-Champs et Neuve-Saint-Augustin.

Hérodote, Xénophon, Tacite, etc. Parmi les modernes, nous citerons Ronsard, d'Aubigné, Rabelais, Montaigne, Amyot, Descartes, Scudéry, Théophile, Corneille et Balzac. Si l'on ajoute à ces noms, qui forment le fond de la bibliothèque de Lionne, beaucoup d'ouvrages d'histoire, de théologie et de diplomatie, dont l'étude se liait plus assidûment aux occupations et aux travaux politiques de Lionne, on aura, pour ainsi dire, la preuve incontestable que ce ministre était d'une culture intellectuelle supérieure.

On achèvera de s'en convaincre, en constatant l'intérêt obligeant et affectueux qu'il témoigna à Saint-Évremond. Moins heureux que Lionne, Saint-Évremond s'était trouvé compromis, au point de vue politique, par la fameuse cassette de Fouquet, qui contenait le manuscrit d'un libelle intitulé : *la Paix des Pyrénées*. Saint-Évremond, auteur de ce libelle, aussi vif qu'injuste, contre le cardinal Mazarin, paya son imprudence de près de quarante années d'exil en Angleterre et en Hollande. Lionne, avec une indépendance supérieure aux mœurs du temps, fit les plus grands efforts pour obtenir la grâce de Saint-Évremond ; et celui-ci, à diverses reprises, lui paya sa dette de reconnaissance par des éloges qui honorent à la fois l'écrivain et le ministre. Dans ses *Observations sur Salluste et sur Tacite,* Saint-Évremond a dit de Lionne :

Ceux qui sont élevés dans les compagnies, qui parlent dans les assemblées, apprennent l'ordre, les formes et toutes les matières qui s'y traitent. Passant de là par les ambassades, ils s'instruisent des affaires du dehors; et il y en a peu, de quelque nature qu'elles soient, dont ils ne deviennent capables par l'application et l'expérience. Mais quand ils viennent à s'établir dans les cours, on les voit grossiers aux choix des gens, sans aucun goût du mérite, ridicules dans leurs dépenses et dans leurs plaisirs. Nos ministres, en France, sont tout à fait exempts de ces défauts-là ; je le puis dire de tous sans flatterie et m'étendre un peu sur M. de Lionne que je connais davantage. C'est en lui proprement que les talents séparés se rassemblent; c'est en lui que se rencontrent une connaissance délicate du mérite des hommes et une profonde intelligence des affaires. Dans la vérité, je me suis étonné mille fois qu'un ministre qui a confondu toute la politique des Italiens, qui a mis en désordre la prudence concertée des Espagnols, qui a tourné dans nos intérêts tant de princes d'Allemagne, et fait agir selon nos desseins ceux qui se remuent si difficilement pour eux-mêmes; je me suis étonné, dis-je, qu'un homme si consommé dans les négociations, si profond dans les affaires, puisse avoir toute la délicatesse des plus polis courtisans pour la conversation et pour les plaisirs. On peut dire de lui ce qu'a dit Salluste d'un grand homme de l'antiquité, que son loisir est voluptueux, mais que, par une juste dispensation de son temps, avec la facilité du travail dont il s'est rendu maître, jamais affaire n'a été retardée par ses plaisirs.

f

XVIII

Saint-Évremond touche ici au côté délicat de la vie de Lionne. Le grand ministre, il n'est pas permis d'en douter, avait été, au moins pendant sa jeunesse, un homme de dissipation, et il faut ajouter que la vie de Mme de Lionne elle-même ne présenta pas en général plus de régularité que celle de son mari. Les chroniques scandaleuses du temps ne sauraient être invoquées par l'historien impartial qui doit, au contraire, dans la plupart des cas, les dédaigner (1). Cependant il y a ici une telle unanimité de

(1) M. Chevalier écrit que l'hôtel de ville de Romans possède un portrait de Mme de Lionne. Voici comment il décrit ce tableau :
« Paule Payen est représentée debout, en grandeur naturelle ; c'est une belle et aristocratique personne, coiffée à la Sévigné ; sa main gauche retient un médaillon oval, offrant le portrait de Hugues de Lionne, costumé à la mode du commencement du règne de Louis XIV : cheveux longs et plats, moustache en croc et petite impériale, large rabat blanc, cordon bleu du Saint-Esprit ; les traits sont un peu bourgeois, mais intelligents et résolus. Au bas et à gauche du tableau, sont deux petits garçons vus à mi-corps ; le plus jeune montre du doigt le portrait de son père. Cette toile remarquable a probablement fait partie de la galerie de l'abbé de Lesseins et a été peinte vers 1660. » — Loret (*Muze historique,* tome II, livre III, lettre xiv) dit de Mme de Lionne qu'elle était *aimable et douce.*

témoignages que la conviction des plus bienveillants est forcée. On ne s'écartera donc pas de la
vérité en reprochant à Lionne d'avoir donné trop
souvent à sa femme et à ses enfants autre chose
que l'exemple d'une conduite régulière (1).

Néanmoins nous croyons, contrairement à l'opinion de Saint-Évremond et de l'abbé de Choisy, que
Lionne, comme ministre, ne sacrifia jamais à ses
plaisirs une part exagérée du temps qu'il devait
aux affaires publiques. Un homme dont la correspondance officielle est répandue dans plus de 400 volumes, qui dictait beaucoup et qui écrivait encore
davantage, au milieu des préoccupations et des responsabilités les plus lourdes, s'était nécessairement
imposé une extrême assiduité aux travaux de cabinet,
surtout avec un souverain aussi ponctuel et aussi
exigeant que Louis XIV. Les diplomates étrangers,

_____

(1) Voir les *Mémoires* de l'abbé de Choisy et de Gourville et les
pamphlets attribués à Bussy-Rabutin, à la suite de son *Histoire
amoureuse des Gaules*. Il convient d'opposer aux accusations des
pamphlétaires anonymes du dix-septième siècle, contre Mme de
Lionne, le témoignage de Saint-Simon, dont l'humeur, en général,
est si peu bienveillante. A l'occasion de la mort de Mme de Lionne,
survenue en 1704, il s'exprime ainsi : « C'était une femme de beaucoup d'esprit, de hauteur, de magnificence et de dépense, et qui
se serait fait compter avec plus de mesure et d'économie..... »
Toutefois il est incontestable que Mme de Sévigné a fait allusion,
dans ses lettres, aux scandales dont l'hôtel de Lionne fut le théâtre
quelques mois avant la mort du ministre.

accrédités alors à Paris, ont du reste rendu hommage sur ce point à Lionne, notamment l'ambassadeur vénitien Marco-Antonio Giustinian, qui écrivait au Sénat, à la fin de sa mission, c'est-à-dire vers 1668 : « Si ce sujet venait à manquer, le roi perdrait infiniment et les ministres étrangers ne perdraient pas moins. Il travaille suffisamment à son bureau, a peu d'heures de libres et peu de repos ; et il est déjà d'âge assez avancé, puisqu'il touche à cinquante-six ans. Exténué par les fatigues, pâle de couleur, il semble qu'il ne lui reste qu'une peau ténue pour recouvrir les parties plus solides, en réduisant tout chez lui à l'esprit et à l'intelligence (1). » Si les constatations de l'ambassadeur Giustinian sont exactes, et tout indique qu'elles le sont, il faut avouer qu'elles modifient beaucoup l'impression qu'on serait tenté de se faire des habitudes de Lionne, en consultant quelques-uns de ses contemporains (2).

---

(1) Barozzi et Berchet : *le Relazioni degli Stati Europei, lette a. senato dagli Ambasciatori Veneziani,* nel secolo XVII, série II, Francia, volume III. Venezia, 1865. *Relazione di Francia di Marco Antonio Giustinian.*

(2) Il existe un assez grand nombre de portraits gravés de Lionne. La Bibliothèque nationale en possède quinze ; les plus connus sont ceux de Nanteuil, de Moncornet, de Iode, de Poilly, de Frosnes et de N. Larmessin. Il convient toutefois de signaler des différences

XIX

Il ne nous reste désormais que peu de faits à signaler dans la vie de Lionne, jusqu'au moment de sa mort. Disons cependant que le 14 février 1667, le roi accorda au fils aîné du ministre, le marquis de Berny, la survivance de la charge de son père, et, le

assez grandes entre ces divers portraits. Ceux des trois premiers idéalisent évidemment la tête de Lionne, en lui donnant une physionomie où domine l'intelligence, mais avec une certaine expression de mélancolie, de fatigue morale et de tristesse. On pourrait inscrire au bas de ces portraits, à titre de légende, les lignes que l'ambassadeur vénitien Giustinian a consacrées à Lionne et que nous reproduisons plus haut.

En revanche la plupart des autres portraits de Lionne le représentent dans des conditions physiques qui touchent à l'épanouissement : il y est florissant de santé, avec une large figure, ombragée par une perruque abondante. Seuls, les yeux et la bouche indiquent la vivacité de l'esprit. Dans ces portraits et dans les précédents, Lionne porte invariablement le costume de prévôt des ordres du roi.

Mignard avait peint dans un même tableau Lionne et sa famille. — Il existe au musée de Grenoble une toile de Philippe de Champaigne représentant la réception du duc d'Anjou, comme chevalier de l'ordre du Saint-Esprit. Aux côtés du récipiendaire, qui est à genoux, se tiennent debout, avec deux autres personnages, Abel Servien et H. de Lionne.

Le musée historique de Versailles ne possède ni une statue, ni un buste, ni un portrait peint de Hugues de Lionne. Ses armes étaient écartelées de Lionne et de Servien ; sa devise était : *Scandit fastigia virtus.*

5 janvier de l'année suivante, l'autorisation de signer les actes officiels, bien qu'il ne fût pas secrétaire d'État. Il convient de mentionner encore le règlement qui intervint entre Lionne et Colbert, lorsque celui-ci prit possession, à titre définitif, du ministère de la marine.

Lionne dut lui céder, dit le règlement du 7 mars 1669, la marine de toutes les provinces du royaume sans exception, y compris la Bretagne, les galères, les compagnies des Indes orientales et occidentales, le commerce intérieur et extérieur, les consulats, les manufactures et les haras. Par contre, Colbert résigna au département de son collègue la gestion des affaires de la Navarre, du Béarn, du Bigorre et du Berry, avec une augmentation d'appointements de 4,000 livres par an. Le roi y ajouta, au profit de Lionne, une somme de 100,000 livres à titre d'indemnité (1).

XX

Malgré tant de ressources, Lionne n'arriva jamais à suffire à son train de maison, et ses dettes atteigni-

(1) Jugement souverain rendu pour la vérification et l'ordre des dettes de la maison de Lionne, 1er juin 1678. *Archives de l'Assistance publique.*

rent vers la fin de sa vie un chiffre considérable. Le 10 février 1670, il avait marié sa fille Madeleine au marquis de Cœuvres, en lui constituant une dot de 400,000 livres, dont 75,000 seulement entrèrent dans la communauté. Il devait en même temps payer l'intérêt du surplus avec obligation d'employer le principal, dans l'espace de deux ans, à l'acquisition d'une ou de plusieurs terres. Le contrat stipulait aussi que les jeunes époux seraient logés et nourris, avec trois femmes de chambre, à l'hôtel du ministre. Ce sacrifice paraît avoir épuisé Lionne. Car, dans le passif de sa succession, figure précisément une somme de 10,000 livres, souscrite par lui, « pour un fil de perles », qu'il avait donné à sa fille le jour du mariage.

Dans ce même passif et à titre de dettes encore plus caractérisques, on peut relever également une somme de 1,925 francs, réclamée par le proviseur du collége des Lombards, où le marquis de Berny, fils aîné de Lionne, avait fait une partie de ses études (1).

_____

(1) Jugement souverain rendu pour la vérification et l'ordre des dettes de la maison de Lionne, 1er juin 1678. *Archives de l'Assistance publique.* — Bien d'autres dettes, énumérées dans le jugement d'ordre du 1er juin 1678, attestent le profond désarroi qui régnait dans les affaires privées de celui que Saint-Simon appelle le « grand ministre ». Ainsi, il était débiteur à sa mort de plus de trois années de gages à Valleron et à sa femme, jardiniers à Berny, à 500 livres par an ;

XXI

Lionne mourut le 1er septembre 1671, à la suite d'une courte maladie et, on peut le dire, en pleine possession de son intelligence et de son activité ministérielle. Il n'avait pas encore soixante ans, mais, comme l'avait remarqué quelque temps auparavant

500 livres à un malheureux courrier de cabinet, qui avait fait le voyage de Rome, à la fin de 1669, etc., etc. Parmi les nombreux créanciers de Lionne, nous citerons aussi Jean de la Vallée, « valet de chambre du sieur Fouquet », qui lui avait prêté, en 1663, 12,600 livres ; François Huguet, trésorier des gardes suisses, qui lui avait prêté 105,000 livres, à la même date. Lionne avait acheté, précisément en 1663, la charge de Brienne pour 800,000 livres, avec obligation de la payer comptant. En réalité, cette acquisition n'avait fait que précipiter ses embarras pécuniaires. A sa mort, Mme de Lionne renonça aux droits résultant pour elle du régime de la communauté de biens ; deux des fils de Lionne, l'abbé et son frère Artus, prieur de Combourg, renoncèrent aussi à la succession de leur père. Le fils aîné, le marquis de Berny, était propriétaire de la charge ministérielle, mais il dut la vendre presque immédiatement. Lionne avait, en outre, deux filles : l'une, Élisabeth, était entrée au couvent de la Visitation, au faubourg Saint-Jacques, à Paris, le 5 janvier 1664, moyennant une dot de 10,000 livres et une pension annuelle de 500 livres ; l'autre, Madeleine, avait épousé le marquis de Cœuvres, comme nous l'avons dit plus haut, le 10 février 1670. Élisabeth de Lionne exerçait une grande influence sur son père, qui aimait à se dérober à ses occupations pour venir, dit l'*Année sainte des religieuses de la Visitation*, tome V, « goûter auprès d'elle un instant de bonheur ».

l'ambassadeur vénitien Giustinian, sa santé était fort usée par le travail. Un ordre du roi, contre-signé par Colbert, agissant comme « ministre secrétaire d'État et des commandements de Sa Majesté », fit apposer les scellés sur la porte du cabinet attenant à la chambre dans laquelle Lionne était décédé. C'est là que se trouvaient les papiers d'État du ministre défunt. Les scellés ne furent levés que le 4 novembre suivant. Toute cette procédure avait été réglée dans les derniers jours qui avaient précédé la mort de Lionne, et alors qu'il n'y avait déjà plus aucun espoir de guérison pour lui. Le 28 août 1671, en effet, Louis XIV écrivait à Colbert :

Je viens de recevoir la lettre que vous m'avez écrite sur l'extrémité de Lionne, qui m'afflige fort et qui m'oblige à vous ordonner, si Dieu dispose de lui, devant que je sois à Versailles, de vous transporter aussitôt dans sa maison de ma part et de dire à son fils que l'accident qui est arrivé m'a obligé de vous donner ordre de l'aller trouver pour lui dire de ma part que je souhaite que vous scelliez, conjointement avec lui, le cabinet de son père, où il y a des papiers que je ne veux pas que sa mère, ses frères, ni aucun autre puissent voir ; qu'il n'y a qu'à mon nom que cela se puisse faire ; que je me fie à lui entièrement, mais que, comme il ne sera pas seul le maître, il en pourrait arriver quelque inconvénient, à quoi l'on ne pourrait remédier. Au surplus, vous direz et ferez tout ce que vous jugerez nécessaire pour la sûreté de mes secrets et celle de la parenté, et que je ne fais ce que je vous ordonne que pour cela (1). »

Un service religieux fut célébré pour Lionne en grande solennité, le 8 octobre 1671, à l'église Saint-Roch. Ce fut l'archevêque de Toulouse qui officia. L'oraison funèbre fut prononcée par l'abbé Fromentières, orateur de second ordre, mais qui jouissait à cette époque d'une sorte de vogue officielle. Le discours de Fromentières ne tient évidemment qu'une place bien médiocre à côté des oraisons funèbres de Bossuet : il est écrit cependant avec une certaine élégance, et on le lit sans effort. Le thème développé par Fromentières est dans le goût subtil des prédicateurs qui n'ont pas le don de la véritable éloquence, et, si la conception et les développements du discours sont ingénieux, ils ne laissent néanmoins qu'une impression assez médiocre. Le passage le plus saillant est celui dans lequel Fromentières établit que Lionne, après avoir mené trop ostensiblement la vie d'un pécheur, sut cependant s'amender en ouvrant au moment opportun avec Dieu des négociations de paix, semblables à celles qu'il avait engagées et conduites tant de fois et si habilement.

(1) *Lettres, instructions et mémoires de Colbert,* tome VI.

avec les hommes. Sans illusion sur le caractère de
sa maladie, Lionne s'était du reste adressé dès le
premier jour à un confesseur qu'il avait connu
autrefois et il avait reçu la communion des mains de
l'archevêque de Paris lui-même (1).

XXII

La vie de Lionne est une des mieux remplies que
nous offre l'histoire politique du xviie siècle. Elle
ne présente pas d'autres lacunes que sa brièveté
même, et elle semble être, dans ses développements,
le résultat exclusif du travail, de l'intelligence et du
patriotisme le plus élevé. Un observateur conscien-
cieux et éclairé des Français et de leurs mœurs politiques, à cette époque, Wicquefort, avait fait sur le
gouvernement de Louis XIV des observations très-
justes, qu'il n'est pas sans intérêt de reproduire ici :

Encore qu'il y ait (en France), disait-il, des maisons dont
la noblesse et l'ancienneté peut aller de pair avec ce qu'il y a

***

(1) *Œuvres mêlées de messire Jean-Louis de Fromentières, évêque
d'Aire et prédicateur de Sa Majesté.* Fromentières a prononcé également les oraisons funèbres d'Anne d'Autriche, du cardinal Antoine
Barberini et de la princesse de Conti. Paris, Couterot, 1690.

de plus illustre en toutes les autres parties de l'Europe, néanmoins c'est la cour de toute la chrétienté où l'on considère le
moins la naissance, si elle n'est accompagnée d'un véritable
mérite. On n'y fait point ou du moins fort peu de distinction
entre la noblesse qui s'acquiert par les lettres et par les dignités
de robe et celle qui se maintient par la profession des armes.
Le fils d'un chancelier ou d'un président au mortier s'y fait
aussi bien considérer qu'un maréchal de France, pourvu qu'il
sache soutenir la qualité que la dignité de son père ou de
son aïeul lui a acquise. Les premiers emplois du royaume,
les charges des quatre secrétaires d'État et les plus importants
postes du conseil sont remplis par des personnages qui ont
quelque chose de plus grand que le seul avantage de la naissance, et qui laisseront sans doute à leur postérité quelque
chose de plus illustre que ce qu'ils ont reçu ou pouvaient recevoir de leurs prédécesseurs (1).

Ces lignes s'appliquent presque à la lettre au
ministre Lionne. Sa naissance et sa fortune ne lui
ouvraient que des horizons très-étroits, et, s'il parvint aux plus hautes situations de l'État, ce fut uniquement par la supériorité de ses aptitudes. En
vain dira-t-on que la voie lui fut ouverte par des
protecteurs puissants : l'évidence est qu'il ne put
acquérir leur appui et le conserver que par son discernement, son savoir-faire et son incomparable dex-
térité dans le maniement des hommes et des choses.

(1) *Mémoires touchant les ambassadeurs et les ministres publics,* par
M. de Wicquefort. La Haye, Jean et Daniel Steucker, 1777.

Car, qu'on le remarque bien, Lionne n'entra pas dans la diplomatie, comme quelqu'un qui ambitionne une place et qui veut s'y maintenir. Dès le premier jour, il gagna la confiance de Mazarin, qui ne se sépara jamais de lui que pour lui donner des missions extraordinaires et de courte durée. Pendant vingt ans, chaque fois qu'une question essentielle pour les intérêts du roi et du pays s'élève en Italie, en Espagne, en Allemagne, le cardinal la remet aux mains de Lionne, qui s'éloigne alors de Paris, mais qui s'empresse d'y revenir, une fois sa tâche terminée. Aussi, le jour où il devient ministre des Affaires étrangères, ne fait-il en réalité que prendre officiellement possession d'un poste dont il a déjà pratiqué tous les secrets.

XXIII

Si l'on veut maintenant comparer les conditions de la diplomatie sous l'ancien régime, et particulièrement sous le règne de Louis XIV, où elle fut si brillante, à celles qui lui sont réservées de notre temps, les différences sont profondes. Mais hâtons-nous de dire qu'elles tiennent moins aux vicissitudes

de la politique et au progrès des idées, qu'à la
multiplicité et à la rapidité des voies de communication. Au xvii° siècle, un ambassadeur assumait souvent les plus lourdes responsabilités, parce que l'urgence des affaires l'empêchait de demander et
d'attendre des instructions spéciales, opération qui,
entre Paris et Rome, par exemple, exigeait trente
jours. Le représentant du roi était donc obligé, dans
la plupart des cas, de se mettre en avant, d'agir en
quelque sorte souverainement et, par conséquent,
d'apporter dans l'étude des questions qu'il avait à
résoudre autant d'initiative que de maturité. Il arrivait cependant quelquefois que le sentiment de ses
devoirs lui échappait, et alors les fautes commises
par lui pouvaient entraîner des conséquences incalculables. Un fait de ce genre se présenta, non pas sous
le règne de Louis XIV, mais sous celui de Louis XIII,
à propos de la paix de Ratisbonne, que les ambassadeurs français, le Père Joseph et M. de Léon, avaient
signée fort légèrement. Richelieu, en prenant connaissance du traité, entra dans une violente irritation. L'ambassadeur vénitien Contarini raconte ainsi
qu'il suit cette scène curieuse :

« Ce matin, écrit-il à son gouvernement, à la date du
25 octobre 1630, j'ai vu le cardinal que j'ai trouvé très-affligé.

Veuillez m'excuser, me dit-il, si je ne vous ai point vu plus tôt, car je suis plus mort que vivant; depuis la maladie du roi, je n'ai jamais éprouvé de plus rude souci que celui-ci. De Léon et le capucin ne pouvaient faire pis qu'ils n'ont fait! Plût à Dieu que la France eût fait couper la tête à Fargis et à beaucoup d'autres qui ont excédé leurs pouvoirs en des traités de ce genre, et où il va de l'honneur du royaume! Il y a vingt articles, et il n'en est pas un qui n'ait trois ou quatre erreurs des plus graves. Il n'est plus possible de songer à traiter en France; il n'y a plus d'hommes pour cet ouvrage.... Vous voyez quelles sont nos fatigues pour bien conduire cette barque qu'à travers tant d'écueils on ne peut cependant pas dire être allée si mal jusqu'à présent. Mais maintenant le malheur veut que ces nautoniers, qui s'estimaient les plus experts et les plus pratiques, nous fassent aller de travers et nous mettent en péril de naufrage. Je veux assurément me retirer dans un cloître et me libérer de ces continuels soucis qui, pour moi, sont autant de peines de mort (1). »

XXIV

Mazarin eut là bonne fortune d'échapper à ces mécomptes, chaque fois qu'il utilisa à l'étranger les services de Lionne; mais on peut dire que, dans les conditions actuelles des choses, de pareils incidents auraient de la peine à se produire. Les gouverne-

(1) Cité par M. Armand Baschet, dans son livre intitulé : *les Archives de Venise*, page 328. Paris, Plon, 1870.

ments ont le télégraphe à leur disposition et ils s'en
servent pour donner chaque jour et même, au
besoin, plusieurs fois par jour, des directions à
leurs agents, sur toutes les affaires importantes que
ceux-ci peuvent avoir à traiter. Il en résulte que
l'impulsion, en matière de diplomatie, s'est con-
centrée de plus en plus entre les mains du ministre
et qu'il ne reste à l'ambassadeur ou au plénipotentiaire d'autres moyens d'action que ceux qui
proviennent de son caractère, de sa force de persuasion, et de la sympathie qu'il inspire à ceux
auprès desquels il est accrédité. Là est presque
toute la révolution qui s'est introduite dans la
diplomatie, mais elle est fondamentale.

LIVRE PREMIER

MISSION DE PARME

1642-1643

CHAPITRE PREMIER

État de l'Italie au milieu du XVIIᵉ siècle. — L'influence espagnole prépondérante presque partout. — Venise.— Gênes.— Florence. — Le pontificat d'Urbain VIII et les cardinaux Barberini. — Odoard Farnèse, duc de Parme. — Son attachement à la France. — Origine des démêlés du duc avec la cour de Rome. — Les monts-de-piété romains. — La cour de Rome fait envahir le duché de Castro et s'en empare. — Appel du duc de Parme à la France. — Le maréchal d'Estrées à Parme. — Préoccupations de Richelieu. — Le cardinalat de Mazarin. — Envoi à Rome du marquis de Fontenay-Mareuil, comme ambassadeur ordinaire. — Le pape se montre inflexible à l'égard du duc de Parme. — Ordre est envoyé au maréchal d'Estrées de rentrer en France. — La première mission du jeune Hugues de Lionne. — Les instructions qu'il emporte de Richelieu. — Celles qu'il reçoit de Mazarin.

Les échecs subis en Italie par les armées françaises, dans la première moitié du XVIᵉ siècle, avaient permis à la maison d'Autriche d'y consolider sa prépondérance. Maîtresse depuis cent ans bientôt de la péninsule, par la possession du duché de Milan et par celle des royaumes de Naples et de Sicile, la maison d'Autriche disposait encore sur ce théâtre, dans les dernières années du règne de Louis XIII, à peu de choses près, de toutes les ressources et de tous les moyens d'action, qui suivent et consolident les conquêtes militaires. De son côté, après avoir été refoulée en-deçà des Alpes, la France était entrée presque immédiatement dans une ère de troubles intérieurs et de dissensions civiles, qui avaient achevé de détruire son influence à l'étranger. Le règne réparateur d'Henri IV et le ministère glorieux du cardinal de Richelieu avaient pourvu aux nécessités les plus immédiates d'une situation ouverte à tant de périls, en refaisant une frontière à la France, en pacifiant ses divisions confessionnelles, en relevant en un mot l'autorité royale et le prestige de ses armes, contre des vainqueurs campés jusque sur son sol. Mais le soin de ces affaires graves et pressantes avait absorbé tous les efforts et toute la vigueur des deux grands génies que nous venons de nommer. Vers le milieu du xviiᵉ siècle, il restait à la France, victorieuse de ses ennemis, à aménager ses forces nouvelles et à ressaisir au dehors cette action dirigeante, qui devait être bientôt le but de la politique de Mazarin, et comme le champ de manœuvres du roi Louis XIV, surtout dans les commencements de son règne.

A l'époque où s'ouvre la première mission de Lionne en Italie, la péninsule était divisée en sept ou huit États, nominalement indépendants, mais qui, presque tous, obéissaient aveuglément à l'im-

pulsion de la maison d'Autriche. Par la puissance
de sa richesse et le développement de son commerce
maritime, la république de Venise tenait le premier
rang. A coup sûr, on eût cherché en vain dans cette
république des sympathies très-actives en faveur
de l'Espagne. La première redoutait au contraire
les empiétements de l'autre sur le sol italien, mais
elle n'y appréhendait pas moins le développement
de l'influence française, et les contemporains de
Richelieu pouvaient se rappeler encore le temps
où, Henri IV ayant conçu le dessein, à la requête
de la république de Venise elle-même et des can-
tons suisses, de démolir le fort de Fuentès, dans la
Valteline, le sénat vénitien s'était plu à y voir une
pensée ambitieuse et s'était opposé à une expédition,
qu'il avait paru d'abord souhaiter ardemment.

Après la république de Venise, venait le grand-
duché de Toscane, gouverné par une famille qui
avait donné deux reines à la France, en moins de
cinquante ans. Mais, feudataire de l'Empire pour
l'investiture de Sienne, le grand-duc régnant était
nécessairement beaucoup plus porté vers la maison
d'Autriche que vers celle de France. Dans toutes les
circonstances décisives, il avait d'ailleurs tenu une
conduite qui ne laissait aucun doute sur ses sentiments aux esprits attentifs, en fournissant à la première, chaque fois qu'elle avait été en guerre avec

la seconde, des hommes, des navires et de l'argent.

La diplomatie de Richelieu n'avait pas beaucoup plus d'illusions à se faire sur la république de Gênes, qui cherchait inutilement à donner le change à la France par des démonstrations de sympathies, en contradiction avec la nature de ses intérêts. En réalité, pendant que certaines familles et le peuple de Gênes témoignaient un goût marqué pour la France, le gouvernement était engagé avec l'Espagne par les liens les plus puissants et les plus indestructibles, c'est-à-dire par les liens de l'argent. Appelons les choses par leur nom : Gênes était alors créancière de l'Espagne pour une somme que les documents les plus authentiques n'évaluaient pas à moins de 60 à 80 millions, auxquels il fallait ajouter « plus de 250,000 écus de rente en biens stables », acquis par les Génois dans le royaume de Naples et le duché de Milan (1).

En politique surtout, le créancier est un protecteur, et c'eût été de la part de la France se préparer les plus graves mécomptes, que d'aller chercher auprès de la république de Gênes, dans de pareilles conditions, un appui pour chasser les Espagnols de la péninsule.

(1) Instruction du roi Louis XIII au marquis de Fontenay, ambassadeur de France à Rome. 21 juin 1641. Affaires étrangères. *Correspondance de Rome,* tome LXXVI.

Quant à la république de Lucques, elle s'était mise depuis très-longtemps sous la protection de l'Espagne ; le duché de Modène s'était déclaré, quoique plus récemment, dans le même sens ; en sorte que le cardinal de Richelieu envisageait dans sa stricte vérité la situation, lorsqu'il recommandait à l'ambassadeur du roi à Rome de les considérer l'un et l'autre comme « gens qui n'ont pas plus moyen de faire mal à la France, qu'ils n'ont de bonne volonté pour elle (1) ». Restaient, il est vrai, la princesse de Mantoue, alliée à la maison de France, et dont le fils, alors en bas âge, avait été placé par sa mère sous la protection du roi, et la duchesse de Savoie, sœur de Louis XIII, dont les États, après une longue et sanglante guerre, allaient bientôt constituer à la France, du côté du sud-est, une frontière qui lui avait fait si cruellement défaut pendant plus d'un siècle.

Mais ce n'était pas avec de pareils éléments que l'influence française pouvait redevenir prépondérante en Italie. Ajoutons qu'à cette époque la domination espagnole avait atteint son apogée à la cour de Rome, c'est-à-dire auprès d'un gouvernement qui joignait à des ressources temporelles, encore très-considérables, la direction des âmes et des cons-

(1) Instruction du roi Louis XIII au marquis de Fontenay, ambassadeur de France à Rome, 21 juin 1641. Affaires étrangères. *Correspondance de Rome,* tome LXXVI.

ciences, dans une Europe confédérée moralement en chrétienté et dont les États les plus puissants n'aspiraient qu'à l'honneur de compter parmi la clientèle de la papauté.

Au moment où commence ce récit, le pontificat d'Urbain VIII jetait un vif éclat. Malgré son grand âge, Maffeo Barberini (1) n'avait rien perdu de la vigueur de son esprit, et il avait su faire de ses trois neveux, François et Antoine, tous deux cardinaux, et Taddeo, préfet de Rome, les instruments d'une politique, contre laquelle la France était en lutte depuis dix-huit ans. Avec un sentiment excessif de la force de son pouvoir, Urbain VIII n'aimait guère l'autorité des rois de France, ni celle des autres princes, et sa passion la plus invétérée était de les abaisser, tantôt en contestant aux ambassadeurs le titre d'*Excellence,* tantôt en affichant la prétention de donner le pas sur eux aux fonctionnaires civils de son gouvernement (2). Urbain VIII, comme nous venons de le dire, avait choisi dans sa famille même ses principaux conseillers, qu'il avait élevés au cardinalat. Son premier ministre, François Barberini, était connu pour avoir exercé, pendant quelque

(1) Il était devenu pape le 6 août 1623.

(2) Instruction du roi Louis XIII au marquis de Fontenay, ambassadeur de France à Rome, 24 juin 1641. Affaires étrangères. *Correspondance de Rome,* tome LXXVI.

temps, les fonctions de légat en France, à l'occasion
des affaires de la Valteline. Il n'y avait pas obtenu
les satisfactions qu'il ambitionnait, et il en avait
conçu contre le roi Louis XIII et le cardinal de
Richelieu un vif ressentiment qui s'était traduit,
dans une foule d'occasions, par des préférences et
une partialité trop évidente envers l'Espagne.

Héritier de toutes les susceptibilités et de toutes
les violences de son oncle, François Barberini avait
fait de ce pontificat un des plus agités de l'histoire
de l'Église, un des plus incommodes aux voisins du
Saint-Siége, un des plus redoutables à la plupart
des princes de la chrétienté. Quant à son frère, le
cardinal Antoine, qui plus tard devait transporter
en France tous ses intérêts et devenir un jour l'auxiliaire de la politique de Mazarin, il affectait, dans la
situation secondaire qu'il occupait encore, une sorte
d'indifférence aux affaires publiques, soit qu'il obéît
ainsi à son propre tempérament, soit plutôt qu'il se
soumît en cela aux volontés du Pape.

Le caractère d'Urbain VIII et la politique du cardinal François Barberini suffisaient déjà pour assurer, sur ce théâtre, une influence prépondérante à la
cour d'Espagne, quand bien même celle-ci n'aurait
pas eu en mains d'autres moyens d'action plus efficaces pour la fortifier. Mais elle en possédait, et en
grand nombre, surtout par la quantité énorme d'é-

vêchés, d'abbayes et de pensions, dont elle disposait
dans le duché de Milan et les royaumes de Naples
et de Sicile, et à l'aide desquels elle se faisait partout
des créatures. Elle avait, d'ailleurs, trouvé sur ce
point une complaisance illimitée dans le Saint-Siége,
qui lui avait permis de distribuer, comme bon lui
semblait, tous ces bénéfices, et d'intervenir avec eux,
même dans le choix des nonces pontificaux qu'il y
avait lieu d'accréditer à l'étranger. Il en résultait
naturellement que l'Espagne apparaissait aux prélats romains comme la puissance qu'il fallait servir
avant tout, si l'on voulait parvenir à la fortune, et
c'est ce qu'ils pratiquaient ostensiblement, depuis
plusieurs années, sans que le pape s'en émût.

Le Sacré Collége était plus ou moins fait à l'image
des influences que nous venons de signaler. La
majorité des prélats qui le composaient était indifférente à la France, ou acquise à des intérêts pure-
ment espagnols. Trois cardinaux seulement faisaient
exception à cette règle : c'étaient Bentivoglio, Spada
et Bichi.

Le premier avait partagé quelques années auparavant, avec un de ses collègues, le titre de protecteur des affaires de France ; mais, avec l'agrément
du roi Louis XIII, et sans doute pour ne pas créer,
dans le prochain conclave, des obstacles à sa propre
élévation au trône pontifical, le cardinal Ben-

tivoglio avait tenu à recouvrer officiellement son
indépendance. Le second s'était borné jusque-là à
témoigner son bon vouloir et son obligeance au
gouvernement du roi pour l'aider à résoudre quelques difficultés ; quant au troisième, le cardinal
Bichi, homme d'un rare mérite, il devait une partie
de sa rapide fortune à la France, et il était associé à
toutes ses affaires auprès de la cour de Rome. Malheureusement son frère passait pour être le conseiller le plus intime du cardinal François Barberini, et
Richelieu devait mettre en garde les ambassadeurs
de Louis XIII à Rome contre le danger de faire au
premier, sur les sujets délicats, des confidences, dont
le second pourrait surprendre le secret (1).

Ainsi la France n'avait pied nulle part en Italie.
Partout elle se heurtait, de l'autre côté des Alpes,
à l'influence espagnole, avec cette circonstance
aggravante que la cour de Madrid, en mêlant la
religion à la politique, pouvait tirer parti, dans ses
luttes militaires contre Louis XIII, de l'appui moral
qu'elle recueillait des complaisances inépuisables de
la papauté à son égard. Un seul souverain tranchait
par ses allures sur l'uniformité de ce tableau, et
semblait tenir à honneur d'arborer le drapeau de la

(1) Instruction du roi Louis XIII au marquis de Fontenay, ambassadeur de France à Rome, 21 juin 1641. Affaires étrangères. *Correspondance de Rome,* tome LXXVI.

France sur un sol si inhospitalier à ses armes et à
ses idées : c'était. Odoard Farnèse, duc de Parme et
de Plaisance.

Ses relations avec Richelieu remontaient déjà à
plusieurs années. De bonne heure, en effet, l'illustre
ministre de Louis XIII avait compris de quel intérêt il était pour la France de compter un allié au
cœur même de l'Italie, et, dans tous les projets politiques et militaires du cardinal sur la péninsule,
à partir de 1630, Odoard Farnèse avait occupé la
première place. En 1636, celui-ci s'était rendu à
Paris, où la cour lui avait fait un accueil des plus
flatteurs. De retour dans ses États, il n'avait pas
tardé à entrer en campagne, contre les Espagnols,
sur les suggestions de la France.

Mais, commencée trop tôt, ou traversée par des
incidents imprévus, cette campagne trouva Richelieu occupé ailleurs et dans l'impossibilité de donner
une exécution immédiate à ses grands desseins sur
l'Italie. Farnèse résista le plus longtemps qu'il put,
attendant les secours qu'on lui avait promis. Ils ne
vinrent pas, et, au commencement de l'année 1637,
après avoir vu ses États ravagés et pillés, et afin
d'éviter une catastrophe complète, l'infortuné prince
se crut obligé de traiter avec son puissant ennemi.
Dans une lettre très-digne et très-noble qu'il écrivit
à Louis XIII, Farnèse lui expliqua la situation, mais

én réitérant au roi l'assurance que ce mécompte ne changerait rien à ses sentiments, ni à ses devoirs à l'égard de la France (1). Dès la même époque, le duc de Parme entretenait une correspondance des plus amicales avec Mazarin qui, déjà au service de Louis XIII, partageait et encourageait toutes les idées de Richelieu sur le parti qu'on pouvait tirer d'un pareil allié. « Le roi, » écrivait enfin le cardinal dans les derniers mois de l'année 1637, « sait plus de gré à M. le duc de Parme de ses bonnes intentions, que Sa Majesté ne le peut exprimer. Il se peut assurer que jamais elle ne les oubliera, et qu'elle l'aura toute sa vie en singulière recommandation et protection (2). »

Odoard Farnèse avait d'autant plus de mérite à persévérer dans cette ligne politique, que, par ses alliances de famille, il n'était entouré que d'ennemis de la France et de créatures de la maison d'Autriche.

Il avait épousé la fille de Côme II, grand-duc de Toscane, et marié sa sœur au duc de Modène. On doit noter toutefois que son principal conseiller, le marquis Gofredi, était d'origine française. Les mémoires du temps rapportent que ce dernier était né à la Ciotat, en Provence, et que, sans se douter

---

(1) Odoard Farnèse au roi Louis XIII. 1er février 1637. Affaires étrangères. *Correspondance de Parme*, tome I.

(2) *Id., ibid.*

des destinées auxquelles l'avenir le réservait, il avait quitté son pays, comme beaucoup de ses compatriotes, pour aller enseigner la langue française à Venise, à titre de maître particulier. De Venise, les hasards de son existence précaire l'avaient conduit à Parme, où, grâce à la faveur de quelques hautes recommandations, il avait réussi à s'introduire à la cour du duc qui, peu de temps après, avait fait, de l'humble et plébéien Godefroid, un ministre sous le nom de marquis Gofredi (1).

Le duc de Parme était donc entré ostensiblement, comme on disait au xviie siècle, au service du roi. Mais la protection qu'il en pouvait recueillir s'exerçait à une distance trop éloignée, et elle ne devait pas lui épargner, du côté de la cour de Rome surtout, les graves tribulations qui furent le point de départ de la première mission diplomatique du jeune Lionne. Le duc de Parme, comme tous les souverains de son rang et même comme beaucoup de rois et d'empereurs, avait des besoins d'argent qui dépassaient sensiblement ses ressources. A cette époque, les monts-de-piété, avant de devenir l'insti-

---

(1) État ancien et moderne des duchés de Florence, Mantoue et Parme. Utrecht, Guillaume Poolsum, 1711. — D'après Tallemant des Réaux (*Historiettes*, tome IV, édit. Techener), Gofredi était bien le véritable nom du principal conseiller d'Odoard ; il ne serait jamais allé à Venise, comme maître de français. Gofredi fut décapité en 1670 par Ranuce Farnèse, fils et successeur d'Odoard.

tution populaire qui répond de nos jours à ce nom,
n'avaient guère d'autre objet que de venir en
aide à la détresse des princes. La reine, mère de
Louis XIII, exilée par Richelieu, n'avait vécu pendant longtemps à l'étranger que des prêts qui lui
avaient été faits sur ses bijoux et pierreries par les
monts-de-piété d'Anvers et de Bruxelles (1).

A Rome, ces établissements avaient pris une plus
grande extension ; ils y fonctionnaient pour le service des princes et de la noblesse, dans les conditions des banques modernes de crédit hypothécaire.
Les souverains italiens n'apportaient pas seulement
leurs bijoux aux monts-de-piété, ils y apportaient
encore leurs États, sur lesquels ils laissaient prendre
des gages, en garantie des sommes empruntées par
eux, et dont l'intérêt était fixé d'après le degré de
sympathie que le débiteur inspirait au créancier.

Dans la situation du duc de Parme, et avec un
voisin aussi incommode que le Saint-Siége, conduit
par les Barberini, ces opérations présentaient les
inconvénients les plus sérieux.

Depuis plusieurs années, le duc de Parme
était donc en difficultés avec l'administration des

(1) A sa mort, la reine Marie de Médicis devait aux monts-de-
piété d'Anvers et de Bruxelles une somme de 110 à 115 mille florins de Brabant, y compris les intérêts, pour des pierreries et
bijoux qui, ensemble, avaient coûté plus d'un million de florins.
Voyez : Affaires étrangères, *Correspondance de France*, tome CIII.

monts-de-piété romains, au sujet du remboursement
de plusieurs sommes que ses prédécesseurs d'abord,
et lui ensuite, avaient empruntées à ces établissements, sur le duché de Castro. Richelieu surveillait
avec attention ces difficultés, et avertissait fréquemment le duc de s'abstenir de tout ce qui pourrait lui
faire perdre, dans de pareilles conditions, la bienveillance personnelle d'Urbain VIII ou l'entraîner dans
des contestations avec ses neveux. Vers la fin de
l'année 1639, Odoard s'était rendu dans le duché de
Castro, et là le Pape lui avait fait remise, à titre
gratuit, d'une somme de plus de 300,000 écus, en
lui accordant la permission d'éteindre ses anciennes
dettes au taux des engagements primitifs, et d'en
contracter de nouvelles à un taux moins élevé. Sous
l'impression de cette faveur, et pour obéir aux suggestions formelles du cardinal de Richelieu, Odoard
alla porter ses remercîments au Pape, dès les premiers jours de l'année 1640. Le Pape l'accueillit avec
infiniment de bonté ; mais des susceptibilités d'éti-
quette ne tardèrent pas à compliquer la situation.

Le duc de Parme émit la prétention de se faire
rendre intégralement les honneurs que les membres
de sa famille avaient toujours reçus à la cour pontificale, et, en vue de son départ, il demanda express-
sément à être accompagné avec un cérémonial particulier, au-delà de l'enceinte de Rome. Le cardinal

François Barberini tardant à s'exécuter, Odoard
vint prendre congé du pape, et là, il s'exprima sur
le premier ministre du Saint-Siége dans le langage
le plus libre et le plus blessant : « J'ai fait, dit-il
à Urbain VIII, un examen très-rigoureux de moi
même pour voir si je pouvais y trouver quelque-
chose qui excusât le procédé du cardinal Barberini,
et, bien que je ne l'eusse pas trouvée, j'étais décidé
à m'en attribuer à moi seul la faute ; mais en me
souvenant que, depuis le plus vil facchino de Rome
jusqu'aux plus grands monarques de la chrétienté,
tout le monde a été maltraité et dégoûté par cet
homme, je n'ai pu m'empêcher de croire qu'il ne
fût au moins de moitié dans cette faute (1). »

Le duc de Parme écrivait en même temps à
Mazarin, qui remplissait alors les fonctions d'ambassadeur de France à la cour de Savoie : « Les
extravagances de ces messieurs sont grandes et
variées. Toutefois, comme l'histoire en serait trop
longue, je me réserve pour une relation entière et
ponctuelle, que j'enverrai de Parme là où vous êtes,
avec ordre à mon agent de vous la communiquer (2). » Mais là ne se bornèrent pas les impru-
dences de Farnèse. Non content de chasser de Rome

(1) Relation de ce qui s'est passé à Rome au voyage de Son
Altesse. Affaires étrangères. *Correspondance de Parme;* tome I.
(2) Le duc de Parme à Mazarin, 18 janvier 1640. Affaires étrangères. *Correspondance de Parme,* tome I.

son résident diplomatique, pour le seul crime d'avoir adressé la parole au cardinal François Barberini, dans une église où ils s'étaient rencontrés fortuitement, le duc de Parme, en rentrant dans sa capitale par la voie de Florence, y avait tenu sur le principal ministre d'Urbain VIII des propos, qui ne tardèrent pas à être rapportés à celui-ci et à l'engager dans la voie des représailles. Bientôt après, en effet, il fit retirer par le pape à Odoard Farnèse la permission qu'il avait de vendre ses blés sur le territoire pontifical, sans payer de redevance à la Chambre apostolique, ainsi que le passage des postes romaines à travers la partie méridionale de ses États.

Ensuite on en vint aux questions d'argent, sur lesquelles rien n'était plus aisé que de prendre le duc de Parme en faute. On lui réclama les intérêts échus des avances qui lui avaient été faites par les monts-de-piété, et, avec eux, les sommes dont le remboursement était exigible. L'année 1640 et une partie de celle de 1641 s'écoulèrent dans ces contestations jusqu'au jour où la Chambre apostolique, prenant acte de l'insolvabilité d'Odoard Farnèse, revendiqua le gage sur lequel ses prêts lui avaient été consentis, et fit saisir l'État de Castro.

En présence de ces poursuites, le duc de Parme, au lieu de chercher une transaction ou de réclamer de nouveaux délais, se mit sur la défensive et fortifia Castro, ainsi que quelques autres places du duché de ce nom, contre une agression éventuelle. Le pape répondit à ces mesures, en citant le duc à comparaître à Rome pour justifier sa conduite. Farnèse ne tint aucun compte de cette citation et il continua à armer ; si bien que les troupes pontificales entrèrent un beau jour dans ses États et s'emparèrent, sans grande résistance, du duché de Castro, au mois d'octobre 1641.

A la première nouvelle de leur marche, le duc de Parme se montra fort effrayé, et il ne manqua pas d'invoquer l'assistance du roi Louis XIII et du cardinal de Richelieu, par les lettres les plus pressantes : « L'effet, disait-il dans une de ces lettres, a montré que tous les desseins des Barberini ne buttaient qu'à me ravir mon bien, ayant fait entrer dans mon État de Castro leurs troupes, et, après avoir fait dans les terres et villages tous les maux qu'ils ont pu, ils sont allés vers Castro pour l'assiéger, suivant la nouvelle que je reçus hier soir. Je vais hâtant la levée de mes troupes le mieux que je puis, et je puis assurer votre Éminence que je ne manquerai nullement de faire de mon côté tous les efforts imaginables pour le secours de cette place (1). » Mais les

(1) Le duc de Parme au cardinal duc de Richelieu, 10 octobre 1641. Affaires étrangères *Correspondance de Parme*, tome I.

illusions du duc de Parme ne devaient pas être de
longue durée. Dès le 21 octobre, il était obligé
de confesser, dans une nouvelle lettre au cardinal
duc, que Castro était tombé au pouvoir des troupes
pontificales, et il chargeait en même temps son agent
à Paris de demander avec instances, à son royal allié,
des troupes et de l'argent (1).

A une époque où les communications étaient
longues et difficiles entre Paris et le centre de l'Italie, le duc de Parme ne pouvait compter sur une
assistance bien prompte de la part du roi Louis XIII.
Il essaya d'y suppléer provisoirement par un moyen
qui ne manquait pas d'habileté. Les Barberini s'é-
taient vantés, au moment où l'expédition de Castro
s'organisait à Parme, d'avoir « absolument la France
pour eux (2) ».

Cette assertion, comme nous l'expliquerons plus
loin, avait un côté apparent de vérité ; elle rencon-
trait en tout cas quelque créance dans le public,
et elle ajoutait aux embarras du duc de Parme.
Pour en atténuer l'effet, il imagina de retenir auprès
de lui le maréchal d'Estrées, qui arrivait à ce
moment à la cour d'Odoard dans les circonstances
que voici.

(1). Le duc de Parme au cardinal duc de Richelieu, 21 octobre 1641.
Affaires étrangères. *Correspondance de Parme*, tome I.
(2) Le duc de Parme au cardinal duc de Richelieu, 4 septembre
1641. *Id., ibid.*

Le maréchal d'Estrées avait exercé pendant plusieurs années les fonctions d'ambassadeur de France à Rome. Mais son caractère hautain, ses manières brusques, la liberté extrême de son langage et de sa conduite étaient une source intarissable de conflits auprès d'un gouvernement dominé par l'humeur agitée et irascible des Barberini. A la suite de démêlés sans nombre et qui avaient eu même quelquefois une issue sanglante, la cour de France renonça à maintenir plus longtemps à Rome un ambassadeur qui n'avait jamais, à la vérité, laissé porter atteinte aux droits et prérogatives de son souverain, mais dont les allures diplomatiques devenaient de plus en plus périlleuses dans une cour à laquelle la royauté française était attachée par tant d'intérêts de premier ordre.

Le 25 mai 1641, le maréchal avait donc été rappelé : « Vous-même, lui disait-on dans une lettre qui accompagnait la dépêche du roi, devez désirer sortir d'un lieu où il serait impossible que vous pussiez servir avec satisfaction, les choses étant venues au point qu'elles sont (1). » La même lettre l'invitait à quitter Rome sans retard, après s'être séparé « respectueusement » du pape, et « civilement » des cardinaux Barberini, et en évitant avec

_____
(1) Affaires étrangères. *Correspondance de Rome*, tome LXXVI.

soin de faire intervenir « ses ressentiments particuliers » dans les affaires du roi (1).

Le maréchal d'Estrées ne tint pas grand compte de
cette injonction. Il quitta de fait le palais de l'ambassade, au commencement du mois de juin, mais, au
lieu de partir pour la France, il se retira simplement dans une propriété particulière du duc de
Parme, à Caprarolles.

La vive irritation qu'il éprouvait contre le pape et
les cardinaux neveux se donna libre carrière dans
cette résidence, d'où il ne cessa, pendant plusieurs
mois, entre son rappel et l'arrivée de son successeur,
d'entraver par tous les moyens possibles le rétablissement des bons rapports entre les cours de Rome
et de Parme. Mais, lorsque l'affaire de Castro éclata,
le maréchal d'Estrées dut sortir de Caprarolles et
il fit ses préparatifs pour rentrer en France. Toutefois, comme la ville de Parme était sur sa route, il
s'y arrêta, probablement par suite d'une invitation
antérieure du duc Odoard.

La présence d'un haut personnage français à la
cour de Parme offrait alors au prince deux avantages : le premier était de le couvrir d'une sorte de
protection morale contre les entreprises des Barberini, par l'assistance d'un de leurs ennemis les

_____

(1) Affaires étrangères. *Correspondance de Rome*, tome LXXVI.

plus acharnés ; le second était de lui assurer les conseils et l'appui d'un homme d'épée illustre, au moment où tout était à faire dans l'armée de Parme, pour la mettre sur le pied de guerre. Le duc Odoard informait, dès le 10 octobre, le cardinal de Richelieu de l'arrivée du maréchal à Parme, où il avait pu séjourner jusque-là sans s'écarter de son chemin. Odoard faisait ressortir aussi qu'il ne lui était pas indifférent de rendre un ambassadeur du roi témoin de la conduite des cardinaux neveux. Le prince aurait dû ajouter que c'était là un moyen infaillible pour jeter ceux-ci dans une véritable exaspération.

La cour de France ne pouvait que regretter beaucoup les proportions de cette affaire, dont elle surveillait avec tant de soin les péripéties depuis plusieurs années. Il lui paraissait que le duc de Parme, comme il arrive souvent aux petits États, quand ils jouissent de la protection d'une grande puissance, avait manqué de circonspection, et qu'il n'avait pas plus calculé la portée de ses actes que celle de ses paroles. Mais les esprits impartiaux étaient obligés de reconnaître en même temps que la cause de ce « grand vacarme », selon l'expression employée dans le cabinet de Richelieu, était bien futile, et que la cour pontificale avait procédé, à l'égard du duc Odoard, avec une rigueur et une animosité exagé-

rées (1). Il fallait donc faire la part des torts des
deux côtés, et chercher sans retard un accommodement par les voies diplomatiques. Aller plus loin,
envoyer des secours militaires au duc de Parme, ce
n'était rien moins que déclarer la guerre au pape,
au moment même où Richelieu n'hésitait pas à
sacrifier le maréchal d'Estrées, pour donner satisfaction à Urbain VIII et reconquérir la bienveillance de
son gouvernement. L'esprit ferme et précis du cardinal réservait les armées françaises pour d'autres
expéditions plus pressantes et d'un intérêt plus
général. Mais le duc de Parme n'en était pas moins
un client de la France, et les sympathies qu'on
allait lui témoigner publiquement suffiraient sans
doute pour prouver à ses ennemis qu'on ne le laisserait jamais écraser.

D'autres circonstances encore liaient les mains à
la cour de France dans cette question, ou plutôt
devaient l'empêcher de prendre trop exclusivement
parti contre le pape, en faveur du duc de Parme.

Depuis longtemps, Mazarin, dont la situation
grandissait chaque jour auprès de Richelieu et du
roi, attendait le cardinalat qui avait été demandé
pour lui à diverses reprises, et avec les plus vives
instances. Or, dès la fin de l'année 1641, c'est à

(1) Mémoire sur le différend du pape et du duc de Parme. Affaires
étrangères. *Correspondance de Parme*, tome I.

Mazarin que la conduite des affaires d'Italie èt particulièrement de celles de Parme avait été réservée (1).

L'habile diplomate n'avait garde, au moment où
il avait tout à espérer de la cour de Rome, de lui
fournir de nouveaux prétextes pour retarder sa
promotion. Il s'était appliqué au contraire, dès le
premier jour, à ôter au duc de Parme ses illusions
sur une intervention de la France. en sa faveur
et à peser énergiquement sur lui pour le porter à
une transaction avec Urbain VIII (2).

Le successeur du maréchal d'Estrées, comme ambassadeur à Rome, était nommé depuis la fin du
mois de mai 1641. C'était le marquis de Fontenay-Mareuil. Aux talents épouvés d'un militaire
qui comptait d'éclatants services, le marquis de
Fontenay-Mareuil ajoutait l'expérience diplomatique
qu'il avait acquise dans le poste d'ambassadeur de
France en Angleterre. C'était un homme d'esprit et
de jugement, qui joignait à une connaissance suffisante des affaires, infiniment de mesure et de tact
dans les questions de personnes. Rédigées à la date
du 21 juin 1641, ses instructions lui prescrivaient

(1) Barozzi et Berchet. *Relations des ambassadeurs vénitiens*,
série II. France ; volume II. *Girolamo Giustinian. Compendio dei
dispacci.*

(2) Le duc de Parme à Richelieu, 4 septembre 1641. Affaires étrangères. *Correspondance de Parme*, tome I.

de défendre en toute circonstance les intérêts du duc de Parme, ainsi que « le bien de sa maison et de ses États (1) ».

Le marquis de Fontenay ne partit pour Rome qu'au mois d'octobre suivant; il y arriva le 4 novembre, après s'être arrêté quelques jours à Florence, et avoir essayé, mais vainement, d'intéresser le grand-duc à la cause d'Odoard Farnèse (2). Dans la première audience qu'il obtint du pape, le nouvel ambassadeur de France put constater jusqu'à quel point Urbain VIII comptait tirer parti de la promotion, toujours pendante de Mazarin, pour s'assurer la neutralité de la France dans les démêlés de la cour de Rome avec le duc de Parme. Le pape, raconte Fontenay, se promettait « qu'en cette occasion le roi ne laisserait pas seulement faire ce qu'il jugeait à propos, mais qu'à l'exemple du feu roi son père, qui offrit à Clément VIII 20,000 hommes, pour aller à Ferrare, il voudrait même l'assister, s'il en avait besoin ». L'ambassadeur se borna à répondre qu'il venait plaider la cause d'un vassal du souverain pontife, qui ne demandait qu'à rentrer en grâce auprès de son suzerain, mais, qu'il était cependant de l'intérêt du

(1) Instruction du roi au marquis de Fontenay-Mareuil, s'en allant à Rome. Affaires étrangères. *Correspondance de Rome*, tome LXXVI.

(2) *Négociation de Monsieur de Fontenay*, tome I. Affaires étrangères. *Correspondance de Rome*, tome LXXVII.

Saint-Siége de ne pas pousser les choses à l'extrême, dans la crainte de nouer une coalition des autres princes d'Italie, qui ne manqueraient pas de se sentir menacés par les rigueurs dont on usait envers l'un d'entre eux (1).

Afin de manifester sa bonne volonté et son esprit conciliant, le duc de Parme se disait prêt à envoyer à Rome un ambassadeur, avec les pouvoirs nécessaires pour régler les conditions auxquelles il serait possible d'arrêter la procédure spoliatrice, entamée contre sa maison. Le pape répondit que ces ouvertures étaient inacceptables, « me faisant entendre, ajoute Fontenay-Mareuil, que quand même M. de Parme voudrait venir, il ne lui donnerait pas sûreté pour ce qui serait jugé contre lui (2) ». En effet, dès ce moment, Odoard Farnèse, déjà sous le coup d'une excommunication, se voyait menacé en outre d'être déclaré criminel de lèse-majesté, pendant que ses sujets seraient déliés du serment de fidélité.

Ces nouvelles avaient causé une grande émotion à la cour de France. Dans toute autre circonstance, on n'eût pas hésité à parler haut en faveur d'un prince qui, malgré sa faiblesse, comptait parmi

---

(1) *Négociations de Monsieur de Fontenay-Mareuil.* Affaires étrangères. Rome, 17 novembre 1641.

(2) *Dépêche de Fontenay-Mareuil.* Id., ibid. Rome, 16 décembre 1641.

les alliés les plus éprouvés et les plus utiles du roi
Louis XIII. Mais, nous l'avons dit plus haut, Mazarin avait un intérêt considérable à ménager la cour
de Rome, à la veille d'une promotion de cardinaux,
dans laquelle il souhaitait si vivement d'être compris.
Or, une des causes les plus actives de l'irritation que
la conduite du duc Odoard entretenait à Rome, c'é-
tait le séjour à Parme du maréchal d'Estrées.

Malgré les explications, en apparence assez plausi-
bles, fournies sur ce sujet par la cour ducale, Richelieu blâma le maréchal d'avoir contrevenu aux
ordres qui lui prescrivaient de rentrer en France, et
il lui fit part de son mécontentement dans une admonition sévère.

Sachant, lui disait-il, comme vous savez, l'état que Sa Majesté fait de la personne de M. le duc de Parme et l'affection
qu'il a pour ses intérêts, je ne sais comment vous avez pu ne
juger pas qu'il dût trouver mauvais que vous allassiez en ses
États, pour vous rendre spectateur de son malheur, sans y
pouvoir apporter remède. Ce qui déplaît davantage au roi est,
qu'étant sorti de Rome en la mauvaise intelligence en laquelle
vous êtes avec M. le cardinal Barberini, beaucoup jugeront
qu'il se sera d'autant plus affermi en la résolution qui a été
prise à Rome contre M. le duc de Parme, qu'il aura cru que
vous n'êtes allé auprès de lui que pour l'animer contre la
maison du pape, à laquelle il vous tient mal affectionné. Je
vous avoue que je voudrais pour beaucoup que vous n'eussiez
pas pris cette résolution, qui n'est ni bonne pour le roi, ni avan-

tageuse pour votre réputation, particulièrement en l'opinion
de ceux qui voudront considérer, avec le malheur qui vous
accompagne en cette occasion, les disgrâces qui vous sont ar-
rivées à Mantoue et en Allemagne (1).

Mais l'affaire de Parme avait pris un tel degré
d'acuité qu'elle exigeait, dès ce moment, plus de soin
que l'ambassadeur ordinaire de France à Rome,
avec la multiplicité de ses occupations, ne pouvait
lui en accorder. La nécessité d'un envoyé spécial qui
servirait d'intermédiaire entre les cours de Rome et
de Parme et s'efforcerait de les amener à un arrangement, s'imposait donc chaque jour davantage aux
préoccupations de Richelieu. Hugues de Lionne fut
choisi pour remplir cette mission, non-seulement
parce que Mazarin avait déjà eu occasion d'éprouver
son dévouement et sa capacité, mais encore et surtout parce que, durant le séjour qu'il avait fait précédemment à Rome, le neveu de Servien avait réussi
à se ménager, par la souplesse de son esprit et la
vivacité de son intelligence, les amitiés les plus pré-
cieuses dans le Sacré Collége.

Ce fut, selon toute apparence, au commencement
du mois de décembre 1641, à quelques jours près,
que la nomination de Hugues de Lionne fut décidée.

(1) La pièce porte la date de novembre 1641, mais sans indication
du quantième. Affaires étrangères. *Correspondance de Parme,*
tome I.

Nous avons le texte des instructions qui lui furent
remises à cette occasion par le cabinet de Richelieu.
Elles lui prescrivaient d'abord d'aller à Parme directement, et là, de donner au duc le conseil formel
« de se porter à rendre toutes les soumissions et
respects », réclamés par le pape. Urbain VIII exigeait
à ce moment que le duc Odoard vînt de sa personne
à Rome implorer son pardon, et procédât à un désarmement général dans ses États, en faisant cesser les
mesures qu'il avait cru devoir prendre pour parer à
l'occupation subite de Castro. Lionne avait ordre
de dire au client du roi Louis XIII que ces conditions pouvaient et devaient être remplies, mais seulement lorsque les bases de la transaction seraient
arrêtées, et quand il n'y aurait plus de doutes à concevoir sur les intentions du pape. Il appartiendrait
jusque-là à l'ambassadeur spécial, que le duc enver-
rait probablement à la cour de Rome (1), de préparer
les voies à une solution qui était dans l'intérêt de
tous ; mais, selon Richelieu, pour que la paix à
intervenir fût durable et solide, il fallait que le duc
de Parme se prêtât à une réconciliation aussi complète avec les neveux du pape qu'avec ce dernier
lui-même.

   Lionne ajouterait que le roi avait écrit, « de sa

_____

(1) On ignorait encore en ce moment à la cour de France que le
pape avait déjà refusé l'envoi d'un ambassadeur du duc de Parme.

propre main », au pape et aux cardinaux Barberini,
au sujet de l'affaire de Parme, et que le duc ne
pouvait manquer de voir là « un témoignage très-
particulier et extraordinaire de l'affection avec
laquelle Sa Majesté s'y emploie (1) ».

En quittant Parme, Lionne se rendrait à Rome
auprès du marquis de Fontenay, à qui il communi-
querait « des ordres réitérés et très-précis » de ne
rien négliger pour presser une solution pacifique du
différend de Castro, et persuader, par tous les
moyens, la cour pontificale du prix que la France
attachait à « un bon accommodement entre Sa Sainteté et ledit sieur duc ».

Enfin Lionne emportait un duplicata des ordres
qui avaient été envoyés précédemment au maréchal
d'Estrées, pour hâter son retour en France. Dans le
cas où le premier rencontrerait encore le second à
Parme, et acquerrait ainsi la certitude que la volonté
formelle du roi avait été méconnue, Lionne devait
d'abord simuler l'étonnement, puis déclarer à l'ex-
ambassadeur que la cour était résolue à ne se laisser
convaincre par aucune des raisons qu'il pourrait invo=

(1) *Mémoire du sieur de Lionne s'en allant, de la part du roi,*
trouver M. le duc de Parme, et de là auprès du sieur marquis de
Fontenay, ambassadeur de Sa Majesté à Rome, n° 3736. Bibliothèque
nationale. Mss. de Béthune. Le mémoire ne porte pas de date.
L'évidence lui assigne celle que nous lui avons donnée, c'est-à-dire
la fin de novembre ou le commencement de décembre 1641.

quer afin de justifier ou d'expliquer la prolongation
de son séjour hors de France. En outre, Lionne était
invité à s'abstenir de toute communication avec le
maréchal sur le but de sa mission, qui comportait,
d'ailleurs, une série d'allées et venues entre Parme
et Rome (1).

Telles étaient les instructions officielles de Richelieu à Hugues de Lionne. Mais il est à supposer que
Mazarin les avait complétées par d'autres instructions qui touchaient plus intimement, sinon exclusivement, aux intérêts de celui dont la haute destinée
politique commençait à se dessiner. Ainsi qu'on le
verra dans le chapitre suivant, Lionne avait accepté
le titre de créature de Mazarin, selon l'expression
usitée à cette époque, et le temps que le différend
de Castro ne lui prendrait pas, il devait le consacrer
aux affaires de son protecteur. La dignité de cardinal
qu'il sollicitait depuis plusieurs années, entrait en
première ligne dans les préoccupations de Mazarin
qui, déçu déjà tant de fois dans ses espérances,
appréhendait encore de nouveaux retards dans leur
réalisation, à la fin de l'année 1641, au moment du
départ de Lionne et alors que le pape avait couronné
ses vœux, dès le 16 décembre précédent (2). Venaient

(1) Bibliothèque nationale. Mss. de Béthune. *Id., ibid.*
(2) Le marquis de Fontenay, ambassadeur de France à Rome,
écrivait à Richelieu le 16 décembre 1641 : « La déférence qui se rend

ensuite les négociations relatives au mariage d'une sœur de Mazarin ; l'avancement de son frère Michel, provincial de l'ordre des dominicains, et dont l'ambition à Rome devait suivre une marche parallèle à la fortune du futur premier ministre de Louis XIII; enfin les mille détails dont se composait la gestion des intérêts du nouveau cardinal, dans une cour qui l'avait vu débuter et où la situation vers laquelle il marchait, ne manquait pas de faire des jaloux en nombre infini.

Mais plus la mission que Lionne venait d'accepter était complexe et délicate, plus elle était de nature à tenter un homme jeune, ardent et avide de parvenir, comme lui. Avoir en mains, à trente ans à peine, la conduite de l'affaire que Richelieu considérait comme la plus difficile de l'année 1641, et posséder en même temps le dernier mot des secrets personnels du cardinal Mazarin à Rome, c'était plus qu'il n'en fallait pour assurer une brillante carrière au neveu de Servien.

partout aux volontés de Votre Éminence, et le poids qu'elle donne aux choses qu'elle entreprend, a enfin prévalu par-dessus tant d'obstacles qui se présentaient pour empêcher la promotion de M. Mazarin, et vous l'avez aujourd'hui plus fait cardinal que le pape même. » *Négociations de Monsieur de Fontenay*, tome I. Affaires étrangères. *Correspondance de Rome*, tome LXXVII.

CHAPITRE II

Départ de Lionne pour Parme à la fin de 1641.— Il apprend à Lyon la promotion de Mazarin au cardinalat. — Son arrivée à Parme et ses conférences avec le duc Odoard. — Procédés violents de la cour de Rome à l'égard de ce prince. — Lionne part pour Rome. — Sa première combinaison pour résoudre le conflit de Castro. — Mission du secrétaire Montereul à Parme. — Irritation du maréchal d'Estrées. — Fontenay-Mareuil et Lionne proposent une trêve de trois années. — Insuccès de cette proposition. — Préoccupations des princes d'Italie en présence de la guerre de Castro. — Traité de Venise du 31 août 1642. — Nouveau voyage de Lionne à Parme. — Richelieu et la ligue des princes d'Italie. — Offres faites par Lionne, au nom du roi, à Odoard Farnèse.— Entrée de ce dernier en campagne. — Ses succès militaires en Romagne. — Panique de la cour de Rome. — Ouverture pacifique du cardinal Spada. — Lionne et le poëte Testi, premier ministre du duc de Modène.

On avait été avisé à Rome que Lionne se mettrait en route pour Parme le 27 décembre 1641 (1). C'est en effet vers cette date qu'il dut quitter Paris, car, le 2 janvier 1642, il était déjà à Lyon, où lui arrivait la nouvelle de la promotion de Mazarin. La joie

(1) Archives de Venise. *Dispacci Roma*, Filza 118. *Gierolamo Bon.* Rome, 25 janvier 1641.

que le jeune diplomate en éprouva déborde dans sa
lettre de félicitations au nouveau cardinal. « La promotion de Votre Éminence, lui écrit-il, change la
plupart des ordres dont il vous avait plu m'honorer ;
au lieu de plaintes, je n'aurai sujet que de faire des
remercîments. Voilà donc vos ennemis confondus
et vos serviteurs consolés et satisfaits (1). »

Les horizons les plus brillants s'ouvrent devant les
yeux de l'envoyé de Mazarin, et comme la santé
du pape ne laisse pas, en ce moment même, de
donner des inquiétudes, il voit déjà son puissant
protecteur sur le chemin de Rome, pour prendre part
au futur conclave, et Lionne insinue qu'il y aurait
là une occasion toute naturelle d'éprouver sa fidélité.
« J'avais eu une pensée de vous supplier très-humblement qu'il vous plût faire écrire de la part du roi
à M. de Fontenay qu'au cas que le pape vînt à
manquer, pendant que je serai en Italie, et que Votre
Éminence ne pût pas arriver à temps, ou qu'elle
ne voulût pas m'honorer de la qualité de son conclaviste, que j'ambitionnerais par-dessus toute chose,
l'intention de Sa Majesté est que j'entre dans le
conclave auprès du cardinal Antoine (2). » Le 12 suivant, Hugues de Lionne est à Antibes. En passant à

(1) Lionne à Mazarin. Lyon, 2 janvier 1642. Affaires étrangères.
Correspondance de Rome, tome LXXX.
(2) *Id., ibid.*

Avignon, il a conféré avec le vice-légat, qui lui a laissé entendre que l'essentiel pour le duc de Parme serait de donner satifaction au cardinal François Barberini (1).

Hugues de Lionne dut arriver à Parme vers la fin du mois de janvier. Il remit immédiatement au duc la lettre du roi Louis XIII, dont il était porteur, et lui fit connaître l'objet de sa mission. Les conditions de la paix, telles que Richelieu les comprenait et était prêt à les appuyer, se composaient de trois points : payement par le duc de Parme des frais de la guerre ; voyage de celui-ci à Rome pour faire sa soumission au pape, et désarmement des troupes à l'aide desquelles il se préparait à prendre l'offensive contre l'armée pontificale. Hugues de Lionne trouva Farnèse presque également inflexible sur tous ces points. Le premier, d'après lui, n'était pas à débattre à Parme, mais à Rome. Quant au second, le duc déclara que, même avec la caution du roi de France, il ne consentirait pas à se rendre en ce moment auprès du pape, et que « sa vie et sa liberté étaient trop importantes à ses États et à ses enfants, pour les hasarder de la sorte (2) ».

Les instances de Lionne ne furent pas plus heu-

(1) Lionne à Mazarin. Antibes, le 12 janvier 1642. Affaires étrangères. *Correspondance de Rome*, tome LXXX.
(2) *Extrait de la dépêche du sieur de Lionne, de Parme, le 6 février 1642.* Bibliothèque nationale. Mss. de Béthune.

reuses sur la question du désarmement, quoiqu'il
offrît à Odoard « d'envoyer ses troupes en France,
d'où elles lui seraient renvoyées au premier besoin
en plus grand nombre, si on lui manquait de
parole ».

Restait la dernière question, la plus délicate de
toutes, celle de l'éloignement du maréchal d'Estrées,
que Lionne avait ordre de réclamer sans aucune
remise. Le duc de Parme y opposa la plus vive résistance, alléguant que, du moment où la France ne
pouvait lui donner « d'autre protection que celle de
ses offices envers le Pape », elle ne devait pas lui
refuser au moins l'apparence d'un appui plus efficace.
Il ajouta que si un homme de guerre aussi éminent
que le maréchal d'Estrées quittait cette cour en un
pareil moment, le peuple de Parme ne manquerait pas
d'en tirer la conclusion que son souverain avait perdu
l'amitié de la France, et que celle-ci l'abandonnait
sans défense à l'animosité des Barberini. Lionne proposa alors un moyen terme, qui eût consisté à envoyer
le maréchal en congé à Venise. Mais le duc ne voulut
pas consentir davantage à cette transaction (1), et
bientôt Hugues de Lionne fut obligé de constater qu'il
n'avait pu obtenir du prince que l'expression platoni-
que de son attachement inviolable au service du roi.

_____

(1) *Extrait de la dépêche du sieur de Lionne, de Parme, le* 6 *février*
1642. Bibliothèque nationale. Mss. de Béthune.

Au bout de quelques jours, l'envoyé français quitta donc Parme et se rendit à Rome, où sa mission allait prendre plus d'intérêt et d'importance. Mais il ne lui était plus possible de se dissimuler, dès ce moment, l'étendue des difficultés qui l'y attendaient.

L'irritation du duc Odoard avait pour cause, après tout, les mesures violentes dont il ne cessait d'être l'objet.

Dès le milieu de janvier, le pape, tenant toutes ses menaces, avait lancé contre lui l'excommunication et confisqué ses biens.

Sa Sainteté, écrivait Fontenay, le 19 janvier, à Chavigny, s'est portée en cette occasion avec une si grande véhémence et témoigne tant d'aigreur contre M. le duc de Parme et sa maison, que tout le monde s'en est étonné, et d'autant plus qu'il a paru, en cette occasion, comme un homme demi-mort et qui était plus près d'être jugé que de juger les autres (1).

Peu de temps après, l'ambassadeur de France mandait que, dans sa conviction, le Pape ne s'était résigné qu'avec regret et même, « avec quelque préjudice de sa santé, » à ces mesures excessives, qui lui avaient été, pour ainsi dire, imposées par ses ministres. Elles avaient d'ailleurs produit à la cour de

_____

(1) *Négociations de Monsieur de Fontenay*, tome I. Affaires étrangères. *Correspondance de Rome,* tome LXXVII.

France une émotion pénible, que Richelieu traduisait avec une grande élévation d'idées, en s'adressant au cardinal Mazarin dans les termes suivants, qui ont conservé, pour notre génération même, un caractère prophétique :

Il faut avouer que c'est une chose bien étrange qu'on mène à Rome si rudement un prince, qui n'est coupable, au plus, que d'une conduite moins considérée qu'elle n'eût été à désirer. Je vois en mon particulier, avec beaucoup de déplaisir, la puissance spirituelle de l'Église employée pour rendre la temporelle des papes plus puissante et plus effective, pour décider à leur avantage certains différends beaucoup plus préjudiciables qu'ils ne sont avantageux au salut des âmes (1).

C'est vers le 15 février que Lionne arriva à Rome. Il descendit chez l'ambassadeur, qui lui offrit un logement, ses carrosses et ses estafiers. Son premier soin fut de se présenter chez le père provincial, frère de Mazarin, qui l'introduisit immédiatement auprès du cardinal Antoine, avec lequel, comme nous l'avons déjà vu, le neveu de Servien avait été, pendant plusieurs années, en relations intimes. Lionne raconte qu'il évita de lui parler d'aucune affaire dans cette première audience. « Je me servis, écrivait-il le surlendemain, le mieux qu'il me fut possible de la leçon de votre Éminence. Je le mis au troisième ciel,

(1) Richelieu au cardinal Mazarin, 9 février 1642. Affaires étrangères. *Correspondance de Parme,* tome I.

lui donnant toute la gloire de la promotion, ne l'en-
tretins que de sa magnificence, de sa générosité et
de l'estime en laquelle il est en France. » Ce qui,
paraît-il, plut beaucoup au cardinal Antoine (1).

Avant d'entrer dans le vif de sa mission, Lionne
tenait à s'orienter. La première chose qui le frappa,
au milieu de cette société politique de Rome où il
avait librement accès, c'est l'espèce d'anxiété avec
laquelle tous les mouvements de la diplomatie française, du côté de Parme, étaient observés et surveillés.
La république de Venise, particulièrement, considérait le différend de Castro comme une complication
des plus fâcheuses, non-seulement parce qu'il contenait une menace contre l'indépendance des divers
États de la péninsule, mais encore et surtout, parce
qu'il fournissait à la France un prétexte pour intervenir dans les affaires d'Italie. Le résident de Venise
étant allé voir Lionne, celui-ci put facilement induire
de son langage que la république souhaitait avec
passion un arrangement entre Urbain VIII et Farnèse, même au prix de quelques sacrifices de la part
de ce dernier.

C'est à vous autres, Messieurs les ministres, ajoutait Lionne,
en s'adressant à Mazarin, à considérer deux choses en cela :
la première, si la réputation du roi, dont les armes sont par-

_____

(1) Lionne à Mazarin. Rome, 15 février 1642. Affaires étrangères,
Correspondance de Rome, tome LXXX.

tout victorieuses, peut souffrir que le seul prince d'Italie qui
est en sa protection reçoive du préjudice, ce que toute l'Europe considère ; de l'autre, si, au cas que Sa Majesté trouve à
propos de passer par dessus, on pourrait y disposer M. de
Parme, tout son principal but, dans tous ses discours, ayant
été de m'en ôter l'espérance (1).

Au fond, l'accommodement cherché par Lionne
se présentait dans des conditions très-difficiles. Le
duc de Parme ne voulait se prêter qu'à une restitution complète du duché de Castro ; le pape, au contraire, tenait avant tout à mettre à profit les circonstances qui avaient favorisé ses armes, pour obtenir
au moins une rectification de frontières sur cette
partie des États du duc. Aussi, le premier avait-il
repoussé tous les moyens termes qui avaient été
déjà proposés, comme, par exemple, la démolition
des fortifications de Castro, ou leur occupation, pendant un certain temps, par des garnisons pontificales.

Il fallait donc, comme le prévoyait Hugues de
Lionne, chercher d'autres combinaisons (2).

Le premier expédient qui s'offrit à l'esprit ingénieux de Lionne, sortait un peu des voies de la

(1) Lionne à Mazarin, 16 février 1642. Affaires étrangères. *Corres-pondance de Rome,* tome LXXX.

(2) Lionne à Mazarin, 24 février 1642. Affaires étrangères. *Correspondance de Rome,* tome LXXX.

diplomatie ordinaire. Il pouvait, cependant, être des plus efficaces.

Le troisième des neveux d'Urbain VIII, Taddeo Barberini, exerçait, comme on sait, les fonctions de préfet de Rome, et sa principale ambition était de ne pas jouer un rôle politique effacé, à côté de ses deux frères, les cardinaux François et Antoine.

Taddeo avait épousé Anna Colonna, fille du connétable don Philippe, et de cette union était né un fils, pour lequel son père rêvait une alliance princière. Lors de son séjour à Parme, Hugues de Lionne avait cru comprendre qu'Odoard Farnèse ne refuserait pas la main de sa fille au fils de Taddeo, si cette union devait avoir pour résultat de mettre fin au conflit de Castro. A peine l'envoyé français fut-il installé à Rome, qu'il prit ses mesures pour entamer, sans retard, cette négociation.

A première vue, il semblait tout naturel qu'il s'adressât d'abord aux cardinaux Barberini; après mûre réflexion, il préféra prendre une autre voie, en essayant de gagner à son projet la principale intéressée, c'est-à-dire la femme de Taddeo, dona Anna, très-ardente à l'établissement de ses enfants, et que la nature des choses devait porter plus facilement à la conciliation, puisqu'elle n'avait pas eu de démêlés personnels avec le duc de Parme. Mais comment

faire les premières ouvertures à dona Anna ? Lionne
imagina le détour suivant : '

J'ai trouvé, raconte-t-il à Mazarin, un père de l'Oratoire
nommé le P. Jean-Baptiste Foppa, qui la gouverne et dépend
d'elle de telle façon que le cardinal Barberini ne pourra être averti
de tout ce qu'on lui communiquera, qu'elle ne lui en donne
la permission auparavant et ne l'ait trouvé bon. J'ai été visiter
ce père, et, pour ne commettre pas mal à propos la réputation
de M. de Parme, de qui je n'avais point de charge expresse,
quoique effectivement je sache bien de lui faire plaisir et de
lui rendre en cela un service agréable, j'ai pris un autre prétexte de ma visite pour faire, par son moyen, les compliments
de Votre Éminence à la signora dona Anna, qu'on ne voit plus
depuis le départ de son mari, et satisfaire à l'ordre que Votre
Éminence m'avait donné de lui dire, de sa part, qu'elle la
conjurait, sans tarder un moment, de disposer toutes choses à
un bon accommodement, autant qu'il serait en elle, pour des
raisons très-puissantes dont Votre Éminence ne pouvait pas
s'expliquer davantage ; mais que, comme son serviteur très-
partial et de toute sa maison, Votre Éminence se voyait
obligée de lui donner un conseil, auquel elle la suppliait de
déférer pour son bien même. Je lui représentai de suite, le
mieux qu'il me fut possible, le droit de M. de Parme, les inconvénients qu'il y avait à craindre et combien cette guerre
sonnait mal auprès de tout le monde, qui ne la considérait
que comme une vengeance et une persécution de la maison
Barberini contre la Farnèse, non pas comme une querelle du
Saint-Siége contre le duc de Parme (1).

(1) Lionne à Mazarin, 2 mars 1642. Affaires étrangères. *Correspondance de Rome,* tome LXXX.

Après ces préliminaires, Hugues de Lionne exposa
l'utilité d'une alliance entre les deux maisons, en se
portant garant des intentions du duc de Parme et des
encouragements qu'elles ne pouvaient manquer d'obtenir de la part du roi de France. Le père Foppa entra
sans résistance dans les suggestions de Lionne et promit d'en conférer immédiatement avec dona Anna.
Celle-ci accueillit l'ouverture avec empressement,
laissant voir, dit Lionne, qu'elle ne désirait pas peut-
être son salut plus ardemment que cette alliance, et
elle s'engagea même à conduire ses enfants au pape,
afin de l'émouvoir, mais après avoir essayé d'abord
de gagner à sa cause le cardinal François Barberini.

Quant à l'envoyé français, il s'attachait à cette
combinaison avec d'autant plus d'ardeur qu'il voyait
le duc de Parme aux prises avec des embarras crois-
sants, par suite des dépenses militaires auxquelles
il était entraîné et qu'il ne pouvait, d'ailleurs,
plus supporter, si la France ne venait pas à son aide.
L'alliance projetée réparerait tout, en faisant rentrer Odoard Farnèse dans des biens qu'on n'estimait
pas à moins de huit millions, en rendant ses troupes
immédiatement disponibles pour le service de la
France, du côté du Milanais, et en assurant en même
temps le chapeau de cardinal à son frère (1).

(1) Lionne à Mazarin, 9 mars 1642. Affaires étrangères. *Correspondance de Rome,* tome LXXX.

Mais la négociation, ouverte sous les auspices les plus encourageants, ne devait pas tarder à rencontrer des obstacles invincibles, dans la mauvaise volonté du principal ministre du pape. Tous les actes du duc de Parme semblaient de nature à aiguillonner le cardinal François Barberini. Pénétré de l'évidence de ses droits, Farnèse ne laissait échapper ni une occasion de les faire valoir, ni un prétexte pour les revendiquer. En réponse à l'excommunication lancée contre lui, le duc avait publié et répandu à Rome un écrit dans lequel il démontrait qu'en fortifiant Castro, il n'avait pas excédé les termes de son investiture, tandis que le pape les avait violés en exécutant militairement un prince, qui ne s'était rendu coupable d'aucun attentat contre son auguste personne (1).

Fort émus de cet écrit, les cardinaux neveux s'étaient empressés de le réfuter, et Hugues de Lionne voyait là une diversion presque heureuse pour le client de la France qui, au moins pendant ce temps, échappait, de la part de ses ennemis, à des entreprises plus redoutables (2).

Mais le grief le plus profond de la cour de Rome contre le duc de Parme, c'était, comme à l'origine du

(1) Lionne à Mazarin, 23 mars 1642. Affaires étrangères. *Correspondance de Rome*, tome LXXX. — Mémoire sur le différend du Pape et du duc de Parme. *Correspondance de Parme*, tome I.

(2) *Id. Correspondance de Rome*, tome LXXX.

conflit, la présence du maréchal d'Estrées auprès de lui.

Richelieu avait cependant donné de nouveaux ordres pour décider le maréchal à s'éloigner d'une résidence, où il compromettait son gouvernement. Un secrétaire de l'ambassade de France à Rome, Montereul, s'était même rendu dans ce but à Parme vers la fin du mois de mars ; mais il avait trouvé le maréchal dans un état d'esprit qui rendait presque inutile toute démarche plus pressante.

Il ne laissa pas, écrit Montereul au cardinal, à la date du 30 mars 1642, de me faire bien connaître par ses paroles qu'il ne respirait que la vengeance, et me dit à diverses fois que les moyens de se ressentir des affronts qui lui avaient été faits dans Rome lui étant ôtés, il ne désirait que la mort, qu'il priait Dieu à chaque instant de lui envoyer (1).

En un mot, le maréchal d'Estrées entendait rester à Parme, contre les ordres du roi et de Richelieu, et Montereul put se convaincre par lui-même qu'aucune menace ne prévaudrait contre cette résolution. A la suite de ces incidents, l'animosité de la cour de Rome contre le duc de Parme n'avait fait que s'aggraver, et il pouvait être moins que jamais question d'amener le Saint-Siége à la restitution des territoires que ses troupes avaient conquis sur les États

(1) Affaires étrangères. *Correspondance de Parme,* tome I.

d'Odoard Farnèse. Le projet de mariage mis en avant par Lionne n'avançait pas davantage, et ce n'était pas assez pour expliquer la lenteur de sa marche, que de l'attribuer à une absence accidentelle du confesseur de la femme de Taddeo. Aussi, dès la fin de mai et après diverses péripéties, Hugues de Lionne dut-il reconnaître que cette union était devenue presque impossible, le cardinal François Barberini ayant réussi à persuader au pape « qu'il y allait de son honneur » de ne pas la laisser conclure (1).

Cependant, l'envoyé français avait à cœur de ne pas rester plus longtemps dans l'expectative, pour ne pas compromettre les espérances que ses protecteurs avaient fondées sur sa mission, et afin d'éviter de faire naître des doutes sur les capacités qui avaient décidé Mazarin à la lui confier. D'accord avec le marquis de Fontenay, Hugues de Lionne proposa alors au duc de Parme un arrangement sur les bases suivantes : trève d'une ou deux années entre Urbain VIII et Farnèse, pendant laquelle on désarmerait de part et d'autre, à la réserve des garnisons jugées nécessaires pour la sûreté des places ; suspension immédiate, et pendant une durée égale, des censures ecclésiastiques dont le duc de Parme avait été frappé;

(1) Lionne à Mazarin, 1er juin 1642. Affaires étrangères. *Correspondance de Rome,* tome LXXX.

ajournement, jusqu'à l'expiration de la trêve, de l'incamération du duché de Castro, par voie consistoriale ; enfin, après la trêve, délai de trois mois accordé aux deux parties pour se livrer à de nouveaux armements, sous la réserve qu'avant l'échéance de ce délai, les belligérants s'abstiendraient l'un contre l'autre de tout acte de guerre. La réponse du duc à ces propositions ne fut rien moins que conciliante : elle semblait, d'après l'expression de Lionne, « avoir été faite par le maréchal d'Estrées même ». Susceptible à l'excès, Odoard ne voyait dans la combinaison qui lui était soumise qu'un moyen de prolonger ses embarras et de lui faire perdre du temps, sans profit pour ses intérêts.

Cependant, écrivait Lionne à Mazarin avec une certaine aigreur, il ne s'aperçoit pas qu'il en perd encore beaucoup à ne vouloir pas s'ouvrir à nous de sa pensée, étant toujours sur ses pointilles d'honneur, à qui se relâchera le premier, ce qui est non-seulement déraisonnable envers son souverain, comme le pape, mais de très-mauvaise grâce avec M. l'ambassadeur, qui est ministre du roi, auquel il devrait ouvrir son cœur, comme à un confesseur (1).

Malgré la réponse dilatoire du duc de Parme, le marquis de Fontenay et Lionne ne se découragèrent pas. Ils voulurent, du moins, savoir si leurs propo-

(1) Lionne à Mazarin, 1er juin 1642. Affaires étrangères. *Correspondance de Rome*, tome LXXX.

sitions seraient mieux accueillies à la cour de Rome
qu'elles ne l'avaient été à celle d'Odoard.

Ils les communiquèrent donc, d'abord vaguement,
au cardinal Antoine et au cardinal Bichi, puis avec
plus de précision à ce dernier, mais en faisant observer
qu'ils agissaient sans autorisation du duc Odoard.
Lionne continuait à voir beaucoup d'avantages au
succès de cette transaction, et notamment celui de
remettre la solution du différend de Castro à un pape
moins engagé et plus modéré si, comme on pouvait
le croire, la mort d'Urbain VIII, déjà vieux et
malade, survenait pendant la trêve. Mais la cour de
Rome n'était pas plus portée que celle de Parme à
un arrangement. Aussi, vers la fin de juin, le cardinal Bichi fut-il chargé de dire au marquis de Fon-
ténay que c'était à Farnèse qu'il appartenait de
parler le premier (1), et que, s'il y avait lieu à une
trêve, celle-ci ne pourrait, en aucun cas, dépasser une

(1) La cour de Rome ne voulait pas traiter avec Farnèse ; elle
continuait cependant à accepter ses hommages sous la forme de pres
tations pécuniaires. Lionne raconte, à la date du 30 juin 1642 : « Ce
même jour s'est présenté le procureur de M. le duc de Parme, pour
porter ses hommages avec sa bourse de 8,000 écus. Le cardinal
Antoine, après avoir fait montrer le pouvoir de celui qui les avait
apportés, tint un petit conseil avec les clercs de chambre, et après,
firent quelques protestations, dont je ne sais pas bien le détail,
mais en gros, c'est que Son Altesse était déchue de tous ses États,
et aussi pour ce qui était de recouvrer de l'argent d'un excommu-
nié, qu'ils ne laissèrent pas pourtant que de prendre toujours par-
devers eux. » *Correspondance de Rome,* tome LXXX.

durée de six mois, ce qui permettrait au pape de
procéder à l'incamération du duché de Castro, dans
les délais prévus par la sentence d'excommunication
du mois de janvier précédent.

Ces déclarations devaient couper court à toute
négociation, quand bien même la cour de France
n'aurait pas désapprouvé, comme elle l'avait fait
quelques jours auparavant, l'idée du désarmement,
dont la conséquence eût été de mettre le duc de
Parme à la merci du pape, dans les éventualités les
plus probables (1).

Du reste, le différend de Castro était, dès ce
moment, à la veille de changer d'aspect et de prendre de nouvelles proportions. Il n'était pas difficile
de comprendre que les procédés dont la cour de
Rome avait usé envers le duc de Parme contenaient
une menace directe contre les droits des autres
princes d'Italie. Quelle garantie resterait-il à ceux-ci,
en effet, contre les entreprises des Barberini, si la
confiscation de l'état de Castro devenait définitive ?

L'usage que le pape avait fait en cette circonstance
de son pouvoir spirituel, pour servir les ambitions
et les rancunes de ses neveux, constituait donc un
péril pour les divers États de la péninsule, et leur
imposait à tous, presque au même degré, l'obliga-

(1) Lionne à Mazarin, 15 et 23 juin 1642. Affaires étrangères. *Correspondance de Rome*, tome LXXX.

tion de parer, par des mesures spéciales, aux agressions éventuelles des ministres d'Urbain VIII.

Une autre considération, non moins puissante, agissait encore sur l'esprit des gouvernements de Florence, de Modène et de Venise. Au milieu de la détresse où la guerre injuste de Castro avait jeté le duc de Parme, n'était-il pas à craindre que celui-ci n'invoquât le secours de l'étranger, et n'ouvrît ainsi un nouveau champ d'action aux luttes sanglantes qui avaient conduit tant de fois les armées impériales et françaises en Italie ?

La république de Venise avait suivi, sous l'influence de ces préoccupations, avec un soin particulier, les péripéties du conflit de Castro, et, dès les premiers mois de l'année 1642, sa diplomatie s'était efforcée de préparer, dans le plus grand secret, le terrain à la conclusion d'une ligue défensive et offensive, entre les trois États désignés plus haut.

Après plusieurs semaines de négociations, à Venise, les plénipotentiaires de la république, du grand-duc de Toscane et du duc de Modène signèrent, le 31 août 1642, un traité qui établissait au cœur de l'Italie une sorte de confédération militaire. « Le mouvement d'armes, était-il dit dans le préambule du traité, qui menace le duc de Parme, est généralement appréhendé comme si dangereux, que, faisant clairement prévoir des troubles d'une conséquence toujours plus grande pour l'Italie, la république de Venise qui s'est constamment efforcée de maintenir la paix, le grand-duc de Toscane qui a les mêmes vues, et le duc de Modène qui n'y concourt pas moins, se sont proposé ensemble de chercher, par tous les moyens propres, le remède aux maux dont ils sont menacés. » Les confédérés se promettaient donc mutuellement appui et secours, pour le cas où l'une des parties contractantes serait attaquée, soit directement, soit indirectement. Dans cette prévision, les contingents militaires de chacun des signataires étaient fixés, ainsi que les conditions du commandement et des opérations. Enfin, la ligue du 31 août, conclue pour une durée de dix ans, était ouverte aux autres princes italiens, qui demanderaient à en faire partie (1).

L'acte précédent ne pouvait s'appliquer que d'une façon très-indirecte à l'affaire de Castro, qui n'y était même pas mentionnée expressément. Il fut complété le lendemain, par un acte additionnel, ainsi conçu :

Les puissances alliées, voyant que les armes de l'Église sont aujourd'hui principalement dirigées contre le duc de Parme et ses États, sont, par cet article séparé, convenues ensemble et conviennent de le secourir par tous les moyens qui seront jugés propres et efficaces.

(1) Affaires étrangères. *Correspondance de Venise,* tome LII. *Correspondance de Parme,* tome I. *Vittorio Siri, Mercure,* livre V.

L'article réservait en outre au duc de Parme, nominativement, la liberté d'entrer dans la ligue des trois États (1).

Nous l'avons dit : ce traité avait été négocié et conclu dans le secret le plus impénétrable. La cour de Rome, contre laquelle il était dirigé, n'en soupçonna que beaucoup plus tard l'existence, et il lui fallut plusieurs mois encore pour se rendre compte exactement des stipulations qu'il contenait.

La diplomatie française paraît avoir été mieux informée, au moins pendant la période des négociations. Richelieu savait depuis longtemps que les princes d'Italie avaient conçu le projet de former une ligue entre eux, pour se défendre, à toute éventualité, contre les ambitions des Barberini, et il les y exhortait par-dessous main dans des vues qui, comme nous allons l'expliquer, portaient beaucoup plus haut que le duc de Parme, auquel, d'ailleurs, elles réservaient un rôle en rapport avec ce qu'on attendait de son dévouement. A travers tant d'enchevêtrements et de complications, le point fixe de Richelieu, il ne faut pas l'oublier, c'était le Milanais, d'où il avait à cœur de chasser les Espagnols; et son but principal n'était autre que de joindre les forces de la France à celles des princes d'Italie,

(1) Affaires étrangères. *Correspondance de Venise*, tome LII.

afin d'activer cette entreprise, sauf à trouver, pour
Odoard Farnèse, de larges compensations, le lendemain de la victoire.

Hugues de Lionne était revenu à Parme dans les
premiers jours du mois d'août 1642. Au moment où
il avait quitté Rome, la cour pontificale faisait des
préparatifs militaires considérables contre le duc
Farnèse, et elle le menaçait de porter la guerre jusqu'au cœur de ses États. L'imminence de ce danger
devait, d'après Hugues de Lionne, décider Farnèse
à une attitude plus conciliante, en présence de
laquelle le pape consentirait peut-être, à son tour, à
modérer ses allures belliqueuses. En tout cas, l'envoyé français agissait avec zèle dans ce sens auprès
du duc de Parme, lorsqu'il reçut du roi Louis XIII,
au commencement de septembre, des instructions
qui l'obligèrent à donner une autre direction à ses
démarches.

Richelieu, on vient de le voir, avait pénétré de
bonne heure le secret des négociations de Venise, et
il avait spéculé immédiatement sur la possibilité d'en
tirer parti, en faveur de sa politique générale. En effet,
le traité qui, d'après ses renseignements, allait être
signé, aurait pour objet de mettre au service du duc de
Parme, sur le sol italien même, des alliances qui ne
manqueraient pas de lui procurer la restitution de
Castro. Mais, ce résultat obtenu, la ligue des princes

d'Italie était appelée à trouver, dans un ordre d'opérations plus large, le complément des principes qui l'avaient inspirée. En d'autres termes, la ligue dont il s'agit, pouvait, d'après la conception de Richelieu, réaliser la liberté et l'indépendance de la péninsule, en même temps qu'elle y ruinerait une influence, rivale et destructive de celle de la France. Pour atteindre ce résultat, que fallait-il? La coopération dévouée du duc de Parme, coopération d'autant plus facile que le traité, qui lui servirait de base, était déjà aux trois quarts conclu : « S'il pouvait réussir à M. le duc de Parme, disait la dépêche de Richelieu à Hugues de Lionne, en date du 24 août 1642, la ligue qui se traite présentement à Venise étant conclue, et les différends qu'il a avec le pape terminés, de porter les princes confédérés à la conquête de l'État de Milan, le roi permet à son Altesse de les assurer qu'il cédera tous ses droits sur ledit État, et que Sa Majesté ne veut y avoir autre part que celle d'aider à l'entreprise, avec une puissante armée, sans prétendre un pouce de terre (1). »

En exécution de ces ordres, Hugues de Lionne entra immédiatement en négociations avec le duc de Parme, et lui fit les ouvertures que demandait Richelieu. Odoard Farnèse les écouta avec sympa-

(1) Lionne à Mazarin, 5 septembre 1642. Affaires étrangères. *Correspondance de Parme*, tome I.

thie, et la discussion commença aussitôt sur les voies
et moyens de diriger, dans un sens conforme aux
vues de Louis XIII, la ligue des princes d'Italie, qui
venait d'être signée à Venise, au moment où la
dépêche du 24 août arrivait à Lionne.

Celui-ci suggéra au prince d'en conférer d'abord
avec le duc de Modène, comme de son propre mouvement. Le duc de Parme fut d'un avis opposé.
D'après lui, il fallait s'adresser en premier lieu à la
république de Venise, dont l'assentiment emporte-
rait nécessairement celui du duc de Modène ; après
quoi, le concours du grand-duc de Toscane lui-même
ne serait plus douteux, le traité du 31 août stipu-
lant que les résolutions prises par la majorité des
contractants deviendraient obligatoires pour le quatrième, sous peine de se voir exclu de la ligue (1).

Mais Farnèse ajoutait qu'avant d'entamer aucune
négociation à ce sujet, il avait besoin de terminer
l'affaire de Castro, et, en outre, d'être en possession
d'un écrit exprimant officiellement les intentions du
roi. Hugues de Lionne répondit que, sur le premier
point, il n'y avait pas de difficulté. Quant au second,
il était sans pouvoirs, mais rien ne s'opposait à ce
qu'il remplît cette formalité, si le duc de Parme, de

(1) Évidemment le duc de Parme, à cette date, ne connaissait pas
encore le texte du traité du 31 août, car celui-ci ne contenait aucune
stipulation de cette nature. Lionne en fit la remarque dans sa dépêche à Mazarin du 11 novembre 1642. Voir plus bas.

son côté, voulait s'engager, par un autre écrit, à restituer, au commencement du mois de mars 1643, l'extrait de la dépêche du roi qu'il réclamait de l'envoyé français (1).

Dans une seconde conférence, le duc de Parme réitéra à Lionne l'assurance de son bon vouloir et l'espérance que les vues du roi seraient satisfaites. Mais il formula de nouvelles conditions et revint sur quelques autres qu'il avait déjà posées la veille. La première consistait dans un secret inviolable. Sur quoi, Lionne témoignant quelque étonnement de voir son interlocuteur s'inquiéter à ce point d'une obligation qui était dans la nature des choses, le duc de Parme reprit :

Je ne vous en presse pas... sans raison. C'est que je veux que vous me promettiez que vous n'en parlerez à âme qui vive, dans toute l'Italie et surtout à Rome..., vous déclarant que ce secret est l'âme de cette affaire et que si les princes en éventent la moindre chose d'ailleurs que de moi, en la manière que je leur veux parler, cela fera un tout contraire effet, et, au lieu de se joindre à Sa Majesté, ils s'uniront infailliblement, d'abord avec les Espagnols. Je n'en traiterai donc qu'avec vous, qui m'en avez fait la première ouverture. Je ne désire pas même que l'ambassadeur qui viendra à Venise le sache (2).

(1) Lionne à Mazarin, 5 septembre 1642. Affaires étrangères. *Correspondance de Parme*, tome I.

(2) Un nouvel ambassadeur de France à Venise venait d'être nommé : c'était M. des Hameaux. Il se mit en route pour son poste au commencement de septembre 1642.

Mandez par delà qu'on n'en dise mot à Villere (1), comme nous nous cacherons ici du maréchal d'Estrées.

Hugues de Lionne promit naturellement le secret rigoureux qu'on exigeait de lui, mais en se réservant toutefois de ne pas le garder vis-à-vis du marquis de Fontenay-Mareuil, sous les ordres duquel le jeune négociateur était placé et dont les conseils lui étaient si nécessaires.

Une autre condition ne semblait pas moins essentielle au duc de Parme : c'était que Lionne envoyât un courrier en France pour informer directement le roi Louis XIII et son gouvernement de la marche des négociations. De cette façon, Odoard Farnèse espérait sans doute stimuler la cour de France pour la solution de l'affaire de Castro, et devancer les propositions d'alliance qui pourraient lui être faites par le Saint-Siége, à la suite d'un incident diplomatique qui menaçait d'entraîner une rupture entre le pape et les Espagnols (2). Enfin, revenant sur l'affaire de Castro, le duc de Parme déclarait que la restitution de ce

(1) Agent du duc de Parme à Paris.

(2) En arrivant à son poste, au mois d'avril 1642, l'ambassadeur d'Espagne, le marquis de Los Velez, avait conçu le projet d'enlever l'évêque de Lamego, ambassadeur de Portugal auprès du Saint-Siége. Ce projet reçut un commencement d'exécution le 20 août suivant. Voir dans les Mémoires de Fontenay-Mareuil : *Relation de ce qui s'est passé à Rome entre les ambassadeurs d'Espagne et de Portugal, le 20 août* 1642. Collection Petitot.

duché dominait à ses yeux tous les intérêts qu'il pouvait chercher à satisfaire ailleurs, dût l'appui de la France lui procurer quelque jour le Milanais.

Mais la négociation importante que Lionne venait d'engager avec le duc de Parme reposait sur la conclusion d'un traité, qui modifiait beaucoup la situation de ce dernier à l'égard du Saint-Siége. Il était évident que, couvert désormais par la ligue de Venise, Odoard allait reprendre l'offensive contre les troupes pontificales et essayer de les chasser du duché de Castro. Il avait d'ailleurs reçu de la France, au mois de juillet précédent, un nouveau subside de cent mille francs, qui l'avait aidé à entretenir et à équiper ses soldats (1). Hugues de Lionne quitta Parme vers le 10 septembre, pour retourner à Rome. Son premier soin, en y arrivant, fut de demander une audience au pape pour le supplier de se prêter à une transaction, sous peine de graves incidents. Il lui dit notamment que le duc de Parme n'avait jamais eu dessein de l'offenser et que ce dernier était encore prêt à venir implorer son pardon aux pieds du souverain pontife ; mais si cette dernière démarche devait échouer, Hugues de Lionne considérait comme de son devoir de prévenir Sa Sainteté que

(1) Le reçu porte la date du 7 juillet 1642. La somme de 100,000 francs, mise par le roi à la disposition du duc, est justifiée ainsi : « à employer pour les affaires de Son Altesse Sérénissime ». Affaires étrangères. *Correspondance de Parme*, tome I.

le duc Odoard était résolu à en venir aux remèdes violents. Ces avertissements ne firent pas grande impression sur la cour de Rome, mais, dès le lendemain, il fallut bien se rendre à l'évidence. Le duc de Parme s'était mis en mouvement à la tête de ses troupes. Après avoir fait irruption dans les Romagnes, il les avait traversées, comme d'un bond, sans rencontrer aucune résistance sérieuse. A cette nouvelle, une véritable panique s'était emparée de Rome, où le gouvernement et la population semblaient affolés au même degré. Hugues de Lionne décrivait ainsi la situation dans une dépêche à Chavigny, en date du 21 septembre :

Si l'empereur Charles-Quint s'avançait avec les forces de quatre royaumes, ils (les ministres du Pape) ne pourraient pas faire de plus grands préparatifs pour se défendre, et avec tout cela mon opinion n'est pas qu'ils puissent rien faire de bon, tant la terreur est grande et les sujets mal affectionnés... On donne des commissions non-seulement à qui en veut, mais à qui n'en veut pas; ils ont fait quatre ou cinq capitaines de cavalerie qui n'ont point de barbe et qui n'ont jamais sorti les portes de Rome (1).

Dans ces conjonctures, Hugues de Lionne crut opportun de tenter un nouvel effort en faveur de la paix, auprès du cardinal François Barberini.

(1) Lionne à Chavigny, 21 septembre 1642. Affaires étrangères. *Correspondance de Rome,* tome LXXX.

Voici comment il rend compte de son audience :

Je lui dis l'ordre que j'avais de M. de Parme de donner part à Sa Sainteté des considérations qui l'avaient forcé à en venir aux extrémités. Il me répondit que Son Altesse avait pris la pire voie qu'il eût jamais pu prendre pour obliger Sa Sainteté à le rétablir dans Castro. J'essayai de lui faire comprendre la nécessité où Son Altesse s'était trouvée de recourir aux remèdes violents, après le peu de cas qui s'était fait des instances de tous les princes de la chrétienté en sa faveur, tant qu'on l'avait cru impuissant, et après avoir si longtemps tenté toutes les voies de soumission et de respect pour ravoir le sien. Je le pressai sur quelques partis d'accommodement, il me parla de suspension de procédures pour l'incamération, ce que je rejetai honnêtement, disant que les choses n'étaient plus en cet état, et que je m'étais même éclairci à Parme, que quand il s'en parla au mois de juillet dernier, Son Altesse n'y aurait jamais consenti, à condition de désarmer ou de donner parole de n'attaquer point (1).

En réalité, la cour de Rome ne demandait pas mieux que de rejeter sur Hugues de Lionne lui-même la responsabilité de ses mécomptes. Quinze jours auparavant, il semblait aux cardinaux Barberini que leur armée allait assiéger la ville de Parme ; aujourd'hui, c'était la ville de Rome qui courait le risque d'être assiégée par le duc Farnèse. « Ils disent, ajoute Hugues de Lionne, que je les ai amusés sous

(1) Hugues de Lionne à Chavigny, 21 septembre 1642. Affaires étrangères. *Correspondance de Rome,* tome LXXX.

des prétextes de traité et d'accommodement et
M. l'ambassadeur, par des suspensions qu'ils lui ont
accordées, lorsque son Altesse n'était pas en état
de se défendre (1). »

Les choses en étaient là, lorsqu'un jour le cardinal Spada se rendit chez le marquis de Fontenay-
Mareuil pour l'entretenir des complications qui venaient de surgir. Sa passion pour la tranquillité
publique l'avait amené, disait-il, à rechercher les
moyens d'éteindre la guerre, et voici l'expédient
qu'il proposait. Les Français s'étaient emparés récemment de Perpignan; le moment était donc venu
de porter aux Espagnols le dernier coup. « Pour cet
effet, il fallait que le pape s'accommodât avec le duc
de Parme et qu'ils fissent conjointement l'entreprise
de Naples. » Le premier fournirait 8,000 hommes,
1,000 chevaux et plusieurs millions; le second deviendrait roi de Naples; le Saint-Siége reculerait sa
frontière du côté du sud, jusqu'à Gaëte, tandis que
le duché de Parme et de Plaisance serait attribué au
troisième neveu d'Urbain VIII, Taddéo, préfet de
Rome. Mais l'état de Castro resterait dès à présent
entre les mains du pape, à titre de dépôt, et, si les
princes d'Italie consentaient à se joindre à l'entre=
prise, on donnerait au grand-duc de Florence les

(1) Hugues de Lionne à Chavigny, 21 septembre 1642. Affaires
étrangères. *Correspondance de Rome,* tome LXXX.

places maritimes limitrophes de ses États, et aux Vénitiens, ainsi qu'au duc de Modène, des territoires dé-
tachés du Milanais (1). Le marquis de Fontenay-
Mareuil se borna à répondre que cette proposition,
dans son ensemble, ne lui semblait pas absolument
chimérique, mais qu'il était indispensable, pour la
faire réussir, de pouvoir compter sur le bon vouloir
du cardinal François Barberini. Il y avait toutefois
un point sur lequel il serait inutile d'attendre des
concessions du duc de Parme, c'était au sujet de la
restitution de Castro. Farnèse avait dit et répété
qu'il ne sacrifierait jamais ce territoire, même contre
la possession du duché de Milan ou celle du royaume
de Naples. En présence de la ligue de Venise, qui lui
promettait le concours des princes d'Italie,. le duc
de Parme se trouvait naturellement plus éloigné que
jamais de souscrire à une combinaison qui, avant
toute chose, aurait pour résultat de le mettre en
guerre avec l'Espagne. En revanche, ajoutait Hugues
de Lionne, ce prince pourrait à la rigueur s'accommoder d'un dépôt de Castro, mais d'un dépôt fait
entre les mains du roi de France et non entre celles
du pape.

La proposition fut présentée dans ces termes au
principal ministre d'Urbain VIII, qui l'accepta en

---

(1) Hugues de Lionne à Mazarin, 22 septembre 1642. Affaires
étrangères. *Correspondance de Rome*, tome LXXX.

principe. A la vérité, elle était glorieuse pour le roi
Louis XIII qu'elle rendait, selon l'expression de
Lionne, arbitre de la paix et de la guerre en Italie.
Mais, lorsqu'on en vint à l'examen des moyens d'opérer le dépôt, des difficultés de plus d'un genre ne
manquèrent pas de s'élever. Il s'agissait d'abord de
savoir si les négociateurs s'engageraient immédiatement par écrit dans la négociation.

On objectait, du côté du pape, que Sa Sainteté ne
se lierait pas les mains, avant d'avoir une garantie
du duc de Parme. L'objection avait quelque force.
Hugues de Lionne suggéra alors de libeller sur le
papier des articles non signés, écrits les uns, de la
main du cardinal Spada, et les autres, de la main de
l'ambassadeur français, et qu'ils échangeraient mutuellement. Ces articles seraient lus, en présence des
cardinaux François Barberini et Spada, du marquis
de Fontenay-Mareuil et de Lionne. Après quoi, le
premier, s'il était autorisé à déclarer de la part du
pape qu'il les approuvait, remettrait au dernier un
ordre à l'adresse du gouvernement de Castro, pour
consigner la place entre les mains du représentant
du roi de France. Mais une autre question se posait
immédiatement : où prendre des troupes pour tenir
garnison dans la place de Castro? Le marquis de
Fontenay-Mareuil estimait que le mieux et le plus
simple serait de composer cette garnison avec des

soldats et des officiers du duc de Parme, que celui-ci
délierait de leur serment de fidélité, et qui en prête-
raient un nouveau au roi Louis XIII. Le cardinal
Spada répondait que ces garanties ne pouvaient suffire et qu'il fallait absolument confier le dépôt de la
place de Castro à des troupes venues de France.

Mais ce n'était là qu'un incident, pour ainsi dire
secondaire, dans la mission du jeune Hugues de
Lionne. Les instructions royales du 24 août lui prescrivaient, on s'en souvient, de tout mettre en œuvre
pour faire servir la ligue de Venise à la réalisation
des plans de Richelieu contre le Milanais. Par sa
position, par ses sentiments bien connus, le duc de
Parme était le complice indiqué de ces plans. Toutefois, il n'était pas hors de propos de lui préparer les
voies auprès des autres princes, avec lesquels il allait
entrer en négociation, et de les convaincre, dès à présent, du désintéressement de la politique française.

Hugues de Lionne tourna ses premiers efforts
vers le gouvernement grand-ducal de Florence, dont
le résident à Rome était le marquis Ricardi. Celui-ci
ne put contester le caractère loyal et modéré de la
politique française en Italie, depuis l'origine du conflit de Castro, alors que ce conflit semblait fournir si
naturellement à Richelieu une occasion unique d'affaiblir les princes, en aggravant leurs divisions. Au
lieu d'entrer dans ces pratiques, que faisait le roi de

France? Il s'employait activement à rétablir la paix entre les belligérants, et il n'usait de son influence que pour les amener à déposer les armes. Voilà ce qu'avouait le marquis Ricardi. Hugues de Lionne lui répondait :

En cela, vous trouverez les raisons de la prospérité des armes du roi. Dieu le bénit, parce que toutes ses intentions sont saintes et qu'il fait marcher toujours la justice avant ses intérêts particuliers, quand ils se rencontrent au contraire. M. de Parme, qui est sous sa protection, a été dépouillé ; il n'y a parti si avantageux que le pape ne nous eût offert, jusqu'à vouloir rompre contre l'Espagne, pour nous obliger à abandonner et consentir qu'il retînt Castro. Le roi, qui est extrêmement jaloux de son honneur et qui veut la raison par-dessus tout, a refusé toutes ses offres avec une générosité, que je doute si on en pourrait trouver d'exemple (1).

Il n'y avait pas lieu d'entamer la même campagne de persuasion sur la république vénitienne, dont le résident à Rome était alors absent de son poste. D'ailleurs, dès ce moment, Hugues de Lionne avait conçu, à la suite de ses conversations avec le duc de Parme, le projet de se rendre prochainement à Venise, pour y engager une négociation spéciale. Restait le duc de Modène, François d'Este, allié de l'Espagne et inféodé à ses intérêts par des influences de

(1) Lionne à Mazarin, fin septembre 1642. Affaires étrangères. *Correspondance de Rome,* tome LXXX.

toute nature. Le duc avait alors pour secrétaire
d'État et pour principal confident le poëte Testi,
qu'une circonstance récente avait mis en relation
avec Hugues de Lionne, et qui se trouvait alors à
Rome. C'est la conquête de Testi que l'envoyé français crut devoir entreprendre d'abord, pensant avec
raison que le jour où le premier ministre du duc de
Modène serait acquis à la cause de la France, le
prince s'y laisserait gagner plus facilement à son tour.

Hugues de Lionne commença le siége de Testi,
selon les règles stratégiques du temps. Testi jouissait
d'une pension sur la cassette du roi d'Espagne, et il
était bénéficiaire d'une commanderie de l'ordre de
Saint-Jacques. Le roi de France lui assurerait l'équivalent, et au-delà, de ces avantages. Passant ensuite
à l'examen de la situation du duc de Modène, vis-à-
vis de l'Espagne, Hugues de Lionne fit ressortir à
Testi que son souverain n'en avait pas reçu, à beaucoup près, tout ce qui lui avait été promis à Madrid,
et qu'il ne pouvait rien espérer de mieux de ce côté
que ce qu'il avait obtenu jusqu'à présent. Par contre,
si le duc de Modène passait au service de Louis XIII,
il y trouverait des conditions plus en rapport avec
les qualités de sa personne. Après tout, la maison
d'Este avait été autrefois fort attachée à la France,
et il ne tenait qu'à la première de redevenir grande
et glorieuse avec l'appui de la seconde.

Testi n'éleva contre ce raisonnement que deux objections, d'ailleurs assez timides. Le duc de Modène, fit-il observer d'abord, n'avait pas des titres aussi anciens que les autres. princes d'Italie à la protection de la France ; il ne pourrait donc être traité que comme le dernier en date des clients du roi. En second lieu, le duc conservant toutes ses prétentions, ainsi que tous ses droits, sur Ferrare et Comacchio, dont sa famille avait été dépouillée, il n'y avait pas apparence que le roi consentît à les favoriser, au risque de rompre avec le Saint-Siége. Sur le premier point, Hugues de Lionne se borna à répondre « que le drap à partager était assez grand, pour en contenir tous les amis », et sur le second, « qu'il y avait d'autres villes et d'autres pays au monde, qui valaient bien Ferrare et Comacchio ».

Une fois sur cette pente, Testi ne devait pas tarder à s'avouer vaincu. Après avoir recommandé à Lionne le plus grand secret vis-à-vis du duc de Parme, il n'hésita pas à indiquer lui-même une combinaison pour assurer la prompte exécution des engagements qu'il allait prendre. Ici, nous laissons la parole à Lionne, dont le récit est des plus piquants :

Le pressant après, sur les moyens de venir à l'effet le plus tôt qu'il serait possible, il me proposa de lui-même un expédient, qui me sembla fort bon, parce qu'il l'engage beaucoup, et me dit ces propres termes : « Peut-être que l'ouverture que je

vous vais faire vous semblera prétentieuse ; mais tout étant à
bonne fin, je ne m'empêcherai pas de vous le dire. Vous savez
que le marquis Virgilio Malvezzi fut appelé, en Espagne, pour
écrire la vie du roi et du comte-duc. Pourquoi ne pourrait-on
me faire cet honneur en France de m'y appeler par un prétexte semblable, pour écrire la vie du roi, et de Msr le
cardinal-duc, en italien? Je crois bien (être) informé des
intentions de mon maître et muni de bon pouvoir. Si après,
même outre la négociation, on désirait que je travaillasse
à écrire la vie de Sa Majesté et de son Éminence, je le ferai
fort volontiers et oserai bien vous assurer que, comme la matière surpasse celle qu'avait le Malvezzi, la forme que je don-
nerai ne lui cédera pas non plus. » — Je le pressai pour savoir
s'il me voulait donner parole que Sa Majesté ou quelqu'un de
sa part s'engageant d'en écrire à M. de Modène, nous
fussions assurés qu'il lui en donnât la permission. Il me dit :
« Comme voudriez-vous que son Altesse, quand même elle
ne le désirerait pas, pût se défendre d'une telle prière, venant
du roi? Il serait nécessaire seulement que la lettre pût être
montrée au gouverneur de Milan et ne portât que ces termes :
que le roi ayant vu quelques ouvrages du comte Fulvio Testi,
et étant bien informé de la réputation qu'avait acquise sa plume
parmi ceux-là de sa nation, désirerait bien de l'avoir pendant
quelque temps pour, etc.., et que cette lettre fût accompagnée
d'une autre plus pressante, que M. le cardinal Mazarin, comme
ami particulier de son Altesse, pourrait lui écrire sur le même
sujet et qu'il puisse aussi montrer (1). »

Hugues de Lionne semblait donc avoir fait quelque
impression sur le principal ministre de François

(1) Lionne à Mazarin, fin septembre 1642. Affaires étrangères.
Correspondance de Rome, tome LXXX:

d'Este, et, quant au duc lui-même, il le tenait « pour extrêmement homme d'honneur et de foi, pour prince fort généreux, fort prudent et très-avisé ». En revanche, son opinion sur le grand-duc de Toscane n'était pas, à beaucoup près, favorable. Aussi, malgré le langage obligeant du marquis Ricardi, Hugues de Lionne avait-il l'œil fixé sur les menées de ce prince et le dénonçait-il comme un fourbe, qui n'avait d'autre préoccupation que de faire entrer l'Espagne dans la ligue de Venise, en même temps qu'il empêchait le duc de Parme de reprendre Castro sur les troupes pontificales.

Quoi qu'il en soit, le traité du 31 août, la marche victorieuse de l'armée du duc Farnèse à travers les États pontificaux, et les dispositions plus confiantes du duc de Modène à l'égard de la France, tous ces faits semblaient de nature à inquiéter la cour de Rome.

Nous verrons dans le chapitre suivant, avec quelle habileté elle sut gagner du temps et détourner l'orage qui la menaçait.

CHAPITRE III

Reprise de la proposition Spada. — Négociations de Castel-Giorgio. — Le traité réglant les conditions du dépôt de Castro est soumis à l'approbation de la cour de Rome, qui refuse de le sanctionner. — Dépit du duc de Parme et de Lionne. — Le négociateur français revient à Rome. — Son explication avec le pape et le cardinal François Barberini. — Nouvelles négociations avec ce dernier et le cardinal Spada. — Elles échouent presque immédiatement. — C'est seulement dans la première quinzaine de novembre que Lionne a connaissance des stipulations textuelles de la ligue de Venise. — Il n'y a pas à craindre, malgré certaines apparences, que l'Espagne y entre. — Lionne et la famille de Mazarin. — Sa sœur Clélia. — Les tribulations du père Michel Mazarin. — Annulation par le pape de son élection de général des dominicains. — Protestation de l'ambassadeur Fontenay-Mareuil, qui sort de Rome, et se retire dans les environs de Viterbe, jusqu'à ce qu'on lui ait donné satisfaction. — Lionne, ayant quitté lui-même Rome quelques jours auparavant, passe à Florence et s'arrête à Modène. — Négociations avec le comté Testi. — Lionne se rend de Modène à Parme. — Son mémoire sur la situation en Italie. — Lionne arrive à Venise le 15 décembre 1642. — M. des Hameaux, l'ambassadeur ordinaire, fait demander pour lui une audience au collége des ministres. — Exposition orale de Lionne devant les ministres vénitiens. — Le succès de sa mission est peu probable.

Fontenay-Mareuil et Lionne avaient saisi du premier coup d'œil ce qu'il y avait de pratique et de flatteur pour le roi de France, dans la proposition du cardinal Spada, relative au dépôt de l'État de

Castro entre les mains de Louis XIII, jusqu'au règlement du différend survenu entre le pape et Odoard Farnèse. Ils avaient donc donné des encouragements au négociateur pontifical, et comme, de son côté, la cour de Rome, surprise par la marche rapide des troupes du duc de Parme, avait grand intérêt à gagner du temps, les ouvertures, d'abord un peu vagues, du cardinal ne tardèrent pas à prendre une forme plus précise et plus pressante.

Le duc de Parme, après avoir franchi les Romagnes avec trois mille chevaux et mille dragons, s'était avancé jusqu'à Acqua-Pendente, d'où, appuyé par le grand-duc de Toscane, rien ne lui eût été plus facile que d'assiéger Rome.

Le cardinal Barberini, sentant le danger, avait dépêché en toute hâte le cardinal Spada à Orvieto, pendant que Lionne se rendait au quartier général d'Odoard Farnèse. Séparés l'un de l'autre par une si courte distance, les deux négociateurs ne pouvaient manquer d'entrer immédiatement en pourparlers. C'est ce qui eut lieu dans la première quinzaine d'octobre 1642, à Castel-Giorgio.

Après quelques jours de discussion, le cardinal Spada, plénipotentiaire du pape, et Hugues de Lionne, plénipotentiaire de Louis XIII, parvinrent à s'entendre sur la rédaction d'un traité qui réglait, aux conditions suivantes, la question de Castro. Dans

le délai de huit jours, à dater de la signature du
traité, le duc de Parme partirait pour la Lombardie
avec toutes ses troupes, et retournerait dans ses
États, sans traverser aucun point du territoire ecclésiastique. Le duc ayant fait sa soumission à Urbain VIII, et le roi de France ayant demandé l'absolution de son client, le pape, dans le courant du
mois, déposerait la ville et le duché de Castro entre
les mains du duc de Modène, aussitôt que ce prince
y aurait été autorisé par les contractants de
la ligue de Venise. En outre, le dépôt serait fait
pour trois mois, pendant lesquels il serait statué
définitivement sur le sort du duché, en rasant, toutefois, ses forteresses. Telles étaient les dispositions
principales du traité, élaboré entre le cardinal Spada
et Lionne.

Le duc de Modène avait été choisi comme dépositaire, parce que, de tous les signataires de la ligue, il
était le seul qui eût consenti à s'engager, par une
promesse formelle, à restituer son bien au duc de
Parme.

Quant au délai de trois mois, pendant lequel on
statuerait sur le sort du duché, c'était, d'après l'aveu
des négociateurs, un simple euphémisme pour
sauvegarder la dignité du pape; mais le cardinal
Spada avait promis de déclarer au comte Testi,
ministre du duc de Modène, qu'à l'expiration des

trois mois, le souverain pontife le verrait sans
déplaisir restituer. Castro à son légitime propriétaire. Enfin, Hugues de Lionne s'était engagé à
solliciter de son gouvernement un pouvoir spécial,
l'autorisant à garantir au duc de Parme que si jamais,
lui ou ses successeurs, étaient de nouveau troublés
dans la possession de ce duché, le roi de France leur
accorderait sa protection (1).

Mais il restait à faire sanctionner ces stipulations,
d'ailleurs habilement combinées, par la cour de
Rome : jusque-là, elles ne constituaient qu'un simple projet, sur lequel le duc de Parme ne pouvait
se fonder pour arrêter ses opérations militaires.
Hugues de Lionne, avant de laisser ce dernier régler
la marche de ses opérations sur les éventualités d'une
paix prochaine, avait donc tenu à lui fournir la
garantie que les dispositions, rédigées, par lui et le
cardinal Spada, étaient bien d'accord avec les instructions de la cour de Rome. Pour répondre à ce
désir, le cardinal Spada, en sa qualité de plénipotentiaire du pape, avait remis à Lionne une promesse de consigner le duché de Castro entre les
mains du duc de Modène, aussitôt que les signataires de la ligue de Venise se seraient déclarés
satisfaits par ce dépôt. De plus, les conditions du

(1) Affaires étrangères. *Correspondance de Parme,* tome 1. — *Cor-*
respondance de Rome, tome LXXXI.

traité, analysé plus haut, étaient écrites de la main
du secrétaire du cardinal, « conditions que ledit
cardinal, ajoute Lionne, me donna comme étant les
intentions de Sa Sainteté, afin que je les portasse à
M. de Parme pour les lui faire agréer (1) ».

Mais déjà le duc de Parme était hors d'état de
s'accommoder de ces lenteurs. Son armée manquait
d'infanterie et de canons. Mal payés, plus mal nourris
encore, ses soldats se débandaient chaque jour
davantage et tombaient à un effectif presque déri-
soire, pendant que celui des troupes pontificales
s'accroissait rapidement sous l'influence de levées
extraordinaires. Néanmoins, dans la crainte de donner au Saint-Siége l'éveil sur la fausseté de sa situation et de lui fournir ainsi un prétexte pour ne pas
ratifier le traité du cardinal Spada, le duc de Parme
retarda jusqu'au 25 octobre l'ordre de retraite, mais
lui-même quitta Acqua-Pendente le 18, pour se porter en arrière, à Ponte-Centino. Puis, le 24, Hugues
de Lionne, supposant que la ratification de la cour
de Rome ne pouvait se faire attendre longtemps
désormais, était retourné auprès du cardinal Spada,
emmenant avec lui les plénipotentiaires de Florence
et de Modène. Quant à celui de la république de
Venise, il était encore à ce moment auprès du duc

(1) Lionne à Mazarin, 2 novembre 1642. Affaires étrangères. *Correspondance de Rome,* tome LXXX.

de Parme, mais son arrivée était imminente, et bientôt, selon toutes probabilités, il n'y aurait plus qu'à apposer les signatures au bas des deux actes qui avaient été préparés avec tant de soin, l'un pour régler le dépôt de Castro, l'autre pour constater l'adhésion de la ligue à cet arrangement.

Les choses en étaient là, quand, le 26 au matin, le cardinal Spada reçut de Rome une dépêche qui remaniait presque toutes les conditions du premier traité, et lui substituait « un écrit obscur, ambigu, qui n'oblige, dit Lionne, le pape à rien, qui nous laisse aussi savants de ses intentions qu'auparavant, et enfin que, quand nous l'accepterions d'un bout à l'autre, la paix n'en serait pas plus avancée (1) ».

Entre autres exigences nouvelles, formulées par le Saint-Siége, figurait l'obligation pour le roi de France de demander l'absolution pontificale, au nom du duc de Parme, et pour Odoard, celle de signer le traité avec le plénipotentiaire de Louis XIII. Or, comme l'explique très-bien Hugues de Lionne, deux raisons s'opposaient à ce qu'Odoard Farnèse se soumît à cette exigence :

Son Altesse a une instruction, dit-il, des docteurs de son pays qui lui prescrivent jusqu'où il peut se relâcher dans un accommodement, pour ne pas se préjudicier ou à ses héritiers, et entre

(1) Affaires étrangères. *Correspondance de Rome,* tome LXXXI.

autres choses, ils lui disent qu'absolument il ne peut jamais demander pardon, ni absolution, sans se mettre en état qu'un autre pape ne le dépossède par justice, du jour au lendemain, lorsqu'il lui en prendra envie, quand même ce pape-ci, du consentement et de la participation de tout le collége des cardinaux, lui donnerait toutes les bulles et abolitions imaginables. La raison est que, demandant pardon et absolution, il vient à confesser sa faute, laquelle subsistant, le pape, pour ce qui le regarde, peut bien l'abolir, mais ne peut en cela lier les mains de ses successeurs, s'ils veulent l'en châtier. Il s'est donc toujours tenu ferme à ne demander pardon que des déplaisirs qu'il peut avoir donnés à Sa Sainteté, protestant être prêt à rendre tous les devoirs et humiliations qu'on pourrait s'imaginer, pourvu qu'elles ne lui préjudiciassent pas à l'avenir, en quoi non-seulement tous les ministres des princes de la ligue, mais M. le cardinal Spada a jugé qu'il avait raison (1).

D'un autre côté, comme il n'y avait pas d'exemple dans l'histoire de l'Église qu'un pape eût donné l'absolution à un pénitent, sans que celui-ci l'eût demandée ou fait demander par un tiers, Hugues de Lionne, afin de ménager tous les intérêts, avait pris un détour, qui était de mettre en avant le roi de France pour solliciter le pardon de son client et obtenir le dépôt de Castro. Et encore, le plénipotentiaire français avait-il dû donner à Odoard, avant de l'amener à cette concession, diverses garanties spéciales, qui ont été indiquées plus haut.

(1) Lionne à Mazarin, 2 novembre 1642. Affaires étrangères. *Correspondance de Rome*, tome LXXX.

Les prétentions, formulées par la cour de Rome à la dernière heure, mettaient donc à néant, non-seulement ces laborieuses transactions, mais le traité tout entier lui-même. Hugues de Lionne ne se fit pas la moindre illusion. sur la portée de ces difficultés imprévues, comme il en témoigne dans la relation suivante :

Aussitôt, écrit-il à Mazarin, que la dépêche de Rome fut arrivée, nous vîmes bien que le dessein de M. le cardinal Barberini n'était pas d'accomplir de bonne foi les paroles qu'il avait si souvent données du dépôt de Castro, et qu'ayant repris un peu de courage depuis que M. de Parme s'était retiré d'Acqua-Pendente à Ponte-Centino, et que la peur qu'il ne s'avançât vers Rome lui était passée, puisque l'armée de M. le cardinal Antoine s'était renforcée à un point qu'ils étaient assurément quatre contre un, nous jugeâmes qu'il n'y avait plus rien à faire et, d'un commun concert, le marquis Ricardi, le comte Testi et moi, prîmes congé du cardinal Spada et fûmes trouver M. de Parme, qui était à San-Quiries avec M. le grand-duc et M. Corraro (1) pour lui donner part, comme, étant sur le point de signer, on nous avait remis à négocier tout de nouveau et changé toutes les cartes en mains (2).

Du reste, un des signataires de la ligue de Venise n'avait prêté, dans cette circonstance, qu'un appui très-douteux à Odoard Farnèse : nous voulons parler

(1) Corraro était le plénipotentiaire de Venise.
(2) Lionne à Mazarin, 2 novembre 1642. Affaires étrangères. Correspondance de Rome, tome LXXX.

du grand-duc de Toscane. Si, au moment où le duc
de Parme avait pris le parti de se retirer, il avait pu
compter sur les troupes de son allié, qui n'étaient
campées qu'à une distance très-courte de l'État pontifical, le Pape, à l'instant-même, restituait Castro,
selon l'aveu qu'en fit, quelques jours après, le cardinal Antoine Barberini.

Mais, ajoute Lionne, M. le grand-duc, au lieu de continuer
à donner jalousie à Sa Sainteté de ce que pourrait faire la
ligue, a fait, sans participation de ses confédérés, de si grandes
protestations au nonce de ne vouloir entreprendre aucune
nouveauté contre Sa Sainteté, ni comme étant de la ligue, ni
comme prince particulier, que ces messieurs-ci, qui en trem-
blaient auparavant, s'en sont enorgueillis et en sont devenus
intraitables, voyant que la ligue ne leur ferait point de
mal (1).

Mais il n'y avait rien là qui fût susceptible de donner le change à Lionne, sur l'étendue de l'insuccès
qu'il venait d'éprouver. En réalité, la cour de Rome
s'était jouée de lui, en faisant du plénipotentiaire
français la dupe des supercheries qui avaient arrêté la marche victorieuse du duc de Parme et compromis irrévocablement une campagne, vigoureuse-
ment entreprise pour reconquérir Castro. Lionne
revint donc à Rome dans un état d'irritation facile à

(1) Lionne à Mazarin, 2 novembre 1642. Affaires étrangères. Correspondance de Rome, tome LXXX.

comprendre, et, dès le 31 octobre, il eut une conférence à ce sujet avec le pape lui-même, en compagnie de l'ambassadeur Fontenay-Mareuil.

> Nous ne voulûmes pas, dit-il, nous plaindre absolument du
> manquement de parole, pour n'engager pas le roi à une guerre
> et lui laisser la liberté de ne faire que ce qu'il voudra. Mais je
> portai seulement la promesse de M. le cardinal Spada et la
> capitulation qui était convenue, et nous fîmes instances de
> savoir, si, ou non, Sa Sainteté voulait accomplir ce qui avait été
> traité avec son plénipotentiaire, afin que, m'en retournant pour
> en rendre compte au roi, je puisse dire à Sa Majesté son inten-
> tion. Sa Sainteté nous dit qu'il y avait du malentendu de part
> et d'autre, qu'il n'était pas obligé de me croire, sans avoir ouï
> ce que dirait le cardinal Spada, et qu'aussitôt après son retour
> il rendrait réponse (1).

Quant au cardinal François Barberini, visiblement
embarrassé pour expliquer sa conduite, il essaya de
modérer les récriminations de Lionne, en déclarant
« qu'il voulait accomplir tout ce à quoi le cardinal
Spada se serait engagé ». Mais son interlocuteur ne
pouvait prendre au pied de la lettre une semblable
promesse, après ce qui venait de se passer. Puis,
l'audience se termina par des récriminations très-
vives, de la part du pape et de son premier ministre,
contre la politique du roi Louis XIII, qui n'avait pas

(1) Lionne à Mazarin, 2 novembre 1642. Affaires étrangères. *Correspondance de Rome,* tome LXXX.

été, d'après eux, suffisamment nette dans cette
affaire, et ils allèrent jusqu'à avouer que, s'ils avaient
mieux connu les sentiments de la cour de France à
l'égard du duc de Parme, ils ne se seraient jamais
« embarqués dans le conflit de Castro » (1).

Quelques jours après, le cardinal Spada rentra à
Rome, fort ému par le rôle qu'on lui avait fait jouer
et par les clameurs qui s'étaient élevées contre lui,
depuis l'échec des négociations de Castel-Giorgio.
Les ministres du pape l'accusaient en effet d'avoir
compromis le Saint-Siége en dépassant de beaucoup ses instructions. « Il n'est pas, mandait Lionne
à Mazarin, jusqu'à monseigneur Fausto, lequel,
étant venu au camp, a rapporté à son retour que
je l'avais gagné et que nous ne bougions d'ensemble,
comme si deux personnes, logées au même logis,
pouvaient en user autrement. » Quoi qu'il en soit,
une explication directe semblait nécessaire entre les
deux négociateurs. Elle eut lieu presque immédiatement, en présence de l'ambassadeur de France et
du cardinal François Barberini. Le négociateur pontifical essaya de prouver que, le traité relatif au dépôt du duché de Castro une fois rédigé, il avait été
convenu que Lionne le soumettrait au duc de Parme,
pendant que le cardinal Spada, de son côté, l'enver-

_____

(1) Lionne à Mazarin, 2 novembre 1642. Affaires étrangères. *Cor-*
respondance de Rome, tome LXXX.

rait au gouvernement pontifical. Il en tirait la conclusion que, de part et d'autre ; on était encore parfaitement libre à ce moment de ne pas ratifier les stipulations de Castel-Giorgio. A quoi Lionne répliqua que le cardinal Spada avait toujours déclaré jusque-là n'agir qu'en vertu des instructions du Pape et ne pouvoir attendre de Sa Sainteté, une fois le traité libellé, que l'approbation immédiate de toutes ses dispositions (1).

Mais ces débats étaient fort superflus, en présence du fait accompli, et l'on convint qu'il serait plus expédient de reprendre les négociations rompues et de s'efforcer, si la chose était possible, de les faire aboutir. Il fut donc arrêté qu'une seconde conférence aurait lieu et que le cardinal Spada rédigerait, dans l'intervalle, un mémoire sur les points qui restaient en litige. Au jour fixé, Lionne prit connaissance de ce mémoire, qui subordonnait le dépôt du duché de Castro aux conditions suivantes.

Le duc de Parme ayant envahi l'État ecclésiastique, il n'était plus possible au pape de le dispenser d'une demande directe de pardon et d'absolution. Mais, pour empêcher cette démarche de porter préjudice plus tard aux droits d'Odoard et de sa famille, dans le sens des scrupules de ses jurisconsultes, il n'y

(1) Lionne à Mazarin, 11 novembre 1642. Affaires étrangères. *Correspondance de Rome*, tome LXXX.

avait qu'à placer formellement la grâce obtenue par
le prince, sous la garantie d'un traité, auquel inter-
viendraient les signataires de la ligue et le roi de
France. Dès lors, si le duc de Parme ou ses successeurs venaient à être troublés de nouveau par le
pape dans la possession paisible du duché de Castro,
les contractants se trouveraient obligés de prêter
secours à Odoard, et leur coalition ne manquerait
pas de le protéger efficacement, contre les périls
d'une agression pontificale.

Le second point à résoudre concernait la désignation du dépositaire de Castro. Le pape n'entendait
voir dans le duc de Modène, choisi à cet effet, que le
délégué de la ligue des princes. Il recevrait donc le
duché en question, au nom de ladite ligue, et en se
réservant la liberté absolue de faire de ce dépôt ce
qui serait jugé le plus convenable, selon les circonstances, à l'expiration des trois mois. Enfin les princes
d'Italie se porteraient garants, vis-à-vis du Pape, de
l'exécution de tous les engagements pris à cette occasion par le roi de France.

Fontenay-Mareuil et Hugues de Lionne ne trouvèrent pas ces conditions inacceptables. Toutefois,
avant de s'engager plus avant, ils réclamèrent des
cardinaux Barberini et Spada deux écrits, l'un pour
établir que le duc de Parme ne préjudicierait aucunement à ses droits par la demande directe d'une ab-

solution et d'un pardon, et l'autre, pour donner une forme définitive et invariable aux prétentions de la cour de Rome à l'égard d'Odoard Farnèse. La nécessité de ce dernier écrit surtout· se justifiait d'elle-même, après les accidents qui avaient rompu si brusquement les négociations de Castel-Giorgio.

L'ensemble de ces exigences souleva d'ailleurs si peu d'objections que les deux garanties, dont il vient d'être parlé, furent promises au plénipotentiaire français, dans les quarante-huit heures.

Mais cette tentative ne devait pas être plus heureuse que les précédentes. Les deux garanties ne vinrent, ni au bout de deux jours, ni au bout de quinze jours ; jusqu'au moment où, fatigués des obsessions de Lionne, les cardinaux François Barberini et Spada lui firent savoir qu'ils n'avaient rien à lui donner, ni rien à lui dire. Lionne n'insista pas. Il sentait que la cour de Rome, une fois hors de danger, du côté du duc de Parme, avait pris son parti d'attendre les événements (1).

Mais il comptait que la ligue de Venise se sentirait atteinte par les mécomptes qui avaient entravé la mission de l'envoyé français, et que l'impossibilité où celui-ci s'était trouvé, après tant d'efforts, d'améliorer la situation du duc Odoard, stimulerait les

(1) Lionne à Mazarin, 22 novembre 1642. Affaires étrangères. *Correspondance de Rome*, tome LXXX.

princes d'Italie à entrer en scène, pour le rétablir dans la possession du duché de Castro.

Toutefois, à cette date, le négociateur français ne connaissait pas encore le texte du traité du 31 août. Il pouvait dire ce qui n'y était pas; il n'avait pas cependant en mains une copie intégrale de l'instrument. Lionne allait même plus loin : il supposait que le duc de Parme, malgré l'assurance avec laquelle il en parlait, n'était pas plus avancé que lui sur ce sujet. La ligue, en effet, s'était conclue en dehors de lui, et il était permis d'espérer qu'elle avait voulu par là se réserver le rôle de médiatrice entre Odoard Farnèse et le pape Urbain VIII. Néanmoins, un article du traité du 31 août était de nature à inspirer des inquiétudes à la cour de France et à Lionne : c'est celui qui assignait pour but à la ligue la défense des princes d'Italie. Le grand-duc de Toscane était l'inspirateur manifeste de cette formule, à la fois vague et subtile, grâce à laquelle les Espagnols, en leur qualité de possesseurs du duché de Milan, pouvaient entrer, sans incorrection, dans l'alliance des trois gouvernements. Là était le danger. Lionne pourtant invoquait plusieurs raisons pour ne pas y croire. Il disait à ce propos :

Si les princes confédérés mettent les Espagnols dans la ligue, ce ne peut être à autre fin que d'empêcher les protégés de la France. On ne peut pas douter que les Espagnols ne fassent

présentement tout ce qu'ils peuvent imaginablement au monde
pour cet effet, et qu'ils ne continuent les mêmes efforts jusqu'au
bout; par quelle raison donc la ligue irait-elle s'obliger à leur
fournir tant de troupes par an, puisque, de leur côté, ils ne
peuvent s'obliger à rien de nouveau qu'ils ne fassent déjà et où
la nécessité ne les force? De plus, si l'entrée des Espagnols dans
la ligue leur donnait moyen de contribuer du leur trente mille
hommes de plus qu'ils ne font, ou qu'il leur en arrivât une seconde flotte toutes les années, il y aurait raison de les y recevoir; mais puisqu'ils n'en doivent pas avoir un sol, ni un soldat,
par-dessus ce qu'ils emploient maintenant, il est malaisé de
comprendre que la ligue, sans aucun avantage, se résolût à prendre des maîtres plutôt que des compagnons, étant très-certain
que s'ils avaient gagné ce pied, ils voudraient forcer les autres
princes à faire toutes choses à leur mode (1).

A Rome, la mission de Lionne était donc finie, à
partir de ce moment, et c'est sur un autre théâtre,
c'est à Venise même, qu'il allait poursuivre désormais
les importantes négociations dont il était chargé.
Mais, comme nous l'avons dit au début de ce récit,
Lionne n'était pas seulement un agent diplomatique
officiel, envoyé à l'étranger pour y remplir une mission du plus haut intérêt, il était encore une créature
de Mazarin, et il avait accepté avec joie le rôle
d'homme d'affaires du cardinal, à Rome et en Italie.
Car celui-ci ne se contentait pas d'édifier sa propre

(1) Lionne à Mazarin, 22 novembre 1642. Affaires étrangères
Correspondance de Rome, tome LXXX.

fortune ; il voulait aussi assurer celle des membres
de sa famille, et, au milieu des plus graves préoccupations politiques, il n'oubliait pas, dès ce moment,
qu'il lui restait, ici une sœur à marier, là un frère à
pousser dans les hauts emplois de l'Église.

La correspondance de Lionne nous apprend que,
dans les premiers mois de l'année 1642, le jeune négociateur s'occupa très-activement d'établir une des
sœurs de Mazarin, Clélia (1). Il s'agissait de donner
sa main à un gentilhomme, allié à la maison Barberini, et que les dépêches de Lionne désignent par le
prénom de Lorenzo. Or, ce gentilhomme était couvert de dettes ; le cardinal Antoine Barberini lui avait
prêté lui-même une somme assez considérable, dans
laquelle il avait besoin de rentrer, et la famille trouvait que la dot de vingt-cinq mille écus, offerte par le
cardinal Mazarin, n'était pas suffisante. Mais, comme
cette alliance devait avoir pour résultat de mettre au
service du roi, à Rome, un cardinal de plus, Macchia-
velli, frère du prétendant, archevêque de Ferrare et
parent d'Urbain VIII, Hugues de Lionne n'hésita pas
à suggérer au secrétaire d'État, Chavigny, de lever
les obstacles qui s'opposaient à cette union, en
faisant compléter, sur les deniers de l'État, la dot de

---

(1) Nous donnons ici à cette sœur de Mazarin le prénom qui lui
est attribué par les correspondances de Lionne. En réalité, son
vrai prénom était Cléria.

Clélia Mazarin, pour l'élever au niveau des exigences de son fiancé.

Il ne semble pas toutefois que la négociation ait abouti, car la correspondance de Mazarin constate que sa sœur Clélia épousa, un peu plus tard, Pietro Antonio Muti, duquel elle n'eut pas d'enfants (1).

Mais l'objet principal des instructions de Lionne, dans cet ordre d'affaires, c'était l'avancement de Michel Mazarin, frère cadet du cardinal et alors provincial de l'ordre des dominicains. Dans le courant du mois de mai 1642, la charge de maître du Sacré-Palais pouvait devenir vacante d'un jour à l'autre, par la mort du titulaire. Hugues de Lionne posa sans retard, et dans les termes les plus pressants, la candidature du père Michel Mazarin, auprès du cardinal Antoine.

Je le fis, raconte Lionne, le plus adroitement que j'eusse pu méditer, et le voulus piquer d'honneur, qu'affectionnant comme il fait le père provincial, lequel même, depuis peu, il envoie quérir régulièrement deux fois par jour, que votre Éminence étant son serviteur au point qu'elle l'est, que lui se trouvant protecteur de France, de la religion de Saint-Dominique dans laquelle on devait faire le choix, et de plus, neveu du pape et si autorisé, je ne doutais point qu'il ne fît en sorte que votre Éminence eût occasion à son arrivée (2) de lui faire de grands

(1) Lionne à Mazarin, 20 mai 1642. Affaires étrangères. *Correspondance de Rome,* tome LXXX. Voyez aussi : *Correspondance de Rome,* tome LXXVI, fol. 587, et LXXXI, fol. 110.

(2) Pendant les six premiers mois de l'année 1642, Mazarin avait

remercîments de la protection qu'il avait prise des intérêts de
son frère. Il me répondit par de grandes circonlocutions, me
témoigna la passion qu'il en avait, qu'il y ferait tous bons offices par plusieurs raisons, connaissant assez qu'il y allait de
son honneur, mais qu'il ne me célerait pas qu'il désespérait
d'en venir à bout. La patience m'échappa et je lui dis : « Comment, Monsieur, vous pouvez souffrir que, contre votre gré, on
mette deux fois un inconnu dans cette charge, au préjudice du
meilleur de vos amis, qui a huit ans de service dans celle de
provincial de Rome...? » (1).

Malgré ces raisonnements éloquents, le cardinal
Antoine refusa de prendre aucun engagement positif,
soit qu'il fût déjà lié envers un autre candidat, soit
qu'il eût conscience de l'inutilité de ses efforts pour
faire arriver dès ce moment, à une charge aussi élevée, le frère d'un cardinal, nommé d'hier, et dont les
succès si rapides en France ne suscitaient déjà que
trop d'ombrages à la cour de Rome. Mais il était dans
les destinées du père provincial, comme l'appelait
Lionne, de créer fréquemment à son frère et à la
cour de Louis XIII, par l'avidité de son ambition,
les incidents et les embarras les plus fâcheux. Dans
le courant de l'automne de 1642, le généralat de
l'ordre de Saint-Dominique étant devenu vacant, le

fait annoncer son arrivée à Rome. Mais ses occupations ne lui per-
mirent pas d'effectuer ce voyage.

(1) Lionne à Mazarin, 20 mai 1642. Affaires étrangères. *Correspondance de Rome*, tome LXXX.

chapitre de Gênes y pourvut, en appelant à cette dignité le père Michel Mazarin. La nouvelle de l'élection parvint à Rome le 10 novembre et y causa un
vif mécompte. Lionne en avait saisi la trace dès la
première heure, et il put prévoir aussitôt que la cour
pontificale ne ratifierait pas facilement le choix du
chapitre de Gênes (1).

Cependant, au début, l'affaire semblait se présenter
dans des conditions satisfaisantes. Le 12 novembre,
le nouveau général des dominicains s'était rendu
chez le cardinal Antoine, qui l'avait accueilli avec
plus d'affabilité encore que d'habitude, et lui avait
prodigué le titre de sa récente dignité. Le palais de
la Minerve devait servir de logis au général, et une
instruction donnée à celui-ci par l'ambassadeur français, qui couvrait de sa protection spéciale l'ordre
de Saint-Dominique, lui enjoignait de n'en pas accepter d'autre. Néanmoins, quelques difficultés ayant
paru s'élever à cet égard, le père Mazarin consentit
à s'installer provisoirement dans le palais du cardinal Antoine, qui mit à sa disposition un appartement
complet. Dès le lendemain, pendant que Fontenay-
Mareuil s'employait activement pour lui assurer
l'exercice immédiat de sa charge, le père Mazarin,
sans perdre une minute, faisait usage de ses pouvoirs

(1) Lionne à Mazarin, 10 novembre. 1642. Affaires étrangères
Correspondance de Rome, tome LXXX.

et procédait à diverses nominations importantes dans l'ordre, en présence des religieux placés sous sa direction. Puis, il se rendait chez le pape et chez le cardinal François Barberini, pour les informer de ses actes, sans recevoir d'eux ni un blâme, ni une observation.

Ces préliminaires réglés, on fixa alors au 15 novembre la prise de possession officielle du généralat, en présence de Fontenay-Mareuil et de Lionne. Ce jour-là, le père Mazarin se transporta à la Minerve; tous les religieux étaient venus à sa rencontre, avec le cérémonial accoutumé, et il reçut d'eux, séance tenante, le serment d'obéissance.

Mais lorsqu'il voulut se retirer dans les appartements du généralat, il trouva les portes closes. Ce ne fut que le lendemain qu'il put entrer dans le palais, par une porte de derrière.

Un acte aussi hardi appelait des représailles. En effet, dans la soirée du 16, le procureur général de l'ordre, accompagné d'un notaire et de deux témoins, vint à l'appartement du père Mazarin, qui était fermé. Après avoir frappé inutilement aux portes, et menacé de les enfoncer, le procureur général se retira, en laissant deux écrits. L'un était un décret de Congrégation, révoquant l'élection du chapitre de Gènes, et l'autre, une lettre du pape, conçue dans le même sens et portant la date du 9 novembre. Le père Mazarin avait cependant vu Urbain VIII et le cardinal François Barberini, les 12 et 13 suivants, et il n'avait rien recueilli de leur bouche, qui lui fît pressentir une pareille mesure.

Devant cette exécution violente, et dans la crainte de paraître avoir eu connaissance, prématurément pour son autorité, du décret qui l'en dépossédait, le père Mazarin quitta en toute hâte le palais de la Minerve et se réfugia chez l'ambassadeur de France. Celui-ci demanda aussitôt une audience au pape. Il ne fut reçu immédiatement que par le principal secrétaire d'État, « où il parla, dit Lionne, sur le fait, avec toute la chaleur et vigueur, qui lui est ordonnée par la dépêche du roi. Et voyant qu'elle n'opérait rien et que monsieur le cardinal Barberini ne faisait que se rire et donner du galimatias, en renvoyant tout à la Congrégation, il lui fit sa déclaration que, si on entreprenait quelque chose contre la possession présente du père général, avant que la cause eût été vue en justice, il sortirait aussitôt de Rome, ne pouvant souffrir, avec l'honneur du roi, tant d'oppression faite par un pur caprice de haine à une personne que Sa Majesté protége » (1).

Mais les décisions du pape étaient irrévocables. Deux jours après, un bref pontifical, lui enjoignant de

(1) *Relation de ce qui s'est passé en l'affaire du généralat du révérend père Mazarin*, etc..., par Lionne, 22 novembre 1642. Affaires étrangères: *Correspondance de Rome*, tome LXXX.

sortir du palais de la Minerve, fut signifié au père Mazarin, qui déclara s'y soumettre. Alors Fontenay-Mareuil, sous le coup d'une violente irritation, ne crut pouvoir moins faire, dès le lendemain 21, que d'aller prendre congé du pape, en menaçant de se retirer prochainement de Rome.

Cet incident, dont Lionne avait été jusqu'au bout le témoin ému, laissait peser une grande responsabilité sur l'ambassadeur, qui semblait ainsi avoir pris à tâche de retomber dans les mêmes fautes que son prédécesseur, le maréchal d'Estrées. A son mémoire officiel, dont nous venons de résumer les principaux traits, Lionne crut donc devoir joindre une dépêche confidentielle au cardinal Mazarin, pour expliquer et défendre la conduite de l'ambassadeur.

J'ajoute, disait-il, ce chiffre particulier à la relation ci-jointe, pour représenter à Votre Éminence combien elle est obligée de soutenir, par-delà, la résolution de M. l'ambassadeur, tant parce que le seul zèle du service de Votre Éminence l'y a porté, que, parce que, sans cela nous perdons infailliblement le généralat, dont il faut absolument que le démenti en demeure à ces messieurs-ci, ayant la raison et la justice de notre côté. La profession que je fais de dire à Votre Éminence toutes choses sans déguisement, comme je dois, m'oblige à lui rendre compte en confidence, à elle seule, d'un discours que M. l'ambassadeur m'a tenu sur cette matière.

Nous avons, dit-il, cent raisons pour lesquelles nous ne pouvions nous empêcher d'en venir où nous en sommes. Ils le

prendront après, en France, comme ils voudront. Mais j'aime
mieux, en tous cas, avoir fait trop que trop peu. Premièrement
j'ai ordre du roi, par une lettre expresse de Sa Majesté, de me
conduire en cela, suivant les conseillers du père général.
Après, je ne pouvais éviter par autre voie d'être ruiné; car
on eût toujours dit : S'il eût menacé de se retirer et l'eût
fait, il eût sauvé (?) l'affaire. Il est bien certain que si nous
avons failli et excédé, il nous faut châtier tous trois, car nous
avons tous été d'avis, sans hésiter (1).

Quelques jours après ce pénible incident, l'envoyé
français quittait Rome, pour se rendre à Venise. Durant son séjour dans la première de ces deux capitales,
il avait éprouvé de violentes déceptions, et recueilli
plus de mécomptes que de succès. La cour pontificale, excédée par son zèle, le considérait comme un
ennemi, et elle envoyait au nonce du pape, à Paris,
l'ordre de le signaler au gouvernement du roi

(1) Lionne à Mazarin, 22 novembre 1642. Affaires étrangères. *Cor-*
respondance de Rome, tome LXXXI. — Il convient de faire connaître
ici le dénouement de cet incident. Fontenay-Mareuil quitta Rome
le 18 décembre et se rendit d'abord à Viterbe. Mais il ne s'y trouva
pas à son goût, et il se retira à trois lieues de cette ville, dans un
château qui avait été mis à sa disposition par un riche particulier.
Dans le courant du mois de janvier 1643, la cour de Rome, dési-
reuse de satisfaire le cardinal Mazarin, qui était devenu premier
ministre, après la mort de Richelieu, en même temps que de répondre
à la médiation des Vénitiens, donna, comme compensation, la charge
de maître du Sacré-Palais au père provincial, et Fontenay, sur une
démarche faite par ce dernier, de la part du cardinal François Barberini, reprit ses fonctions, en rentrant à Rome le 10 février suivant.
Voir Affaires étrangères; *Négociation de Monsieur de Fontenay,*
tome I. *Correspondance de Rome,* tome LXXVII.

Louis XIII, comme un agent usé et hors d'état désormais, à cause de sa partialité trop manifeste en
faveur du duc de Parme, de rendre le moindre service dans le différend de Castro (1).

Lionne prit la direction de Florence, où il arriva
le 28 novembre, avec l'intention de demander une
audience au grand-duc. Mais, celui-ci étant absent,
Lionne dut reprendre presque aussitôt sa route, pour
aller à Modène. Dans cette dernière cour, il avait
réussi précédemment à nouer des relations sérieuses.
Le principal ministre du duc François d'Este ne
demandait qu'à entrer au service de la France, et
le moment était venu de passer des paroles aux
actes, pour donner à la ligue des princes d'Italie
une impulsion, qui répondît aux vues patriotiques de
Richelieu. Précisément le duc de Parme, fort aigri
par l'insuccès des négociations de Castel-Giorgio, se
trouvait à Modène, au moment du passage de Lionne
dans cette ville. Odoard s'y était rendu pour concerter avec son allié une action militaire immédiate
contre le Saint-Siége. C'était là un contre-temps,
car toute entreprise de cette nature devait gêner les
négociations que Lionne était chargé d'engager
avec la république de Venise. Mais il y avait lieu
d'espérer que la prudence du duc de Modène oppo-

(1) Le nonce du pape s'acquitta de ces instructions dans une lettre
à Mazarin, du 24 décembre 1642. *Id., ibid.*

serait une barrière infranchissable aux desseins pré-
cipités du duc de Parme. Lionne aborda donc immédiatement le comte Testi, avec lequel il s'était lié
d'une véritable amitié, au mois d'octobre précédent,
et il insista éloquemment pour que le prince et son
ministre ne perdissent pas cette occasion d'entrer
résolûment dans un plan politique, au bout duquel
il y avait tant d'avantages pour l'un et pour l'autre.

Je lui touchai ensuite, dit Lionne, que nous n'ignorions pas
que les Espagnols ne lui avaient tenu presque aucune des choses
qu'ils lui avaient promises; qu'après tout, il ne pouvait en espérer que des misères et de notre côté son agrandissement.
Je lui mis en considération que le roi ne voulait simplement que
son propre avantage et sa grandeur; qu'il pensait aux moyens
qui lui agréeraient le plus et qu'il reconnaîtrait bientôt avec
combien de passion et de sincérité Sa Majesté y coopérerait.
Je finis mon exhortation par un petit commentaire sur ce vers
de Lucain :

> ... Fatis accede deisque
> Et cole felices, miseros fuge...,

essayant de lui persuader que la vraie politique de ce monde
était d'accommoder ses intérêts à la fortune, puisqu'on ne saurait que reculer, naviguant contre vent et marée, comme on
est assuré d'avancer et faire beaucoup de chemin, quand on a
le vent en poupe (1).

Testi évita cependant de s'engager formellement

(1) Lionne à Mazarin. Parme, 9 décembre 1642. Affaires étrangères. *Correspondance de Parme*, tome I.

sur ces ouvertures. Sa réponse, d'après la relation
de Lionne, se borna à être « fort respectueuse envers
Sa Majesté, levant son chapeau toutes les fois qu'il
la nommait ». Mais, dans les conférences suivantes,
la situation s'éclaircit, et Lionne pouvait bientôt la
résumer ainsi, en ce qui concernait les véritables
sentiments du duc de Modène :

Le sens de M. de Modène, écrivait-il à la même date à Mazarin, est de faire le saut, mais il veut le faire *giustificamente*,
afin qu'on ne lui impute ni légèreté à changer de parti, ni
mauvaise foi à abandonner des malheureux.... Ce qui lui fait
le plus de peine n'est pas l'Espagne ; il en a assez de prétextes
de mécontentement, mais l'Empire, dont il est vassal, et à qui
il vient fraîchement d'être obligé de la promotion du cardinal
d'Este. Il voudrait donc que la chose qu'on fera pour lui fût
telle, non-seulement que les Espagnols ne la pussent pas faire,
comme serait de lui donner des États dans le Milanais, ce qui
ne le met pas à couvert de mauvaise foi ; mais qu'ils ne l'aient
pas voulu faire, comme serait de prendre la protection de ses
prétentions de Ferrare et de Comacchio. Il raisonne en cette
sorte : ou la France présentement rompra avec le pape et en
ce cas elle peut m'assister, ou elle s'accommodera avec le pape
et si ce n'est avec le pape qu'elle entreprendra la conquête du
regno de Naples, ce sera sans doute avec son successeur, et
alors on pourrait y mettre pour condition la restitution de
Ferrare à la maison d'Este et faire d'autant plus grande la part
du Saint-Siége dans la conquête du royaume de Naples, pour le
récompenser de cette diminution (1).

(1) Lionne à Mazarin. Parme, 9 décembre 1642. Affaires étrangères: *Correspondance de Parme*, tome I.

A côté des conditions territoriales qui regardaient l'avenir, il y avait les conditions pécuniaires qui pouvaient s'exécuter immédiatement. Parmi ces dernières, la plus naturelle, dans les mœurs du temps, c'était une pension annuelle, qui serait payée par le roi Louis XIII. Mais le duc de Modène voulait que le payement de cette pension fût mis à l'abri de toutes les vicissitudes intérieures de la France; il jugeait donc essentiel de lui attribuer un fonds spécial et inamovible. De plus, la famille du duc se prétendait créancière de la couronne de France pour des sommes plus ou moins importantes, qui avaient été avancées autrefois à celle-ci, et dont les reçus, en bonne et due forme, étaient soigneusement conservés à Modène. Il y avait même des terres en France, sur lesquelles la maison d'Este pouvait faire valoir des revendications authentiques, notamment autour de Montargis. Hugues de Lionne ajoute :

Je n'ai pu savoir la somme au vrai, quoique j'en aie fait instance, parce que les papiers originaux sont dans les archives et Son Altesse n'y voulant pas faire chercher, pendant notre séjour à Modène, de crainte que celui qui en est chargé ne découvrît ce qui se traite. En tous cas, on pourra payer en **fonds de terre**, comme M. le prince de Monaco, et, étant prince raisonnable, il ne demandera rien d'exorbitant (1).

(1) Lionne à Mazarin. Parme, 9 décembre 1642. Affaires étrangères. *Correspondance de Parme*, tome I.

Le duc de Parme, de séjour à Modène en ce moment, faisait de son côté les instances les plus vives auprès du duc François d'Este, pour le décider à se prononcer en faveur de la France. Il y mettait même un zèle qui parfois dépassait le but; en éveillant les susceptibilités d'un prince hésitant et timide, par caractère, mais déjà très-fixé certainement sur la direction qu'il convenait de donner à ses intérêts. Le duc de Modène était préoccupé de garder jusqu'au bout l'apparence d'un homme, agissant dans la plénitude de sa liberté et de ses sentiments, afin de faire payer plus cher son concours. Lionne dit à ce sujet :

M. de Parme, le jour avant que partir, pressa à un tel point M. de Modène que, le lendemain matin, il m'en envoya faire des plaintes par le comte Testi et me dire qu'il ne voulait que personne méritât en France à ses dépens, que son Altesse le persécutait, que d'autre côté le prince Thomas le sollicitait et lui avait fait savoir que M. de Longueville avait pouvoir de traiter avec lui; qu'il me déclarait nettement que, si la chose arrivait à être, elle ne serait, ni par l'entremise de M. de Parme, ni du prince Thomas même, et qu'il était résolu de ne passer par d'autres mains que celles de Votre Éminence, ou d'un particulier, comme moi, qui eût pouvoir à cet effet. Il en allégua deux raisons : l'une, que ces messieurs auraient plus soin des intérêts de la France que des siens, et l'autre, que, si l'acquisition d'un prince italien méritait quelque obligation, il la voulait gagner lui-même (1).

(1) Lionne à Mazarin. Parme, 9 décembre 1642. Affaires étrangères. *Correspondance de Parme*, tome I.

Le duc de Modène refusa donc de prendre les engagements immédiats qu'on lui demandait. Son dernier mot fut qu'il lui fallait encore un mois pour arrêter une décision. Suivant la remarque très-juste de Lionne, il comptait mettre à profit ce délai pour voir les propositions de la France se dessiner plus clairement, surtout si, dans cet intervalle, le comte Testi était appelé à la cour de Louis XIII.

Mais le cardinal Mazarin ne devait pas se montrer favorable à cette combinaison. Il écrivit, en effet, à Lionne, le 24 décembre, que la présence à Paris du ministre de François d'Este ne manquerait pas d'éveiller la jalousie des Espagnols, qui réussiraient peut-être à s'attacher définitivement le prince, pendant qu'on traiterait avec son ministre (1).

Hugues de Lionne n'emportait donc pas du duc de Modène l'engagement positif qu'il était venu lui demander, mais évidemment le prince avait été ébranlé, et son frère, le cardinal d'Este, avait prêté lui-même l'oreille à l'idée d'entrer au service de la France, en se montrant disposé à accepter le titre de protecteur de ses affaires à Rome. Dès lors, pour peu que la république de Venise, auprès de laquelle l'envoyé français allait remplir la mission dont il a été parlé plus haut, écoutât ses propositions avec

(1) *Documents inédits sur l'histoire de France. Lettres du cardinal Mazarin,* publiées par M. Chéruel, tome I, page 23.

sympathie, la ligue du 31 août ne tarderait pas à devenir la base d'une opération militaire, qui était appelée à consommer la ruine de l'influence espagnole sur le territoire italien.

En sortant de Modène, Hugues de Lionne se rendit à Parme, où il séjourna quatre ou cinq jours. De cette dernière ville, il résumait ses craintes et ses espérances dans un mémoire étendu, qui témoigne, chez son auteur, d'un sens politique très-exercé. Suivant Hugues de Lionne, l'idée du cardinal François Barberini n'était autre, à ce moment, que d'opposer à la ligue de Venise une contre-ligue avec le grand-duc de Toscane, détaché de la première, les Espagnols et la république de Gênes. Mais, reprenait-il, « je pense que le grand-duc songera longtemps avant que se résoudre à quitter l'union avec Venise pour se joindre à un pontificat cadent et se déclarer contre la France, sans autre avantage que de soutenir les Espagnols. L'opinion du grand-duc est que le pape *darà chiacchiere à tutti* et ne se liera à pas un (1) ».

Quant à la république de Venise, le comte Testi était d'avis qu'il ne fallait pas compter la faire entrer sans difficulté dans les vues du roi Louis XIII, ni la voir accueillir avec empressement les Espa-

___

(1) Mémoire de M. de Lionne sur l'état présent des affaires d'Italie, etc. Parme, 10 décembre 1642. Affaires étrangères. *Correspondance de Parme*, tome I.

gnols dans la ligue du 31 août. Elle préférerait, selon toute probabilité, rester dans l'expectative, jusqu'au moment où le duel engagé entre la France et l'Espagne tournerait définitivement en faveur de la première. Lionne, un peu plus optimiste, supposait que l'échec de la négociation Spada, en irritant vivement la république, lui avait fait prendre davantage à cœur les intérêts des ducs de Parme et de Modène, au moins, afin de donner ombrage, d'une façon plus aiguë, au Saint-Siége et au grand-duc de Toscane, son complice. Ce point de vue était fort exact, mais Hugues de Lionne lui attribuait trop d'importance, car les inquiétudes et les défiances que la république ressentait de ce côté n'étaient pas assez pressantes pour la faire sortir des grandes lignes de sa politique traditionnelle.

Le duc de Parme présentait plus de garanties et montrait une réelle bonne volonté. Mais la nature des choses voulait qu'il fût préoccupé exclusivement de la restitution de l'État de Castro, et que cette affaire passât, avant toutes les autres, dans son esprit : « C'est pourquoi, disait Hugues de Lionne, il faut résoudre par delà, s'il est plus avantageux au service du roi de laisser vivre cette querelle entre les princes d'Italie, pour les tenir divisés, ou de les accommoder, pour se servir de M. de Parme et de M. de Modène (1). »

(1) Mémoire de M. de Lionne sur l'état présent des affaires

Restait le prince Thomas de Savoie. Quoique le roi eût remis entre ses mains la place de Tortone, conquise sur les Espagnols par l'armée française, à la fin du mois de novembre précédent, on ne cessait de dénoncer la persistance de ses relations avec le gouverneur de Milan. Il était également à la connaissance de Lionne que le prince Thomas faisait des démarches réitérées auprès du duc de Modène pour le déterminer à entrer ouvertement sous la protection du roi ; il agissait dans le même sens auprès du duc de Parme, afin de le décider à seconder les plans de la France contre le Milanais, sans se préoccuper de Castro. Mais, en même temps, on le voyait confier à un courrier espagnol le mémoire dans lequel il exposait ses idées au duc Odoard. Hugues de Lionne concluait naturellement de ces faits contradictoires que le prince Thomas voulait se réserver pour toutes les éventualités, et qu'il serait imprudent de lui témoigner une confiance absolue.

Le lendemain, 11 décembre, Hugues de Lionne se mettait en route pour Venise. C'est le moment de rappeler que l'idée d'une alliance entre la république et le gouvernement du roi Louis XIII, pour chasser les Espagnols de la péninsule, ne se produisait pas en ce moment pour la première fois. Au

d'Italie. etc. Parme, 10 décembre 1642. Affaires étrangères. *Correspondance de Parme*, tome I.

mois d'avril 1640, sur la nouvelle que les Espagnols
assiégeaient Casal, Richelieu avait déjà fait demander aux Vénitiens des troupes, afin de l'aider à dégager cette place, en autorisant l'ambassadeur français
auprès de la république, à tout mettre en œuvre
« pour la porter à prendre une bonne résolution et
l'exécuter (1) ». La proposition que Lionne allait
porter au sénat de Venise avait la même forme et le
même but. Il s'agissait d'obtenir le concours de la
république pour chasser les Espagnols du Milanais,
en faisant valoir que le roi n'aspirait qu'à réaliser
« la liberté de l'Italie », et ne prétendait pas personnellement à « un pouce de terre (2) ». La campagne
devait s'ouvrir au printemps de l'année suivante,
aussitôt le différend de Castro réglé.

Lionne arriva à Venise le 15 décembre 1642.
L'ambassadeur de France, M. des Hameaux, le fit
descendre dans son palais, et lui procura immédiatement les moyens de remplir la mission qui était le
but de son voyage. On sait dans quelles conditions
particulières le corps diplomatique étranger était admis à traiter avec le gouvernement vénitien. Lorsqu'une affaire se présentait, l'ambassadeur ou le plénipotentiaire spécial envoyait au palais du Collége un

---

(1) Mémoire pour le duc de Parme. Saint-Germain, 23 avril 1640.
Affaires étrangères. *Correspondance de Parme*, tome I.
(2) Instruction au sieur de Lionne, fin octobre 1642. Affaires
étrangères. *Correspondance de Parme*, tome I.

secrétaire pour demander une audience, dont l'objet devait être expliqué dans un court mémoire.
Cette démarche accomplie, le Collége fixait l'audience habituellement au lendemain, et se réunissait à l'heure convenue pour recevoir et pour entendre la communication annoncée, de la bouche de
celui qui en était porteur. C'était donc une exposition orale et quelquefois un véritable discours qui
était demandé à l'agent étranger. Une fois introduit,
devant les ministres, par le secrétaire de service, on
lui donnait la parole, comme dans un parlement, et
l'audience officielle commençait (1).

Hugues de Lionne ne redoutait en aucune façon
ce cérémonial imposant. Doué d'une extrême facilité de parole, il avait en outre l'avantage de manier
la langue italienne, comme s'il eût été un compa-
triote de Mazarin. Il se sentait, d'ailleurs, plein de
son sujet, et, avec la présomption naturelle à son
âge, rien ne lui semblait au-dessus de ses forces
dans la tâche d'entraîner le sénat vénitien à une
coopération militaire avec la France, pour expulser
les Espagnols du Milanais. Il fut reçu devant le
Collége, le 18 décembre, en compagnie de Des Hameaux, l'ambassadeur ordinaire. Les pouvoirs de

(1) Voir, sur ce cérémonial, l'intéressant ouvrage de M. Armand
Baschet, intitulé : *Archives de Venise*, chapitre XII, page 458. Paris,
Plon.

Lionne étaient contenus dans une lettre royale du 4 octobre 1642, adressée suivant la formule : *A nos très-chers, grands alliés et confédérés, le Duc et Seigneurie de Venise* : « Nous vous prions, écrivait Louis XIII en parlant de Lionne, d'avoir entière créance à tout ce qu'il vous dira de notre part, et d'être toujours très-certains de la continuation de notre affection en votre endroit (1). »

L'exposition de Lionne, conservée dans les archives d'État de Venise, est certainement une des plus brillantes qui aient été faites par un étranger, devant le collége des ministres de la république. Conformément à l'avis du duc de Parme, Lionne parla avec hauteur, mais il n'omit pas d'entremêler ses menaces, à peine déguisées, de flatteries hyperboliques, auxquelles le gouvernement de la Sérénissime République n'était jamais insensible.

Après avoir exprimé, en termes chaleureux, les sentiments d'amitié du roi de France pour le gouvernement de Venise, et affirmé que le premier n'éprouvait pas moins de passion que le second pour la prospérité de l'Italie, Lionne entra dans le vif de son sujet.

Parce que le roi, dit-il, aime, estime et honore cette Sérénissime République au-dessus de tous ses autres amis, et parce

(1) *Esposizioni Principi*. Filza, n° 51. Archives de Venise.

qu'il la sait zélée pour la liberté des princes d'Italie, dont elle est la mère et la protectrice, Sa Majesté a résolu de porter cette année ses plus grands efforts dans cette province pour chasser de l'État de Milan les perturbateurs de la paix publique. En considérant que, là où s'est traitée, dans les temps passés, la liberté particulière de quelqu'un de ces princes, Sa Majesté a toujours joui de l'alliance de la Sérénissime République, le roi espère davantage encore que Votre Sérénité répondra à l'invitation que lui fait Sa Majesté de vous unir à elle, et qu'elle l'acceptera, maintenant qu'il s'agit de la liberté générale de toute la province et de celle de la Sérénissime République elle-même, qui, si elle veut se rendre compte combien elle a offensé les Autrichiens, avec quelle générosité elle s'est opposée à leur empire, comprendra, qu'entourée de tous côtés par leurs États, elle ne serait peut-être pas en grande sécurité, s'ils se relevaient (1).

Lionne insistait ensuite sur cette considération, qu'il ne s'agissait pas pour la république d'entrer dans une alliance qui dût la conduire à une guerre nouvelle, et dont l'issue pût être douteuse.

En réalité, cette guerre, la France la poursuivait victorieusement, depuis sept ans, jusqu'au cœur de l'Espagne, et, quant à l'État de Milan, enserré désormais par les armées du roi, il n'y avait plus qu'à le toucher pour le faire tomber.

(1) *Esposizioni Principi.* Filza, n° 51. Archives de Venise. — Je dois à l'obligeance du savant historien des Archives de Venise, M. Armand Baschet, la communication de l'exposition de Lionne, qui n'est pas au dépôt des Affaires étrangères, et qui a dû être copiée sur les registres manuscrits du Sénat.

Et, pour que Votre Sérénité, ajoutait Lionne, ne mette pas
en doute combien le roi désire la grandeur de la république, Sa
Majesté m'a ordonné de lui promettre en son nom, comme je
le fais, que si la république unit ses troupes aux siennes pour
cette entreprise, le roi abandonnera tout ce qui se conquerra,
même par ses armées, pour le faire partager entre la république et les autres princes italiens, qui auront concouru par
leurs armes à cette entreprise, Sa Majesté leur cédant tous ses
droits de toute façon et consentant dès à présent à la réparti-
tion dont ils conviendront entre eux, sans qu'elle y entre pour
la part la plus minime. Je suis prêt à signer ceci en son nom et à
faire donner à ce sujet par Sa Majesté toutes les garanties que
Votre Sérénité pourra désirer, Sa Majesté ne voulant pour elle
que la seule gloire et la satisfaction d'avoir replacé l'Italie dans
cette liberté tant souhaitée des temps passés, et d'avoir accru
les États de ses amis, dont elle aura toujours les intérêts plus à
cœur que les siens propres (1).

La réponse du doge, au dire de Lionne, « ne fut
qu'en paroles très-générales ». En effet, suivant
l'usage, le doge se borna à prendre acte de la communication qui venait d'être faite au Collége, et il
ajouta que le cabinet des ministres allait en référer
au sénat. « Mais, ajoute Lionne, comme ce n'est
pas une résolution à prendre en un jour et que la
proposition est la plus importante sur laquelle ils
aient délibéré, il y a peut-être plus de vingt ans,
nous n'attendons pas qu'ils nous appellent guère

(1) *Esposizioni Principi*. Filza; n° 51. Archives de Venise.

plus tôt qu'après les fêtes pour en aller prendre l'*à parte* (1). »

Au fond, les espérances de Lionne ne reposaient sur rien de sérieux. On sait que la république de Venise, au commencement du xvie siècle, avait donné, par l'ardeur de son ambition, des inquiétudes à l'Europe, qui s'était coalisée contre elle. A partir de ce jour, comme le constatait plus tard l'abbé de Bernis, la république comprit son rôle d'une autre façon. Elle résolut, avec beaucoup d'à-propos, de se désintéresser des grandes luttes du continent et de cultiver des relations amicales avec toutes les puissances également.

Or, ce que Louis XIII lui demandait, à la fin de l'année 1642, c'était de s'allier avec la France pour conquérir le Milanais sur l'Espagne. La république de Venise ne le pouvait pas, sans rompre avec les maximes pacifiques, dont l'application persévérante avait rétabli sa sécurité et sa grandeur.

(1) Lionne à Mazarin, 20 décembre 1642: Affaires étrangères: *Correspondance de Venise,* tome LII.

CHAPITRE IV.

Au moment où Hugues de Lionne attendait la
réponse du sénat vénitien à son exposition du
18 décembre, il reçut la nouvelle d'un événement
de la plus haute gravité. Le cardinal de Richelieu

8

était mort, après une longue et cruelle maladie, le
4 du même mois. A la distance où cette nouvelle
parvenait à Lionne, elle ne pouvait qu'affecter vivement son esprit. Depuis près de vingt ans qu'il fou-
droyait les hommes, plus qu'il ne les gouvernait, selon
l'expression de Retz, Richelieu était pour l'Europe la
personnification la plus glorieuse et la plus redoutable
de la France. Dans un pays où l'autorité royale venait
de traverser de si rudes épreuves, la disparition prématurée de cet homme de génie était de nature à entraîner des conséquences incalculables, et il était
presque naturel qu'elle suspendît, pendant quelques
jours, l'action diplomatique du gouvernement de
Louis XIII au dehors. Lionne devait échapper moins
qu'un autre à cette impression, encore qu'il trouvât
pour lui-même et pour les affaires de la France, dans
l'avénement immédiat du cardinal Mazarin à la situation de premier ministre, des motifs de se consoler
de la perte de Richelieu.

J'y prends, écrivait-il le 27 décembre 1642, la part que je
dois, comme bon Français et comme créature de Votre Éminence, que je sais bien ne pouvoir recevoir un plus rude coup
que celui de cet accident, s'il est arrivé. La consolation que j'ai,
dans une infortune si générale, est que, selon les avis que nous
avons, Sa Majesté a pris la seule voie qui pouvait empêcher
les suites de cette disgrâce, en jetant les yeux sur Votre Éminence, pour la faire chef de son conseil et lui remettre entière-

ment la conduite des affaires. Je ne m'en suis pas plus réjoui,
Monseigneur, pour votre gloire que pour l'avantage de la
France, qui seront deux choses dorénavant inséparables, et je
conçois dès à présent des espérances très-certaines que Votre
Éminence achèvera heureusement ce qui a été si glorieusement commencé par son prédécesseur. Tout le monde avoue
qu'il n'y avait que les épaules de Votre Éminence capables de
supporter un si grand faix et les Espagnols s'apercevront
bientôt, je m'assure, qu'ils auront peu gagné au change, en
cas qu'ils continuent à ne vouloir point entendre à une paix
sûre et honorable (1).

Le jour même où il apprenait la mort de Richelieu,
Lionne recevait la réponse du gouvernement vénitien. Le sénat de la république, comme il fallait s'y attendre, se déclarait dans l'impossibilité d'accueillir
les propositions françaises, en se rejetant sur la vivacité de ses différends avec le pape et sur la diversité
des intérêts auxquels obéissaient les princes d'Italie.
Lionne s'efforçait de colorer la rigueur de ce refus par
l'intention qu'il supposait au sénat vénitien de peser
sur les résolutions du roi Louis XIII, afin de le
décider à exiger du pape un arrangement équitable
du conflit de Castro. Il disait encore que le jour où
l'on verrait la France s'engager à fond dans les
affaires d'Italie, et le roi en personne passer les
Alpes, pour prendre le commandement de l'armée,

(1) Lionne à Mazarin, 27 décembre 1642. Affaires étrangères.
Correspondance de Venise, tome LII.

destinée à opérer contre le Milanais, la république
n'hésiterait plus et donnerait sa coopération militaire.
D'ailleurs, les difficultés politiques, qui avaient
éclaté en France dans les derniers mois de l'année 1642, produisaient à l'étranger un effet déplo-
rable. Lionne ajoutait à ce sujet :

Votre Éminence ne saurait croire combien a préjudicié au
bon succès de notre négociation le bruit que les malaffectionnés
espandirent ici, il y a quelques jours, que Sa Majesté résistait
à éloigner d'auprès de sa personne quelques officiers des
gardes que le cardinal duc avait désiré (1).

On voit par ce trait que les difficultés de la diplomatie française en Europe sont toujours les mèmes
depuis des siècles. Cependant, des avis confidentiels
avaient permis à Lionne de constater que la réponse
négative du sénat n'avait été votée qu'après une
longue et vive discussion. Plusieurs membres de
l'assemblée s'étaient prononcés avec énergie dans
le sens des propositions françaises; ils n'avaient
d'ailleurs échoué que de quelques voix et l'opinion
dominante paraissait toujours être, malgré la décision finale, qu'il fallait donner au moins des espérances, pour l'avenir, au plénipotentiaire du roi

(1) Lionne à Mazarin, 27 décembre 1642. Affaires étrangères.
Correspondance de Venise, tome LII. Il s'agissait de personnages
plus ou moins compromis dans la conspiration de Cinq-Mars.

Louis XIII. Dans ces conditions, et sur l'avis formel du duc de Parme, Hugues de Lionne résolut de solliciter une deuxième audience au Collége, en compagnie de M. des Hameaux, et d'insister, par une exposition nouvelle, sur la nécessité d'une action militaire, concertée contre le Milanais. Ce que la république redoutait avant tout, c'était d'avoir deux guerres sur les bras, l'une pour Castro, l'autre contre les Espagnols; et Lionne se demandait s'il ne serait pas possible de lever cette objection par quelque acte concluant.

Je viens d'avoir, écrivait-il, tout présentement un avis qui m'a extrêmement consolé. On nous a assurés de bonne part que mes expositions seront ici peut-être plus favorablement écoutées, après le malheur qui nous est arrivé de la mort de feu Monseigneur le cardinal, qu'elles n'eussent été auparavant, pour l'appréhension que ces Messieurs-ci avaient que ce grand génie ne voulût commander à tout le monde (1).

C'était encore une illusion. Lionne et des Hameaux se présentèrent une seconde fois devant le Collége des ministres vénitiens, le 12 janvier 1643. La république ayant décliné les ouvertures de Louis XIII, du côté du Milanais, parce qu'elle était déjà trop engagée dans l'affaire de Castro, Lionne

(1) Lionne à Mazarin, 3 janvier 1643. Affaires étrangères. *Correspondance de Venise*, tome LIII.

lui offrit le concours de la France pour étudier d'un
commun accord les moyens les plus efficaces de terminer promptement ce différend. Par là du moins,
la France démontrerait aux plus incrédules qu'elle
ne spéculait en rien sur les divisions des princes
d'Italie, puisqu'elle leur prêtait son appui pour les
aplanir. Il convient de dire que Lionne se plaçait
ici sur un terrain brûlant, la volonté bien arrêtée du
roi Louis XIII étant de ne faire en aucun cas, ni
sous aucune forme, la guerre au Pape. Or, quelque
précaution qu'il eût prise pour réserver à la France
sa liberté d'action dans toutes les éventualités et
pour maintenir un lien étroit entre l'affaire de Castro et l'attaque du Milanais, on devait trouver, à
Paris, qu'il était allé trop loin et le lui reprocher.
Afin de donner plus de force à ses arguments, l'orateur avait fait appel aux ressources de la rhéto-
rique.

> J'ai pris, écrivait-il, un expédient, d'introduire à la fin l'Italie,
> qui parle....., suivant en cela les instructions de Monsieur de
> Parme, qui m'a dit que ces saillies leur plaisaient extrêmement.

Enfin, l'exposition de Lionne se terminait par un
éloge hyperbolique de Mazarin, qui venait de recueillir et qui portait avec éclat la succession de Richelieu. Mais, comme les collègues de Mazarin auraient pu prendre ombrage du zèle, avec lequel le

jeûne plénipotentiaire exagérait ainsi l'influence dirigeante de son protecteur, au détriment de celle des autres ministres, Lionne avait prévenu le cardinal, par une lettre particulière, datée de l'avant-veille de son audience, qu'il ne lui transmettait pas la version textuelle de ce passage de son futur discours.

Quant à l'article où je parle des ministres, à qui Sa Majesté a confié la direction de ses affaires, mandait-il, je ne le dirai pas en la manière qu'il est couché, ne prétendant parler que de Votre Éminence seule, qui a succédé en vertu et en pouvoir, comme en dignité, à feu Monseigneur le cardinal ; mais ce discours allant en France, j'ai cru, à toute fin, devoir l'y envoyer de la sorte pour ne pas choquer la modestie de Votre Éminence, ni lui déplaire (1).

On voit qu'il y avait chez Lionne un courtisan plein de prudence et de tact, et Mazarin, au début de son laborieux ministère, devait réserver la meilleure place, dans ses sympathies, à ceux qui ne séparaient pas l'ambition de le servir de la préoccupation de ne pas le compromettre. Mais revenons à notre récit.

La république de Venise, loin de vouloir donner à la ligue du 31 août 1642 une direction conforme à l'intérêt français, regrettait, au contraire, chaque jour davantage, de s'être lié les mains pour l'affaire de Castro. On avait conseillé à Lionne de

(1) Lionne à Mazarin, 3 et 10 janvier 1643. Affaires étrangères. *Correspondance de Venise,* tome LIII.

demander deux sénateurs, avec lesquels il pût traiter
la question du Milanais dans des conférences suivies.
Il n'osa aborder formellement ce sujet dans son
exposition et se contenta d'y faire, comme par acquit
de conscience, une allusion à peine perceptible. Le
sénat vénitien était résolu à ne pas sortir de la politique d'abstention; il voyait la France plus pressée
de l'entraîner que d'agir elle-même, car l'ambassadeur de la république à Paris était d'avis que les
efforts du roi Louis XIII se portaient alors à peu
près exclusivement, non sur l'Italie, mais vers
l'Aragon et Valence (1). Cette indication paraît
avoir fourni au sénat vénitien un argument de plus
pour repousser péremptoirement les propositions de
Lionne.

Une autre circonstance avait agi presque avec la
même force sur la décision de la République, c'était
l'appréhension qu'il n'y eût à Paris quelques changements dans le personnel des ministres dirigeants.
Ces bruits étaient fort accrédités à Venise par une
colonie de Français, que Lionne qualifie de « malaffectionnés », et qui mettaient leur point d'honneur
à présenter les affaires intérieures de la France sous
le jour le plus inquiétant. En dernier lieu, la République, si elle entrait dans les vues de Louis XIII,

(1) Lionne à Mazarin, 17 janvier 1643. Affaires étrangères. *Correspondance de Venise,* tome LIII.

craignait de donner au pape un prétexte pour s'allier immédiatement avec l'Espagne (1).

Après cette réponse, il n'y avait plus évidemment à insister, et Lionne s'y résignait d'autant plus facilement que, depuis l'avénement du cardinal Mazarin à la situation de ministre dirigeant, sa principale ambition était de revoir Paris. Il avait reçu, au mois d'octobre précédent, l'autorisation de rentrer en France, mais il s'était trouvé engagé, depuis, dans une série de voyages et de démarches qui ne lui avaient pas laissé un instant de répit pour s'échapper.

Aujourd'hui, les choses avaient changé d'aspect. Sa mission en Italie, qui durait depuis plus d'un an, était épuisée; il avait frappé pendant ce temps à toutes les portes, et, sans avoir obtenu un résultat complet, il pouvait se flatter cependant de laisser un terrain bien préparé à des négociations plus efficaces, pour le jour où la France songerait à entamer une action sérieuse contre le Milanais. D'ailleurs, une préoccupation dominait tous les scrupules de Lionne. Mazarin, une fois premier ministre, la place du jeune envoyé était à côté de son protecteur, de celui qui lui avait ouvert de si bonne heure la carrière diplomatique.

Aussi, dès le 10 janvier, Lionne lui écrit-il qu'il

(1) Lionne à Mazarin, 24 janvier 1643. Affaires étrangères. Correspondance de Venise, tome LIII.

s'attend à « lui aller rendre les petits services » dont sa « faiblesse pourra être capable, n'ayant point de plus forte passion au monde que celle de mériter dignement le titre de son très-humble, très-obéissant et très-obligé serviteur et créature ».

Lionne quitta Venise au commencement de février et se rendit directement à Parme, où il arriva quelques jours après. Il y put constater, à son grand regret, que le duc Odoard Farnèse, malgré deux lettres fort prévenantes qui lui avaient été écrites par Mazarin, après la mort de Richelieu (1), nourrissait contre le nouveau premier ministre des préventions persistantes et un mauvais vouloir systématique.

Ce n'est pas, disait Lionne, qu'il n'ait une envie extrême d'être raccommodé avec Votre Éminence et je l'ai touché au doigt très-certainement, mais, comme il s'est engagé en des déclarations et qu'à présent il se voit réduit à avoir besoin de Votre Éminence, il aime, ce semble, mieux encore risquer de la suite d'une mésintelligence, qui lui serait si préjudiciable, que de faire connaître au monde qu'il est forcé de se dédire, s'imaginant peut-être que le zèle que Votre Éminence a pour le service du roi, auquel il est avantageux de conserver l'affection d'un prince d'Italie, l'obligera à renouveler ses instances, auxquelles il croit peut-être pouvoir après condescendre avec plus de réputation (2).

(1) Voyez *Lettres du cardinal Mazarin*, tome I, par M. Chéruel. *Introduction*, page LXXVI.

(2) Lionne à Mazarin. Aix, 7 mars 1643. Affaires étrangères. *Cor-*

La cause de cette aigreur, c'était un subside de cent mille livres, dont le payement, promis depuis quelque temps, ne s'effectuait pas, et qui faisait, paraît-il, cruellement défaut au trésor du duc de Parme. Son principal conseiller, le marquis Gofredi, s'expliquait d'ailleurs sur ce sujet à Lionne avec une entière franchise :

Il faut à Son Altesse, disait-il, des effets et non des paroles. Que Mgr le cardinal Mazarin nous témoigne en quelque chose son affection et j'accommoderai l'affaire, dans un moment, plus aisément que je ne boirais un verre d'eau (1).

Durant son séjour à Parme, Lionne avait eu également la confirmation d'un autre fait, presque aussi désobligeant pour le cardinal Mazarin, c'est que le duc de Modène, qui était à la veille d'entrer au service de la France, au mois de novembre 1642, avait repris sa parole depuis la mort de Richelieu, et déclaré qu'il voulait voir auparavant ce qu'allaient devenir les affaires de France et celles d'Espagne (2). Mais ces impressions pénibles n'étaient pas de nature

respondance de Parme, tome II. Dans la crainte de s'attarder à Parme, Lionne avait attendu d'être arrivé à Aix, pour raconter à Mazarin ses dernières conférences avec le duc Odoard. On verra plus loin quel mécompte lui était réservé, au moment où il s'apprêtait à quitter cette ville pour retourner à Paris.

(1) *Id.* Affaires étrangères. *Correspondance de Parme,* tome II.

(2) Affaires étrangères. *Correspondance de Venise,* tome LIII, et *Correspondance de Parme,* tome II.

à suspendre les projets de retour de Lionne. A la fin
de février, il passa par Gênes, où il s'arrêta à peine et
s'embarqua le 1er mars au soir à Savone, sur une tar-
tane française, à destination de Marseille (1). Il n'avait
pas quitté Gênes depuis quarante-huit heures, que le
résident du roi dans cette ville, M. d'Amontot,
recevait pour lui deux dépêches officielles, concernant des affaires graves et pressées. M. d'Amontot n'hésita pas ; après avoir bien calculé le temps
et les distances, il prit le parti d'expédier en toute
hâte, sur les pas de Lionne, un autre courrier, qui
pourrait probablement le rejoindre à Aix et lui remettre ses dépêches.

Les prévisions de M. d'Amontot se réalisèrent.
Son courrier trouva Lionne à Aix et il put s'acquitter
sans retard de sa mission. Les deux dépêches dont
le premier était porteur, malgré la différence de leur
contenu, aboutissaient au même degré à retenir le
second plusieurs mois encore en Italie, et, en fait, à
l'y ramener d'urgence, puisqu'il en était sorti. L'une
intimait en effet à Lionne la défense de revenir en
France sans permission. Il en prit connaissance,
comme il l'écrit lui-même à Mazarin, « avec une
extrême mortification » ; car, cette permission, il
croyait l'avoir en mains, depuis près de quatre mois,

(1) M. d'Amontot au cardinal Mazarin, 5 mars 1643. Affaires
étrangères. *Correspondance de Gênes*, tome III.

et en avoir usé très-légitimement. La même dépêche lui reprochait aussi d'avoir engagé, outre mesure, à Rome, le roi de France contre le Saint-Siége, et lui rappelait qu'en pareille matière, un agent diplomatique ne doit s'avancer que quand il est muni du consentement de son souverain.

Néanmoins, la conduite générale de Lionne était approuvée, avec de grands et justes éloges pour son zèle et son habileté (1).

Quant à la seconde dépêche, voici à quelle affaire elle se rapportait. On a vu plus haut que les Français, à la fin de novembre 1642, avaient réussi à s'emparer de la place de Tortone. La perte de cette place constituait un échec des plus graves pour les Espagnols, qui se trouvaient ainsi menacés sur la frontière de l'État milanais, et coupés dans leurs communications avec le sud de la péninsule. Ils se préparaient donc à une offensive vigoureuse, et le

(1) La lettre de Mazarin, en date du 14 février, disait : « ..... Je puis bien vous répéter que vous pouvez faire fond sur mon affection, que je ne laisse échapper aucune occasion de faire valoir les services que vous rendez, et que je profite de la facilité que vous m'en procurez, en travaillant avec tant de zèle, de prudence et d'habileté pour le service de Sa Majesté. » Mais la même lettre ajoutait : « Peut-être trouverez-vous mauvais que je vous conseille, entre nous, de ne vous occuper à l'avenir d'aucune chose importante, sans en avoir préalablement reçu le consentement de Sa Majesté, et d'avoir particulièrement cette attention pour tout ce qui regarde le Siége apostolique. » *Lettres de Mazarin*, tome I, par M. Chéruel, page 74.

gouvernement du roi, placé à la fois dans la nécessité de renforcer la garnison de Tortone et dans
l'impossibilité d'y envoyer immédiatement des
troupes, avait imaginé de recourir au duc de Parme
et de lui demander l'assistance de sa cavalerie.

C'est pourquoi Lionne était invité à faire des démarches actives auprès de ce prince, pour obtenir de
lui, dans le plus bref délai, les renforts exigés par la
situation de Tortone. Les ordres du roi ne souffraient
pas de retard. Mais, avant de reprendre le chemin de
l'Italie, Lionne ne dissimula pas à Chavigny que le
succès de sa mission était fort problématique. D'après ses prévisions, il allait se heurter à des résistances invincibles, de la part du duc de Parme.

Il m'a protesté nettement, écrivait Hugues de Lionne, que
jamais il ne s'engagerait à aucune affaire, qu'il ne fût hors de
celle de Castro ; que, quand il s'endormait, c'était toujours
sur la pensée de la perte de Castro, et quand il se réveillait,
de même ; que si l'on l'en avait tiré, il serait en état de rendre
maintenant service ; mais, avant cela, il ne penserait à
autre chose ; que le monde se moquerait bien de lui, si, ayant
le pape sur les bras, il allait s'y mettre encore les Espagnols,
et, quand je lui ai représenté les grands avantages qu'il pouvait espérer de s'agrandir dans la conjoncture présente, qui
pouvait échapper, il m'a répondu qu'il m'avait souvent dit
qu'il ne voudrait devenir duc de Milan et demeurer avec
l'affront de la perte de Castro (1).

(1) Lionne à Chavigny, 8 mars 1643. Affaires étrangères: Correspondance de Parme; tome II.

Tel était l'état d'esprit dans lequel Lionne avait quitté le duc de Parme, quelques jours auparavant; c'est dans les mêmes dispositions qu'il allait probablement le retrouver. Le 11 mars, l'envoyé français, parti d'Aix, dès l'avant-veille, s'apprêtait à prendre à Cannes les galères qui devaient conduire le duc de Guise en Toscane (1). Il profitait de cette halte pour s'excuser une seconde fois, auprès de Mazarin, d'avoir cédé à la tentation de rentrer si précipitamment en France, et il lui exposait de nouveau les conditions auxquelles il serait possible de décider les princes d'Italie à faire campagne, avec l'armée du roi, contre le Milanais.

Je me confirme toujours de plus en plus, disait-il, dans l'opinion que j'ai, qu'il faut nécessairement que le partage du Milanais se fasse présentement en France et qu'on puisse dire, dès à présent, à chaque prince la portion qu'on lui a assignée, pour le mieux persuader à la déclaration qu'on désire (2).

La correspondance de Lionne nous le montre installé à Plaisance, dès le 21 mars suivant. Ses prévisions ne l'avaient pas trompé : le duc Odoard, uniquement occupé de l'affaire de Castro, et toujours

---

(1) Le beau temps étant revenu, Lionne effectua sa traversée sur un simple bateau, sans attendre les galères du duc de Guise.

(2) Lionne à Mazarin. Cannes, le 11 mars 1643: Affaires étrangères: *Correspondance de Parme,* tome II.

prêt à se plaindre de la mollesse et des mauvais
procédés de la France, n'entendait pas envoyer un
seul de ses soldats du côté de Tortone. En vain
Hugues de Lionne essaya-t-il de lui persuader
qu'il pouvait survenir telle circonstance où le
prince Thomas, à qui cette place avait été remise
généreusement par le roi Louis XIII, serait porté à
en faire abandon au duc de Parme, lequel, livré à ses
propres forces, était incapable de rien entreprendre
d'efficace contre le pape : tous les arguments, toutes
les sollicitations de Lionne furent inutiles. Farnèse
répondit qu'il n'avait que faire de Tortone, et qu'il
était hors d'état, dans la détresse où le maintenait
l'indifférence du roi, de se créer de nouvelles complications avec les Espagnols (1).

Mais au moins, si le duc de Parme n'avait pas de
troupes disponibles pour aider à la défense de Tortone, était-il à espérer qu'il pourrait livrer, contre
argent, au corps d'armée chargé de la défendre,
des vivres et des fourrages. Tout récemment, la
république de Gènes s'était prêtée avec infiniment
de bonne grâce à une pareille demande, et il était
notoire que son obligeance n'avait pas été considérée,
par l'Espagne, comme un *casus belli*.

Peines superflues. Le duc de Parme prétendait

(1) Lionne à M. d'Amontot, 21 mars 1643. Lionne à Mazarin, 27 mars
1643. Affaires étrangères. *Correspondance de Parme*, tome II.

n'avoir ni fourrages, ni vivres disponibles, et que
c'était là précisément ce qui le rendait si impatient
de recommencer la campagne contre le Saint-Siége.
Tout était vrai dans ces allégations; seulement le
ton sur lequel le duc de Parme les développait, et la
violence avec laquelle il s'exprimait sur les ministres
du roi, contraignirent Lionne à insister pour obtenir
quelque chose, qui ressemblât à une satisfaction.

Le duc de Parme, cette fois, répliqua, en dépassant de beaucoup la mesure :

Il s'emporta de nouveau contre MM^{seurs} les ministres, me
dit qu'il savait bien que le roi l'aimait trop pour le mettre
dans un nouvel embarras avec l'Espagne, avant qu'il fût hors
de l'affaire de Castro ; qu'il considérait que Casal n'était qu'à
22 milles de Tortone et Castel-Saint-Jean, qui est le dernier
lieu de son État, à 33 milles ; que 200 charrettes pouvaient
porter des vivres, pour dix jours, pour 6,000 hommes de pied
et 3,000 chevaux et, par conséquent, (qu'il) voyait clairement
que la proposition que je lui portais avait été formée par ses
ennemis, pour le pousser auprès du roi et le mettre en nécessité, ou de se ruiner tout à fait par une nouvelle guerre avec
l'Espagne, qui ferait remettre la restitution de Castro à la paix
générale, ou pouvoir dire au roi que la France ne devait se
promettre rien de son affection, puisqu'il refusait de servir
dans une nécessité si pressante ; mais que leur dessein ne
réussirait pas et que, touchant les deux demandes que je lui
avais faites, il ne me donnerait jamais d'autres réponses que
des refus et qu'il dépêcherait exprès à la cour pour s'en
justifier au roi et faire entendre comme tout passait ; qu'il y

irait même plutôt en personne, pour dire à Sa Majesté les
traitements qu'il recevait et qu'après être abandonné en tout,
depuis dix-huit mois, au premier besoin on le voulait sacrifier,
contre l'intention de Sa Majesté ; que je venais sans lettre
d'elle. Sur quoi, j'offris de lui faire voir mes instructions, s'il le
désirait, ce qu'il rejeta et dit qu'il n'y ajouterait pas plus de
foi, parce qu'il avait des mémoires signés tout de même, que
le roi et feu Mgr le cardinal avaient, après, désavoués ;
qu'il savait bien que Sa Majesté avait les meilleures intentions du monde pour lui, mais qu'elles étaient altérées par les
conseils qu'on lui donnait en faveur de ses ennemis ; qu'on
lui écrivait de Paris que Sa Majesté parlant avec affection à
M. le cardinal Bichi, de la restitution de Castro, et lui
recommandant d'y appliquer tous ses soins, ledit sieur cardinal lui avait répondu qu'il n'y avait point d'autre négociation à faire que d'envoyer promener ses galions sur la côte,
près de Rome et menacer d'une descente, qu'en ce cas, dans
vingt-quatre heures, l'État serait rendu ; que j'étais venu avec
les propositions du monde les plus crues ; que si, du moins, je
lui eusse apporté douceur pour l'affaire de Castro, comme serait
quelque espérance de lui donner des vaisseaux, encore qu'a-
près on n'eût pas envie de le faire, cela l'aurait pu cha-
touiller (1).

Mais l'objection fondamentale, essentielle, que le
duc de Parme devait formuler en dernier lieu, résu=
mait toutes les autres.

Rien ne peint plus fidèlement l'esprit de jalousie
et de rivalité, qui divisait alors les princes d'Italie

(1) Lionne à Mazarin. Plaisance, 27 mars 1643. Affaires étrangères. *Correspondance de Parme,* tome II.

entre eux : ce qui révoltait Odoard, ce qu'il considérait comme une injure à sa dignité, c'était d'envoyer
à Tortone des troupes que pouvait commander le
prince Thomas, et qui devaient, selon les probabilités, le tirer d'embarras. Aussi était-ce à lui, duc
de Parme, qu'on aurait dû offrir ce commandement ;
mais on n'y avait même pas songé. Il y avait là, à
l'entendre, un manque de convenances absolu. Il déclara donc à Lionne :

Qu'il était de race à cela, ses ancètres ayant toujours eu
cette prérogative ; que, lorsqu'il y avait eu un autre souverain
dans l'emploi, vieux capitaine et qui avait l'honneur d'être
beau-frère du roi, il n'avait point fait de difficulté d'aller
volontaire, mais qu'à présent qu'il est le seul souverain et
d'assez d'âge et d'expérience pour prétendre ce commandement, sans superbe, il ne voulait pas que le monde se moquât
de lui (1).

Lionne répliquait avec non moins de vivacité et
plus de justesse, qu'un pareil procédé aurait pour résultat infaillible d'irriter justement le prince Thomas,
et « qu'il fallait chasser les Espagnols du Milanais,
sans s'amuser à pointiller sur les préséances (2) ».

Mais précisément, le duc de Parme aurait plutôt
consenti à perdre Castro définitivement, qu'à céder

(1) Lionne à Mazarin. Plaisance, 27 mars 1643. Affaires étrangères. *Correspondance de Parme,* tome II.
(2) Lionne à Mazarin. Plaisance, 27 mars 1643. Affaires étrangères. *Correspondance de Parme,* tome II.

sur les préséances! Il termina l'entretien en annon-
çant qu'il allait dépêcher un courrier au roi
Louis XIII, pour se plaindre des mauvais traitements
qu'on lui infligeait, et qui ne tendaient qu'à précipiter sa ruine.

Cependant, le duc parut se raviser un instant et,
comme il avait grand besoin de renforcer son infanterie, il demanda à Lionne de lui faire envoyer
2,000 Français, ou la permission de les lever, moyennant quoi, il fournirait les blés qu'on sollicitait de
lui. Lionne s'étonna que le prince pût s'engager si
facilement à trouver tant de blés, après avoir juré si
catégoriquement qu'il en manquait, et les offrir maintenant à la France, sans crainte des Espagnols. A
quoi, Gofredi se borna à dire en raillant « qu'une
main lavait l'autre, et toutes les deux, le visage ».
Les choses tournaient donc à l'aigre et, sur cette
pente, une rupture éclaterait prochainement, s'il ne
survenait pas quelque puissante diversion (1).
Lionne était d'ailleurs fort préoccupé des accusations que le duc Odoard ne cessait de porter
contre Mazarin. Il redoutait d'abord qu'elles n'eussent pour résultat d'ébranler le crédit du cardinal à la cour. Il appréhendait ensuite qu'elles ne
lui fissent tort, à lui-même, dans l'esprit du nouveau

(1) Lionne à Mazarin. Plaisance, 27 mars 1643. Affaires étrangères. *Correspondance de Parme*, tome II.

premier ministre, qui se trouvait précisément attaqué avec vivacité par un prince, auprès duquel
Lionne remplissait une mission de sympathies et
d'assistance morale. Il avait eu un instant la pensée
de prier le duc de Parme de l'en relever, mais, dans la
crainte d'ajouter par sa précipitation aux embarras
politiques de son protecteur, Lionne se contenta de lui
exposer la situation, et de réclamer sa bienveillance :

Je supplie..... Votre Éminence, écrivit-il à Mazarin, d'avoir
soin et de prendre en sa protection mon honneur et ma réputation, laquelle peut souffrir quelque tache, si, pendant que
Son Altesse se déclare ennemie de Votre Éminence, l'on voit
que je continue à me mêler de ses affaires. Le monde qui ne
sait pas que Votre Éminence a toujours servi Son Altesse,
nonobstant ses escapades, pourra croire que je n'ai pas eu tous
les sentiments que je dois aux infinies obligations et à la
dépendance que j'ai d'elle. Et j'avoue à Votre Éminence que
j'aurais rompu en mon particulier, n'était que j'ai appréhendé
qu'on en attribuât le motif à l'envie que je puis avoir de mon
retour en France (1).

Mais des événements inattendus allaient donner
une autre direction aux inquiétudes de Lionne. Fa-
tiguée de voir le pape s'obstiner dans une occupation irrégulière de Castro, la ligue de Venise avait
résolu de rompre avec le Saint-Siége et de lui déclarer la guerre. Dès le 12 avril 1643, le comte Testi

(1) Lionne à Mazarin. Plaisance, 11 avril 1643. Affaires étrangères. *Correspondance de Parme,* tome II.

était arrivé à Plaisance, pour informer le duc de
Parme de cette décision et le pressentir sur la question de savoir dans quelle mesure Farnèse était prêt
à coopérer à son exécution. L'arrivée du comte Testi
à Plaisance ne devait précéder que de peu de jours
celle du duc de Modène en personne, et celle des
plénipotentiaires de Venise et de Florence, Corraro
et Guicciardin. A entendre le duc de Parme, il n'y
avait plus qu'un point à décider, c'était le mode
qu'on emploierait pour déclarer les hostilités. Deux
combinaisons étaient en présence, pour les gouvernements contractants de la ligue : ou bien rappeler,
avant toute autre manifestation, leurs ambassadeurs
et ministres auprès du pape, ou bien supprimer cette
formalité et commencer la guerre, sans prévenir
personne.

Enfin les princes alliés désiraient s'entendre sur
la façon la plus convenable d'aviser la France des
résolutions qu'ils venaient de prendre (1).

En apprenant ces importantes nouvelles, le premier soin de Lionne fut de les transmettre à Fontenay-Mareuil. Elles pouvaient décider le pape à se
jeter dans les bras de la France et à déposer entre les
mains du roi le duché de Castro, afin d'éviter une
guerre, qui tournerait fatalement contre le Saint-

---

(1) Lionne à Mazarin. Plaisance, 12 avril 1643. Affaires étrangères. *Correspondance de Parme*, tome II.

Siége. Mais, comme nous le verrons par la suite de
ce récit, la cour de Rome ne devait pas croire immédiatement au danger d'une ligue offensive, et ce
n'est que, vaincue et contrainte, qu'elle se résignerait
au sacrifice exigé d'elle. Du reste, les choses ne
marchaient pas du côté de la ligue avec la célérité
qu'on en attendait. Ce n'est que le 28 avril, que le
duc de Modène et les plénipotentiaires de Venise et
de Florence arrivèrent à Parme, où le duc Odoard
s'était rendu pour les recevoir. Voici ce qu'ils venaient lui proposer. Deux corps d'armée, comman-
dés, l'un par le grand-duc de Toscane et l'autre par
le duc de Parme, seraient formés pour attaquer conjointement les troupes pontificales du côté de Rome,
pendant que celles de la république et du duc de
Modène, investi du commandement général, feraient
une diversion du côté de la Lombardie. On se rap-
pelle que l'entrée du duc Farnèse dans la ligue de
Venise avait été réservée formellement par ses
contractants, et c'était l'adhésion de ce prince qu'il
s'agissait d'obtenir aujourd'hui.

Ces résolutions imprévues avaient jeté Lionne
dans les plus grandes perplexités, et il s'en ouvrait
à Mazarin dans les termes suivants :

Je considère, d'un côté, la passion que le roi a de voir Son
Altesse rétablie dans ses biens, afin qu'elle puisse concourir
aux autres desseins de Sa Majesté. De l'autre, il me semble

que je servirais mieux Sa Majesté, selon son goût, et me con-
formerais davantage à sa piété, si je pouvais faire en sorte
d'empêcher la rupture des princes contre l'Église et que l'affaire passât par négociation. Mais je ne sais par quel bout
m'y prendre, après l'opinion qu'a tout le monde qu'il est
inutile absolument de négocier avec M. le cardinal Barberini...

... J'ai feuilleté soigneusement toutes mes instructions pas-
sées et trouvé, dans le mémoire du roi, du 7 septembre, deux
articles concernant l'entrée dudit sieur duc dans la ligue. L'un
dit que le roi serait très-aise que la république de Venise, le
grand-duc de Toscane et le duc de Modène s'unissent avec
Son Altesse pour le recouvrement du duché de Castro, auquel
cas, la crainte que le Pape aurait que Sa Majesté se déclarât
aussi contre Sa Sainteté, l'obligerait à déférer à ses instances.
Le second porte en termes exprès : «.Si donc Son Altesse
peut conclure la ligue, non-seulement pour la défense de ses
États de Lombardie, mais aussi pour le recouvrement de
celui de Castro, même avec obligation de sa part de prendre
les armes, contre tous ceux qui voudraient attaquer les États
des princes confédérés, il semble que cela ne serait contraire
en façon quelconque à Sa Majesté, si bien que ledit sieur de
Lionne peut insinuer à Son Altesse qu'elle doit faire en sorte
que cette ligue se conclue ainsi (1). »

L'embarras de Lionne n'était donc que trop justifié. Jalouse, comme elle l'était, de son influence
sur le duc de Parme, la cour de France devait
craindre d'en perdre quelque chose, en le laissant
prendre place dans une ligue, dont les principaux

(1) Lionne à Mazarin. Parme, le 29 avril 1643. Affaires étrangères. *Correspondance de Parme,* tome II.

signataires conservaient encore tant de liens avec
l'Espagne. D'un autre côté, il n'entrait ni dans les
convenances, ni dans les intérêts du roi Louis XIII
d'assumer, même indirectement, la moindre responsabilité dans des entreprises, qui pouvaient attirer sur
le Saint-Siége les maux les plus redoutables. Pénétré de ces considérations, Hugues de Lionne fit prévenir directement le pape de ce qui se passait, par
l'entremise du père Mazarin, frère du cardinal,
récemment promu à la charge de maître du Sacré-
Palais, et dont la présence était signalée à Bologne.
En même temps, il s'efforçait d'obtenir des plénipotentiaires des princes, envoyés en mission à Parme,
des éclaircissements complets sur le caractère et le
but des résolutions qui venaient d'être concertées à
Venise, et auxquelles on voulait associer le duc
Odoard. D'après la déclaration de M. Corraro,
plénipotentiaire de la république, celle-ci, en pous-
sant à des résolutions extrêmes, avait voulu avant
tout « qu'il ne demeurât pas cet exemple à la postérité, que les papes pussent dépouiller un prince
catholique par une usurpation, que tout le monde
connaissait pour injuste, sans que les autres se
fussent remués pour le rédimer de cette vexation (1) ».

Nous avons déjà dit que le frère du cardinal

(1) Lionne à Mazarin. Parme, le 29 avril 1643. Affaires étrangères. *Correspondance de Parme,* tome II.

Mazarin se trouvait en ce moment à Bologne. Il s'y était rendu pour conférer avec le cardinal Antoine, qui exerçait dans cette ville les fonctions de légat. Aussitôt arrivé à Bologne, le père Mazarin avait invité Lionne à s'y arrêter quelques jours, lorsqu'il se rendrait à Florence. Le père Mazarin prétendait avoir qualité pour faire de nouvelles propositions, relativement au différend de Castro. Lionne, à peine remis d'une indisposition assez grave, avait répondu qu'il ne lui serait pas possible de se mettre en route, avant une quinzaine de jours et que, si le maître du Sacré-Palais tenait absolument à entamer plus tôt les négociations dont il se disait chargé, il n'avait qu'à venir jusqu'à Reggio, où l'envoyé français ne manquerait pas de se porter à sa rencontre. Lionne avait eu soin de se faire autoriser à cette démarche par le duc de Modène ; mais il apprit bientôt que le cardinal Antoine avait interdit au père Mazarin le voyage de Reggio. Dans ces conditions, il ne restait plus à celui-ci qu'à retarder son retour à Rome, afin d'attendre à Bologne la date que Lionne avait fixée pour son passage dans cette ville.

Cependant, par égard pour le frère du premier ministre de Louis XIII, Lionne avait songé alors à se rendre immédiatement à l'appel du maître du Sacré-Palais, sans avoir du reste la moindre illusion sur la portée des propositions qu'il était destiné

à recueillir de sa bouche. Mais, à cette nouvelle, le
duc Odoard s'était ému à son tour, et il avait instamment prié l'envoyé français de ne pas s'éloigner de
Parme.

M. de Parme, disait Lionne à Mazarin, a désiré absolument de moi que je ne fisse point ce voyage, dans les conjonctures présentes, de la chaleur que témoigne la ligue pour ses
intérêts, et m'a protesté qu'il avait avis de Rome, de ses confidents, que la mission du révérend père Mazarin était un artifice du cardinal Barberini, pour mettre jalousie entre la
France et la ligue, introduisant des négociations avec moi
pour faire croire que la France assisterait le Pape à un besoin
et se tournerait contre la ligue. Et en conséquence, Son Altesse
m'a prié que, si la France ne lui voulait pas faire le bien de
le remettre dans ses États, du moins elle ne lui fît point de
mal, empêchant l'effet de la bonne volonté d'autrui. Il m'en
a parlé avec tant d'ardeur que je n'ai pas cru pouvoir me
dispenser d'en user autrement, jugeant que, pour une chose
inutile, j'achèverais peut-être de perdre ce prince, qui n'a déjà
que trop de fantaisies en tête contre nous (1).

En présence de ces difficultés, Hugues de Lionne
finit par écrire au père Mazarin que, dans l'impossibilité où ils se trouvaient, le premier, d'aller à Bologne immédiatement, et le second, de venir à Reggio, celui-ci, en cas d'urgence, avait toujours la
ressource de lui envoyer ses propositions par dépêches chiffrées.

(1) Lionne à Mazarin. Parme, 29 avril 1643. Affaires étrangères.
Correspondance de Parme, tome II.

De cette façon, Lionne espérait suspendre momentanément l'incident et recouvrer sa liberté, pour surveiller attentivement les négociations décisives qui se poursuivaient alors à Parme. Mais il se trompait. Les courriers du père Mazarin se pressaient, et le dernier, arrivé le 30 avril, mandait que le frère du cardinal avait obtenu la permission de s'avancer au-devant de Lionne, jusqu'à Modène. L'entrevue devenait ainsi inévitable. Toutefois, avant d'effectuer son départ, Lionne crut devoir consulter encore le duc de Parme. Celui-ci fit les mêmes difficultés que la première fois, sans produire du reste la moindre impression sur son interlocuteur, habitué aux caprices d'humeur du duc et aux violences de son langage. Mais quel ne fut pas l'étonnement de Lionne, lorsqu'il rencontra des impressions analogues chez le duc de Modène, ainsi que chez l'ambassadeur de Venise?

Avec la netteté d'un homme qui a arrêté définitivement son parti, Lionne essaya de faire face aux objections des uns et des autres :

Je repartis à tous deux, écrit-il à Mazarin, qu'encore que le roi ne pût recevoir une meilleure nouvelle que d'apprendre la réintégration de M. de Parme dans son bien, néanmoins que la piété de Sa Majesté lui ferait toujours désirer plutôt que ce fût par négociation que par une rupture ; que peut-être M. le cardinal Barberini, voyant le péril, commencerait,

dès à présent, à se relâcher, et que cela n'étant pas, mon
voyage pourrait bien faire cet effet, qu'absolument je ne
voulais point avoir le blâme qu'on pût rejeter sur moi la rupture et les conséquences qui en viendraient, pour avoir refusé
d'entendre ; qu'après tout, il me semblait bien dur de réduire
le pape à cette nécessité que, voulant peut-être divertir
l'orage qui le menace, en proposant quelque parti raisonnable,
il ne trouvât seulement pas qui le voulût écouter. Je m'é-
chauffai si fort, que M. de Modène dit, après, à Son Altesse
qu'assurément il y avait quelque intelligence entre le pape et
nous, et je le fis exprès, que cette méfiance fît retarder de
quelques jours les résolutions extrêmes et que le cardinal
Barberini eût temps de penser à soi et de se résoudre à quelque chose de bon. Mais voyant à la fin ne me pouvoir arrêter
et que, même, je feignais que je me voulais mettre en chemin
pour le voyage vers le grand-duc, que je ne pouvais plus
différer avec bienséance, on procura que le marquis Guicciardin déclarât qu'il n'importait pas au grand-duc que je le
fisse un mois plus tôt ou un mois plus tard, et outre cela, ils
prirent un autre prétexte de la dignité de la ligue pour me
retenir, parce, me firent-ils dire, que si je partais, aussitôt
après la conférence, il semblerait qu'ils m'auraient prié
d'aller proposer quelque parti d'accommodement, dont M. le
cardinal Barberini tirerait avantage et pourrait publier que
la ligue, étant sur le point de rompre, recherchait d'accommodement, ce qui serait contre son honneur ; qu'ils me
priaient donc, si je voulais absolument m'aboucher, ou d'attendre encore quelques jours, ou que le père Mazarin vînt
jusqu'à Reggio et fît plus de chemin que je n'en ferais, afin
qu'il parût au monde que c'était lui qui me venait trouver et
était le demandeur. Sur quoi, je protestai à M. de Modène
et, après, à l'ambassadeur de Venise, que je ne voulais pas con-

tester impertinemment, ni pointiller sur dix ou douze milles de plus ou de moins avec le révérend père Mazarin; qu'outre qu'il était envoyé du pape et maître du Sacré-Palais, je lui devais tant de respect, étant frère d'un cardinal, chef du conseil du roi, que, s'il n'y avait que cette raison, je devais aller le trouver dans Bologne et y irais en effet; mais que l'autre, d'accorder à messieurs de la ligue qu'il ne semblât pas qu'ils m'eussent envoyé, me semblait plus équitable et qu'à leur prière, je ferais en sorte de différer encore quelques jours de voir le révérend père Mazarin. Je ne dis pas au long à Votre Éminence tout ce que M. de Parme avait fait auparavant pour me détourner d'y aller, protestant qu'il se rendrait mon accusateur envers le roi, si la ligue venait à prendre quelque résolution contre son service, qu'il me déclarait qu'il n'en voulait pas répondre et que tout me serait imputé (1).

L'entrevue eut lieu néanmoins presque aussitôt, avec toute facilité pour Lionne, puisque le père Mazarin s'était avancé jusqu'à Reggio, c'est-à-dire à une distance, de quelques heures à peine, de Parme. Le père Mazarin expliqua d'abord à Lionne qu'il avait désiré le voir, « comme un ami », avant de retourner à Rome, afin de discourir librement avec lui sur les affaires présentes et sans engager personne. A l'en croire, le Saint-Père était tout disposé à un accommodement, pourvu que, du côté de la ligue, « on ne lui voulût pas tenir le pied sur la

_____

(1) Lionne à Mazarin, 3 mai 1643. Affaires étrangères. *Correspondance de Parme*, tome II.

gorge »; mais, malgré les efforts de Lionne, l'envoyé pontifical refusa d'entrer dans aucun détail, sous prétexte que « le lieu de l'abouchement ne le permettait pas ». Il insista beaucoup en revanche afin que Lionne, lorsqu'il se rendrait à Florence, n'omît pas de s'arrêter à Bologne, pour conférer avec le cardinal Antoine, qui en manifestait le plus vif désir.

Il n'y avait donc pas à s'y tromper, le père Mazarin n'avait tant tenu à voir Hugues de Lionne que pour inquiéter la ligue, en lui donnant lieu d'appréhender, non pas que la France se coalisât contre elle avec le pape, mais qu'elle obtînt de ce dernier le dépôt de Castro, avant l'entrée en campagne des princes alliés. Aussi l'entrevue de Reggio avait-elle eu un grand retentissement, et, de tous côtés, Lionne était-il assailli de questions à ce propos, aussi bien de la part du duc de Modène que de celle du duc de Parme.

Au moment où Lionne avait fait la courte absence dont nous venons de parler, les conférences de la ligue étaient à la veille d'être closes à Parme. Dès le 1er mai, les négociateurs étaient retournés à Modène, après avoir expédié un courrier à Venise, pour faire connaître leurs résolutions à la République. Ces résolutions, nos lecteurs les connaissent déjà en substance. Elles consistaient essentiellement, nous le répétons, à former deux corps d'armée, l'un de 10,000 hommes d'infanterie, avec 2,000 hommes de cavalerie, destiné à opérer en Lombardie, sous les ordres du duc de Modène, et appuyé par une réserve de 6,000 hommes, que les Vénitiens devaient fournir et concentrer sur leurs frontières méridionales; l'autre corps, d'égale force, opérerait du côté de Rome; enfin la république et le grand-duc de Toscane enverraient des galères, pour tenter un débarquement sur la côte de Romagne (1).

Ces résolutions ratifiées, les ministres de Venise et du grand-duc à Rome seraient invités à quitter leur poste, « sans mot dire », et les princes alliés publieraient aussitôt un manifeste explicatif de leur conduite, manifeste qui serait transmis solennellement aux cours étrangères.

Hugues de Lionne avait recueilli tous ces renseignements de la bouche du duc de Parme, mais celui-ci s'était bien gardé de lui communiquer le texte des articles, si bien qu'on pouvait croire qu'il n'avait pas tout dit, et craindre que la ligue ne tournât, dans de certaines éventualités, contre l'intérêt français. C'était l'avis formel de M. des Hameaux, qui faisait part à Chavigny, dès le 25 avril 1643, de ses soup-

---

(1) Une partie de ce plan de campagne fut bientôt considérée comme dangereuse, et, vers le milieu du mois de mai, les contractants de la ligue la modifièrent.

çons à cet égard. Il voyait, dans les conférences de
Parme, le dessein d'engager le duc Odoard « au pré-
-judice du service du roi, quand l'on lui aura fait
restituer Castro (1) ». Hugues de Lionne ne se montrait pas plus rassuré.

J'ai témoigné souvent à M. de Parme, mandait-il à Mazarin, le 3 mai 1643, le déplaisir qu'aurait (le roi) d'apprendre
qu'il serait entré dans la ligue et par conséquent, hors de
moyen d'agir et s'agrandir dans le Milanais, ce qui était contraire aux offres qu'il avait, depuis peu, fait faire en France.
Sur quoi, il m'a répondu qu'il m'avait toujours dit que, pour
rentrer dans son bien, il se liguerait avec le Turc, s'il voulait
le lui faire rendre ; qu'il trouvait la ligue dans cette bonne
disposition et ne la devait pas perdre ; qu'il savait bien que le
roi l'approuverait, qu'il ne voulait pas demeurer sans appui,
mais qu'il ferait en sorte, par les ordres qu'il donnerait au
comte Scoti, de n'entrer point dans la ligue, que le dernier
courrier, qu'il avait envoyé en France, ne fût de retour, par
lequel il saurait si Sa Majesté a dessein de se servir de lui
dans le Milanais ; que, même y entrant après, il ferait en façon
de ne se lier à rien et demeurer libre ; ce que quand il ne
pourrait pas obtenir, il ne laissera pas d'espérer de servir un
jour Sa Majesté, en portant la ligue à concourir à ses bons
desseins pour l'Italie ; à quoi il sait bien que la république a
grandes inclinations et répond de M. le duc de Modène, l'occasion arrivant (2).

(1) Des Hameaux, à Chavigny, 25 avril 1643. Affaires étrangères.
Correspondance de Venise, tome LIII.
(2) Lionne à Mazarin. Parme, 3 mai 1643. Affaires étrangères.
Correspondance de Parme, tome II.

Ces assurances ne pouvaient que paraître vagues et insuffisantes, devant la réalité du péril. Les résolutions de la ligue, il n'y avait pas à s'y méprendre, s'éloignaient de plus en plus du plan si national de Richelieu, et ne tendaient, en définitive, qu'à rejeter les princes d'Italie à égale distance de l'Espagne et de la France, en démontrant l'inutilité des efforts faits par celle-ci pour améliorer la situation du duc de Parme. Lionne allait même beaucoup plus loin dans ses appréhensions. Rien n'était moins probable, selon lui, que l'admission de l'Espagne dans la ligue de Venise ; mais, en revanche, rien ne garantissait que le jour où celle-ci aurait atteint son but, du côté de Castro, elle ne se retournerait pas du côté du Piémont et ne mettrait pas la maison de Savoie sous sa protection, *per difesa di principi d'Italia,* comme disait le traité du 31 août 1642.

Les résolutions de la ligue et la voie dans laquelle elles allaient entraîner l'affaire de Castro, présentaient encore un autre inconvénient, que Lionne démêlait très-bien. Ses instructions lui ordonnaient de ne consentir à aucun arrangement, qui ne fût à l'avantage du duc de Parme. Elles étaient d'une observation facile, tant que le conflit de Castro restait circonscrit entre le pape et Odoard Farnèse ; mais la situation, sur ce point, allait se modifier du

tout au tout. Une fois la guerre engagée, les négociations concernant Castro ne manqueraient pas
d'être portées devant un conseil de ministres, dans
lequel seraient représentés les quatre gouvernements.

Je prévois, disait Lionne, que, sans doute, il arrivera qu'on
proposera tel parti d'accommodement que la ligue jugera raisonnable et dont, pourtant, Son Altesse ne voudra pas se contenter, et alors elle me voudra faire servir (de) jouet et m'o-
bliger à dire que Sa Majesté ne le trouve pas bon, sans
considérer si la ligue pourrait s'en offenser et se mettre contre
nous, sur la croyance que nous la veuillons entretenir en
guerre, en fomentant les caprices de ce prince (1).

Si Lionne avait été invité à se rendre à Florence,
c'était pour présenter les hommages et les félicitations de son souverain au grand-duc, à l'occasion
de la naissance de son fils, le prince de Toscane.
Cette démarche de courtoisie avait d'ailleurs, dans
les circonstances présentes, une signification politique très-claire, et Lionne n'avait prolongé son
séjour auprès du duc de Parme, au-delà de la première quinzaine de mai, que parce qu'il y attendait

(1) Lionne à Mazarin. Plaisance, 17 mai 1643. Affaires étrangères.
Correspondance de Parme, tome II. — Lionne s'était rendu de nouveau à Plaisance pendant quelques jours, afin d'être mieux à portée
pour suivre les opérations militaires que le prince Thomas venait
d'engager autour de Tortone.

des nouvelles positives, au sujet de la santé du roi Louis XIII, dont la mort avait déjà été annoncée. Mais, à partir de cette date, rien ne le retenait évidemment plus auprès d'Odoard Farnèse, dont le langage et les procédés devenaient chaque jour plus blessants pour lui. Les résolutions des plénipotentiaires de Parme tardant en outre à être ratifiées à Venise, Lionne crut le moment opportun pour prendre congé du duc. L'audience fut des plus froides, malgré un retour d'humeur d'Odoard, qui s'impatientait des lenteurs de la république et qui ambitionnait une sorte de commandement supérieur, dans les opérations militaires de la ligue (1).

De Parme, qu'il quitta vers le 18 mai, Lionne prit la direction de Bologne, où il s'arrêta pendant six jours, pour s'entretenir avec le cardinal Antoine Barberini. Mais, malgré l'imminence d'une guerre qui pouvait faire courir au Saint-Siége les plus grands dangers, les dispositions de la cour de Rome n'étaient pas changées, et le dernier mot du cardinal fut que, si le pape était attaqué et vaincu, il appartiendrait à Dieu de le défendre.

Cependant, afin de parer à l'éventualité d'une entente directe entre le Saint-Siége et l'Espagne, et de

(1) Lionne à Mazarin. Plaisance, 17 mai 1643. Affaires étrangères. *Correspondance de Parme*, tome II.

prévenir, dans la mesure du possible, les conséquences d'une invasion des États pontificaux, Lionne
essaya de s'entendre avec le cardinal, pour jeter sur
le papier les bases d'un nouvel arrangement, que
Fontenay-Mareuil pourrait utiliser, suivant les circonstances. La ville de Castro et la terre de Mon-
talte seraient remises entre les mains du roi, et
payées au duc de Parme, d'après les revenus pro-
venant de ces territoires, déduction faite des créances
des monts-de-piété romains. Contre l'ensemble de
ces stipulations, Lionne objectait que la valeur d'un
territoire ne se calcule pas uniquement d'après ce
qu'il produit, mais aussi, d'après son importance
stratégique, et il ajoutait que le remboursement des
sommes dues par Odoard Farnèse pouvait aboutir
à le dépouiller sans compensation. De son côté, le
pape s'engagerait à nommer deux ou trois cardinaux
à la dévotion de la France, sauf le cas où les candidats présentés appartiendraient à des familles
notoirement hostiles au Saint-Siége. Enfin, si le
duc de Parme refusait de souscrire à cet arrangement, il devrait y être contraint par la France,
d'après le cardinal Antoine; mais, selon Lionne, il
ne pourrait alors qu'être privé de la protection du
roi et abandonné à lui-même. Un article additionnel
portait que les articles qui précèdent resteraient per-
pétuellement secrets et que les deux parties ne se-

raient jamais admises à s'en prévaloir, sauf le cas
où l'une d'elles y manquerait (1).

Mais ce projet de traité n'était évidemment qu'un
jeu d'esprit, destiné à fournir, dans de certaines
éventualités, quelques points de repère à la France
et au Saint-Siége.

Autrement, il ne répondait en rien à la vérité de la
situation et ne pouvait faire illusion aux deux diplomates, qui avaient pris la peine de le discuter. Au surplus, la tentative était sans inconvénient, puisque tout
était réservé à l'acceptation du roi, qui, bien entendu,
demeurait maître absolu de ratifier ou de ne pas
ratifier l'arrangement de Bologne, ou son équivalent.

Lionne partit le 28 mai pour Florence. Chemin
faisant, il apprit la mort du roi Louis XIII, qui avait
succombé le 14 précédent.

J'ai été tellement surpris et étourdi de cet accident,
mande-t-il le 31, que, ne sachant quel parti prendre, je résolus
de m'arrêter à la poste la plus proche de Florence, et, de là, je
dépêchai à M. le grand-duc pour lui dire le sujet qui m'ame-
nait et savoir en quelle façon il voulait être servi. Je lui envoyai par la même occasion, et à Mᵐᵉ la grande-duchesse, les
lettres dont j'étais chargé, afin qu'ils vissent en tout cas les
preuves de l'affection de ce grand roi (2).

(1) Projet d'accommodement de Bologne, 27 mai 1643. Affaires
étrangères. *Correspondance de Parme*, tome II. Voir aussi *Correspondance de Florence*, tome IV (supplém.).

(2) Lionne à Mazarin. Florence, 31 mai 1643. Affaires étrangères.
Correspondance de Florence, tome IV (supplément).

Le grand-duc répondit qu'il ne pouvait recevoir officiellement, sans de nouvelles lettres, l'envoyé français, mais que, si Lionne voulait se contenter d'une audience privée, il serait le bienvenu. Celui-ci continua donc sa route et arriva à Florence le 30 mai. Dès le lendemain, il fut introduit chez le prince, qui lui fit un accueil des plus courtois, après lui avoir permis de se présenter sans habits de deuil. « Il m'a témoigné, raconte Lionne, grand déplaisir de l'accident arrivé à la France et croit que, si la paix n'a pas été faite dans la chambre du roi, avant sa mort, elle est maintenant plus difficile qu'elle n'eût été (1). »

Lionne ne fit qu'un séjour de très-courte durée à Florence, car, dans la seule dépêche qu'il adressa de cette capitale à Mazarin, il n'est question que de la fin de sa mission et de son retour en France. Plus aigri que jamais contre le duc de Parme, l'envoyé français conjure le cardinal de le rappeler.

J'ose supplier Votre Éminence, écrit-il..... de compatir à la juste occasion que j'ai de souhaiter de ne me mêler pas plus longtemps des affaires de M. le duc de Parme, après être décrédité près de lui, et de ne m'obliger pas d'entendre de Son Altesse, de tout moment, des discours que je ne souffrirais en quelque autre personne que ce fût, sans m'égorger avec elle (2).

(1) Lionne à Mazarin. Florence, 31 mai 1643. Affaires étrangères. *Correspondance de Florence*, tome IV (supplément).
(2) *Id., ibid.*

Nous rencontrons Lionne, quelques semaines plus tard, à Gênes. Il y trouva, à son arrivée, une lettre de Mazarin, écrite le 31 mai précédent, et qui était de nature à combler ses vœux, en lui permettant d'entrevoir à courte échéance la date à laquelle il serait autorisé à rentrer à Paris (1).

En effet, en présence des résolutions de la ligue de Venise, Mazarin avait jugé utile de tenter un nouvel effort pour résoudre pacifiquement le différend de Castro, et pour parer le coup qui menaçait l'influence française de l'autre côté des Alpes. Le cardinal avait donc décidé de rappeler Hugues de Lionne et de confier à un personnage, placé dans une situation plus élevée, le cardinal Bichi, qui possédait depuis long-temps toute sa confiance, la suite des négociations avec les princes d'Italie. Lionne était invité en même temps à se porter à la rencontre du nouveau pléni-potentiaire, pour conférer avec lui sur la situation, et, en réalité, à l'attendre à Gênes, puisque le cardinal Bichi, venant de France, devait y débarquer au pre-mier jour, se rendant à Parme. La lettre de Mazarin se terminait par les assurances les plus amicales et les plus bienveillantes en faveur de Lionne :

Dès que M. le cardinal Bichi sera arrivé... (à Parme) j'ai obtenu pour vous la permission de retourner en France, où je

(1) Lionne à Mazarin, 20 juin 1643. Affaires étrangères. *Correspon-dance de Gênes*, tome III.

tâcherai de vous procurer, auprès de la reine, la reconnaissance que vos services méritent. Vous aurez le contentement de trouver ici M. Servien, qu'elle a eu la bonté d'y appeler et vous trouverez toujours en moi toute la disposition que vous pourrez désirer pour l'avancement de votre fortune, et pour vous donner des marques de la véritable passion que j'ai dû vous faire paraître plus que personne du monde (1).

Ces lignes causèrent un véritable soulagement à Lionne, dont les rapports avec le duc de Parme n'avaient fait qu'empirer. Depuis le voyage du premier à Reggio et à Bologne, le second affectait de ne plus voir en Lionne qu'un agent du pape, et il ne répondait même plus à ses lettres, ni lui, ni son principal conseiller Gofredi. L'envoyé français ne pensait donc pas retourner à Parme et il était décidé à n'y accompagner le cardinal Bichi, qu'autant que celui-ci et le duc Odoard en exprimeraient le désir. Quant à la question de Castro, Lionne fondait peu d'espoir dans le prompt succès de la mission Bichi. Les instructions de Mazarin donnaient au nouveau plénipotentiaire la liberté de se mouvoir dans deux solutions, auxquelles la France était également prête à souscrire. L'une consistait dans la restitution de Castro, aux conditions que Lionne s'était efforcé tant de fois de faire prévaloir; l'autre assurait la même satisfaction au duc de Parme, mais seulement pour

(1) Chéruel. *Lettres de Mazarin*, tome I.

trois mois, au bout desquels la France s'entrémettrait,
afin de régler avec lui la nature et l'étendue des com--
pensations auxquelles ce prince aurait droit, en
renonçant à ses prétentions sur le duché de Castro.
De la première solution, le Saint-Siége continuait à
ne vouloir pas entendre parler; pour la seconde, elle
semblait toujours condamnée par les dispositions de
Farnèse.

Autrefois, ajoute Lionne, M. le duc de Parme l'eût acceptée;.
car je me souviens qu'il me dit un jour : « Que le pape me
rende Castro, et, quand je serai en possession et que, par ce
moyen, mon honneur sera à couvert, j'écouterai les propositions qu'il me fera pour le lui rendre, et, si j'y trouve mon
compte, nous aurons bientôt conclu. » Mais aujourd'hui la
chose est en d'autres termes et réduite à un point que Son
Altesse, après avoir engagé la ligue si avant qu'il a fait, ne
voudrait pas rentrer dans son bien, autrement que par force
et les armes à la main. Ceci est très-certain, et le lui ai ouï dire
à lui-même (1).

Les choses en étaient là, lorsque Lionne reçut du
bailli de Valençay, qui commandait un corps de
troupes pontificales à Castel-San-Giovanni, une lettre
pressante pour avoir à se rendre auprès du cardinal
Antoine, à Bologne. « Soyez bon piqueur et faites
diligence, disait la lettre, je vous jure sur mon hon-'

(1) Lionne à Mazarin. Gênes, 20 juin 1643. Affaires étrangères.
Correspondance de Gênes, tome III.

heur que vous serez content de votre voyage (1). »
Lionne ne crut pas devoir perdre un instant pour répondre à cette invitation, et il s'éloigna de Gênes,
dans le plus grand mystère, sans attendre le cardinal
Bichi, qui devait arriver le 24 juin (et on était au 20),
ni même le retour d'un courrier extraordinaire envoyé quelques jours auparavant à Parme (2)....

Quelles étaient donc ces propositions que le cardinal Antoine avait tant de hâte de faire à Lionne? Té-
moignaient-elles d'un revirement inattendu dans
les dispositions du Saint-Siége? S'agissait-il de la
restitution de Castro? Il n'était question, comme on
va s'en convaincre, de rien de semblable. Le cardinal Antoine avait tout simplement mis dans ses
projets d'utiliser ses relations amicales avec Mazarin
pour pousser sa propre fortune en France, et il allait
offrir beaucoup plus ses services personnels qu'une
solution pacifique et modérée du différend de Parme,
au sujet duquel il n'avait d'ailleurs pas de pouvoirs.

En se dirigeant vers Bologne, Hugues de Lionne

(1) Le bailli de Valençay à Lionne. Cento, 11 juin 1643 Affaires
étrangères. *Correspondance de Parme*, tome II.

(2) Tous ces voyages étaient fort coûteux, et Lionne avouait en
confidence à Mazarin que ses besoins d'argent étaient considérables. « Je ne sais, disait-il, si ce n'est point de l'effronterie de faire
ressouvenir Votre Éminence de l'*aiuto di costa* qu'elle avait eu la
bonté de me procurer ; je lui proteste que ces sortes de voyages me
consument en dépenses excessives. » Lionne à Mazarin, 20 juin
1643. *Correspondance de Gênes*, tome III.

s'était arrêté quelque temps à Parme, pour y voir le
duc Odoard, qu'il avait mis au courant du but de son
voyage; mais on ne trouve aucune indication positive
dans sa correspondance officielle, ni sur l'accueil
qu'il reçut du prince, ni sur l'entrée en scène du cardinal Bichi. Tout ce que nous savons, c'est qu'au
commencement du mois de juillet 1643, les deux négociateurs étaient réunis à Bologne, auprès du cardinal Antoine.

Quoi qu'il en soit, voici les ouvertures faites par
ce dernier à Lionne. La paix étant sur le point d'être
conclue, le cardinal Antoine avait eu l'idée de mettre
à profit son influence dans l'armée pontificale, dont
il exerçait alors le commandement, pour offrir à la
France environ 6,000 hommes de bonnes troupes,
moyennant les frais de transport, qu'il était prêt
d'ailleurs à avancer sur ses propres deniers. Fort
surpris de rencontrer dans le cardinal des sentiments si favorables à la France, Hugues de Lionne
voulut savoir à quels mobiles obéissait son éminent
interlocuteur. Celui-ci expliqua alors les raisons de
sa conduite. Elles étaient au nombre de trois, que
Lionne résume ainsi, dans un rapport au roi :

L'une (est) l'affection qu'il a pour la France, dont il sera ravi de
pouvoir donner quelques marques signalées en une affaire qui,
ne dépendant que de lui, ne lui peut être empêchée, comme plusieurs autres, où il n'a pas été le maître. La seconde, c'est qu'il

croit devoir à son honneur et à sa réputation de faire connaî-. tre au monde, par quelque démonstration extérieure, qu'il est mal satisfait de M. le cardinal Barberini, pour ne lui avoir point donné les assistances nécessaires à se bien défendre, et aussi, qu'il n'a point de part à la mauvaise conduite de son frère, lequel pouvant avec honneur, il y a un mois, faire la paix en rendant Castro, n'y a jamais voulu venir qu'après la rupture de la ligue, qui le lui fait par force dès le premier jour, avec grande honte pour le Saint-Siége. On peut ajouter à ces deux raisons une troisième que j'ai sue d'ailleurs, que ledit sieur cardinal veut, par quelque grand service à la France, s'assurer pour toujours la protection qu'il a de ses affaires en cour de Rome, ou plutôt celle du roi, pour sa personne et pour sa maison. Son Éminence m'a dit qu'elle ne capitule point avec moi, pour le service qu'elle aura à rendre de sa personne, s'assurant dans la bonté de Votre Majesté, qu'elle ne l'obligera à rien qui ne soit convenable à sa qualité et à sa dignité, offrant en ce cas d'aller servir en quelque lieu que Votre Majesté lui ordonne (1).

A partir de ce moment, la mission de Lionne en Italie était terminée, et il n'avait plus qu'à rentrer en France où Mazarin l'attendait. depuis quelques se- maines déjà, avec une grande impatience. « Il me soulagera beaucoup, avait-il écrit au cardinal Bichi, dès le 30 juin, dans les grandes occupations que j'ai (2). » Maître absolu de la situation de ministre dirigeant, surtout depuis la mort de Louis XIII, Ma-

(1) Lionne au roi. Mirabel-sous-Bologne, 4 août 1643. Affaires étrangères. *Correspondance de Rome,* tome LXXXI.
(2) Chéruel. *Lettres de Mazarin,* tome I.

zarin s'était séparé de Bouthillier et de son fils Chavigny et les avait remplacés, le 22 juin, par Loménie
de Brienne, afin d'exercer une action plus directe et
plus personnelle sur la marche des affaires extérieures. Dès lors, il était facile de prévoir que Lionne
allait devenir le principal confident et le meilleur
auxiliaire de Mazarin pour les questions diplomatiques. En effet, par lettres patentes de la reine en
date du 22 juillet, Hugues de Lionne était nommé
conseiller d'État. Sur ces entrefaites, une maladie,
qu'il qualifie lui-même de « plus ennuyeuse que
dangereuse », le retint au lit pendant près d'un
mois, à Mirabel-sous-Bologne. Mais bientôt sa santé
s'étant rétablie et le cardinal Bichi lui ayant déclaré
qu'il n'avait plus besoin de ses services, Lionne prit
congé de son successeur, au commencement de
septembre, et, après une courte excursion à Ferrare,
il se mit définitivement en route pour la France (1).

Telle est cette mission de Parme, qui est restée à
peu près ignorée jusqu'ici de la plupart des historiens du règne de Louïs XIII (2). Elle nous permet, après les cruelles leçons d'un passé récent,
d'admirer une fois de plus la prévoyance et l'ins-

(1) Lionne à Mazarin. Bologne, 10 septembre 1643. Affaires
étrangères. — *Correspondance de Rome*, tome LXXXI.

(2) M. Bazin, notamment, ne la mentionne même pas. Les contemporains la connaissaient mieux, et quelques-uns, comme l'historio-
graphe Vittorio Siri, l'avaient racontée dans ses plus grands détails.

tinct patriotique de Richelieu, qui n'avait pas dédai-
gné, au plus fort de ses préoccupations, d'accorder
un intérêt si vif aux affaires des princes d'Italie, et de
rechercher leur amitié, avec autant de suite et d'opiniâtreté que s'il se fût agi des plus puissants empires.

Quant à Lionne, malgré son zèle et son habileté, s'il
n'avait pas atteint complétement son but, après vingt-
deux mois d'efforts, il avait du moins réussi à raffer-
mir et à développer l'influence française à la cour de
Parme, et préparé le terrain à des alliances dont la
politique de Mazarin devait, peu d'années après, recueillir les fruits, notamment à Modène, à Rome et à
Naples (1). A un âge où il est si difficile de gagner la
confiance et de conquérir l'autorité, Lionne s'était imposé presque sans efforts, grâce à son discernement,
à sa finesse et à sa prodigieuse capacité de travail.

Mais, en proposant aujourd'hui son nom et ses services comme un modèle à l'imitation de la diplomatie
contemporaine, il faut aussi rendre hommage à la
perspicacité de ceux qui, comme Mazarin, avaient su
deviner et employer, de si bonne heure, les aptitudes
du neveu de Servien.

---

(1) L'affaire de Castro ne fut réglée définitivement, grâce à la
médiation de la France, que le 31 mars 1644, par le traité de Ferrare. Le pape restitua à Farnèse les duchés de Castro et de Ronci-
glione, et leva l'interdit lancé contre ses États. De son côté, le duc
de Parme évacua toutes les positions qu'il avait occupées dans les
États de l'Église.

LIVRE SECOND

AMBASSADE DE ROME

1654-1656

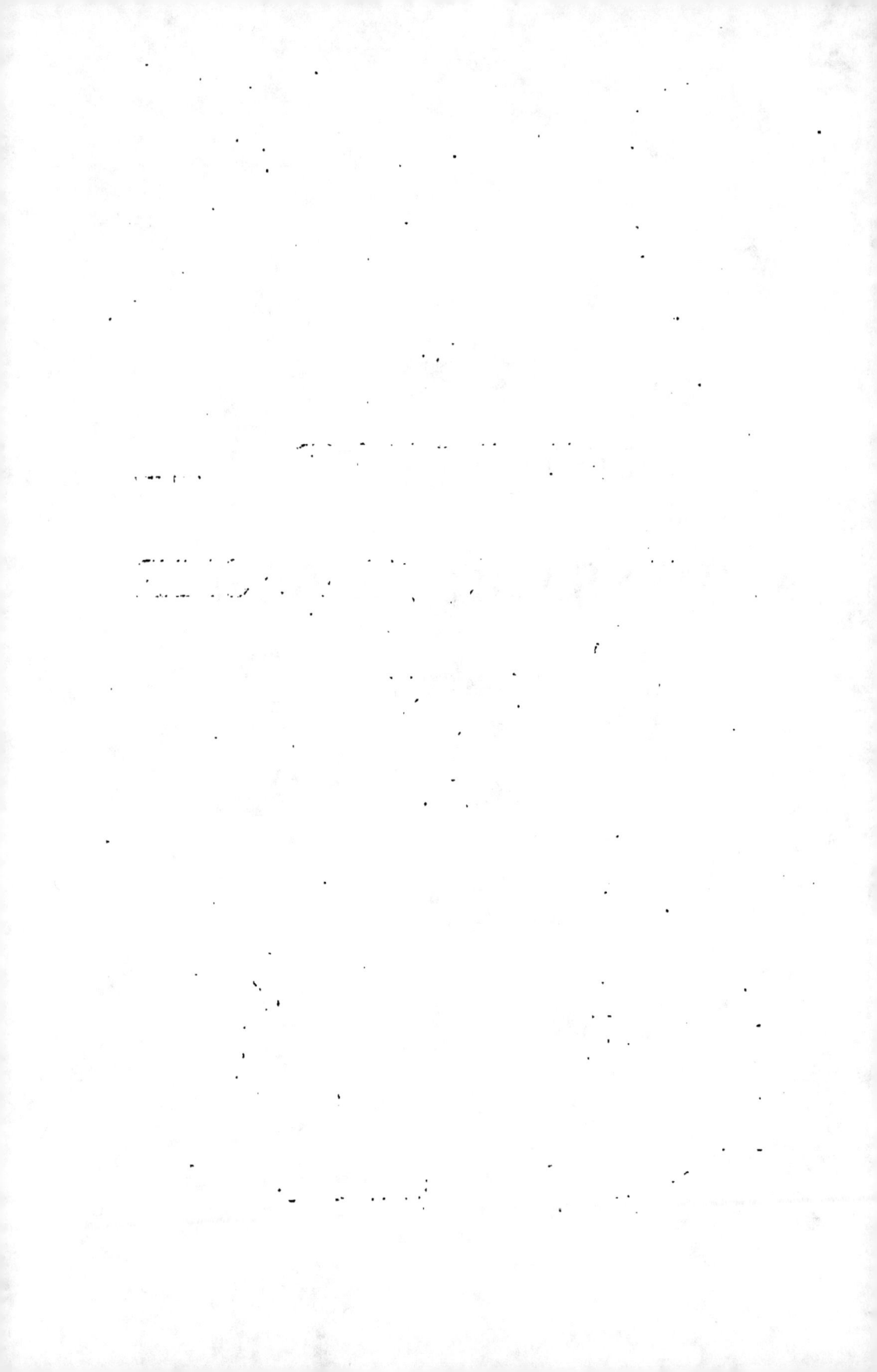

CHAPITRE PREMIER

Danger qu'il y a pour les hommes politiques d'avoir à combattre
des écrivains de génie. — Lionne et les *Mémoires* de Retz. —
Arrestation du coadjuteur en décembre 1652. — Son emprisonnement à Vincennes. — Retz et l'archevêché de Paris. — Trans-
lation du cardinal à Nantes. — Son évasion le 8 août 1654. —
Mesures rigoureuses prises pour maintenir sa démission d'archevêque de Paris. — Attitude bienveillante du pape Innocent X
à l'égard de Retz. — Animosité de la cour de Rome contre
Mazarin. — Conversation de l'évêque de Lodève avec le pape et
le secrétaire d'État. — Suspension des relations diplomatiques
entre la France et Rome. — Nécessité de les rétablir pour engager des poursuites régulières contre le cardinal de Retz. — Lionne
est nommé ambassadeur auprès des princes d'Italie et chargé de
la direction des affaires du roi à la cour de Rome. — Ses instructions lui sont données par l'archevêque Marca. — Difficultés
de la mission de Lionne. — Son départ à la fin de novembre
1654. — Il est arrêté, à Marseille et à Saint-Tropez, par le mauvais temps, pendant plus de vingt jours. — Arrivée du cardinal
de Retz à Rome. — Accueil affectueux que lui fait le pape. —
Les lettres de Retz aux archevêques et évêques du royaume, au
roi et à la reine mère. — Lettre du roi Louis XIV à Innocent X.
— Il est douteux que le souverain pontife, déjà très-malade, ait
pu en prendre connaissance. — Réponse supposée qu'il y aurait
faite, d'après un libelle anonyme adressé à Mazarin. — Mort d'In-

nocent X. — Les instructions du roi aux cardinaux du parti français, en vue du conclave. — Ouverture du conclave de 1655. —
Les scrutins. — Les partis. — Lionne n'arrive à Rome que le
22 janvier 1655, alors que l'accès officiel du conclave est fermé,
depuis deux jours, aux ambassadeurs étrangers. — Malgré ce
contre-temps, l'envoyé français se prépare à jouer un rôle politique considérable.

C'est un grand malheur pour un homme politique
de rencontrer dans les partis qu'il est obligé de combattre, par devoir et par conscience, un écrivain de
génie. Si, sur le terrain où l'ont entraîné ses ambitions, ce dernier est battu, il s'en venge par des
mémoires ou des écrits, que la postérité recueille tôt
ou tard et qui peuvent nuire aux réputations les
mieux établies, jeter une souillure sur les services les
plus brillants. Plus on s'éloigne des événements qui
ont servi de théâtre à ces polémiques, plus la véritable
perspective des passions qui les ont déchaînées s'ef-
face, et, au bout de cent ans, le public ne se contente
pas d'admirer la forme dans laquelle Saint-Simon ou
le cardinal de Retz, par exemple, racontent les
faits dont ils ont été les héros et les témoins,
mais il n'est que trop porté à prendre leurs récits
pour le dernier mot de la vérité historique.

Les observations qui précèdent s'appliquent,
croyons-nous, avec beaucoup de justesse à Lionne.
Dans le cours de sa carrière politique, celui-ci s'est
trouvé souvent en contact avec le cardinal de Retz.

Après avoir lutté contre lui pendant la Fronde, il a été obligé d'aller lui faire la guerre à Rome. Retz a perdu contre Mazarin une partie, qui n'a pas duré moins de dix ans; mais il a cédé dans sa vieillesse à la satisfaction de retracer les péripéties de son existence aventureuse, et, pour procurer quelque divertissement à une grande dame, éprise de son esprit, il s'est offert en quelque sorte la représentation écrite de tous les mouvements, de toutes les intrigues, de toutes les haines, qui avaient rempli la première moitié de sa vie. Un des hommes qu'il a le plus maltraités dans ses immortels Mémoires, c'est Lionne. Retz a dit de l'élève de Mazarin :

De Lionne n'était connu à Rome que comme un petit secrétaire de M. le cardinal Mazarin. On l'y avait vu dans le temps du ministère de M. le cardinal de Richelieu, particulier d'un assez bas étage, et de plus brelandier et concubinaire public. Il eut depuis quelque espèce d'emploi en Italie, touchant les affaires de Parme ; mais cet emploi n'avait pas été assez grand pour le porter d'un saut à celui de Rome, ni son expérience assez consommée pour lui confier la direction d'un conclave, qui est incontestablement de toutes les affaires la plus aiguë. Les fautes de ce genre sont assez communes dans les États qui sont dans la prospérité, parce que l'incapacité de ceux qu'ils emploient s'y trouve souvent suppléée par le respect que l'on a pour leur maître. Jamais royaume ne s'est plus confié en ce respect que la France, dans le temps du ministère du cardinal Mazarin. Ce n'est pas jeu sûr : il l'éprouva dans l'occasion dont il s'agit. M. de Lionne n'y eut, ni assez de dignité, ni assez de capacité pour tenir l'équilibre entre tous ces ressorts qui se démanchaient (1).

Nous le reconnaissons volontiers : il y a peu de portraits plus brillamment tracés dans les Mémoires de Retz ; mais il n'y en a pas de plus faux ni de plus injuste. Franchement, le cardinal de Retz est mal posé pour reprocher à un de ses contemporains d'avoir été brelandier et concubinaire. Après avoir fait étalage dans ses écrits d'une vie si dissipée et si immorale, il n'a guère le droit, semble-t-il, de dénoncer des écarts de même nature chez ceux qui auraient pu s'y livrer sans blesser les bienséances ecclésiastiques. Quant aux services que Lionne a rendus à son pays, ils marchent, selon nous, au moins de pair avec ceux que Retz invoque à son actif, et le lecteur impartial croira sans scrupule que, si quelqu'un, dans les hautes fonctions qu'il a occupées, n'a pas eu besoin du prestige du gouvernement qu'il représentait pour dissimuler les lacunes de son intelligence, c'est Hugues de Lionne.

Du reste, le hasard veut que la réfutation puisse se placer ici à côté de l'attaque. Retz a écrit la page qu'on vient de lire, à propos de la mission extraordinaire que Lionne remplit auprès du Saint-Siége, à partir

(1) *Mémoires du cardinal de Retz*, IIIe partie, chapitre Ier. Édition Charpentier.

du commencement de l'année 1655, jusqu'au mois
d'avril 1656 ; il y a ajouté de longs développements
sur son séjour à Rome, à la même époque, et sur la
lutte qu'il soutint alors, avec l'appui du pape Alexandre VII, contre le gouvernement français. Nous allons,
de notre côté, raconter les mêmes événements, d'après
la correspondance de Lionne, qui était chargé à ce
moment de défendre, auprès du chef de l'Église, les
droits de l'autorité royale contre les entreprises du
cardinal de Retz. Rédigées au fur et à mesure des incidents sans nombre qui ont marqué cette laborieuse
et ingrate négociation, les dépêches de Lionne ont
un accent de sincérité et de bonne foi qu'on retrou-
verait difficilement, à un égal degré, dans la narration
tardive d'un écrivain de génie, dont le principal soin
n'était pas certainement de respecter la vérité.

Reprenons les choses d'un peu plus haut. Le 19 décembre 1652, deux mois après la rentrée du roi
Louis XIV à Paris, le cardinal de Retz fut arrêté au
Louvre, par le capitaine des gardes Villequier, puis
conduit et enfermé au château de Vincennes. La mesure paraîtra sans doute fort rigoureuse, si on la juge
en elle-même, et sans tenir compte des circonstances
qui l'avaient précédée, sinon motivée immédiatement.
Mais, à une époque incertaine et troublée, au lendemain d'une sédition intérieure qui avait failli amener
la perte de la France, l'autorité royale avait agi pru-

demment, en s'assurant de la personne du révolution-
naire le plus dangereux de la Fronde. A cette date,
Mazarin était encore éloigné du territoire français;
il n'avait donc pris aucune part matérielle à l'arrestation de Retz. On est fondé à supposer qu'il l'avait
conseillée, mais on est sûr qu'il l'approuva hautement. Elle le délivrait en effet d'un ennemi redoutable et lui permettait de venir reprendre ses fonctions de premier ministre, sans inquiétudes aiguës
sur les difficultés qui l'y attendaient.

La captivité de Retz ne donna lieu à aucun incident,
pendant le cours de l'année 1653; mais il ne devait
pas en être de même, l'année suivante. L'archevêque
François de Gondi étant mort le 21 mars 1654, le
cardinal de Retz, son neveu et coadjuteur, fut mis
sur-le-champ en possession du siége de Paris, par
le chapitre. C'était là une complication qui ne pouvait
manquer d'effrayer la cour, en la mettant dans l'obligation d'élargir Retz, sous peine d'exciter les passions
religieuses du peuple de Paris, en faveur de son
archevêque. On préféra recourir à une autre solution.
Après une délibération du conseil d'en haut, les membres du chapitre furent mandés par le chancelier,
chez le roi, où ils reçurent communication d'un arrêt,
daté du 22 mars, qui leur notifiait l'incapacité du cardinal de Retz à administrer le diocèse de Paris. « Tous
les archevêques et évêques du royaume, était-il dit

dans cet arrêt, sont obligés de prêter serment de fidélité au roi, et, jusqu'à ce que ce serment ait été prêté et
que les lettres, expédiées sur icelui, aient été enre-
gistrées en la chambre des comptes, les revenus tem-
porels des archevêchés et évêchés demeurent saisis,
par droit de régale, sous la main du roi et sont régis et
gouvernés par les économes qu'il lui plaît d'établir à
cet effet (1). » Selon les docteurs du droit gallican,
le serment des évêques était plus qu'une formalité,
c'était l'application d'un principe essentiel de gouvernement. Le fait est que, de tout temps, le serment de
fidélité au roi avait été exigé comme la condition *sine
quâ non* de l'exercice régulier des fonctions épisco-
pales. Jusqu'à sa prestation, le droit de régale était
ouvert et le souverain disposait librement des bénéfi-
fices attachés à chaque siége. Comme l'expliquait à ce
propos le jurisconsulte préféré de Mazarin, pour les
affaires ecclésiastiques, M. de Marca, archevêque de
Toulouse, « l'hommage est rendu à la personne du
roi pour les biens féodaux qui appartiennent aux
évêchés, et le serment de fidélité, que doivent tous les
évêques sans distinction, ne se prête pas pour raison
de la personne, ni pour l'évêché, ni pour l'autorité
spirituelle précisément, mais pour raison de cette
autorité, en tant qu'elle est exercée par l'évêque sur

(1) Arrêt du roi en son conseil, 22 mars 1654, f° 589. Affaires
étrangères. *Correspondance de Rome,* tome CXXXI.

les sujets du roi (1). » L'arrêt du 22 mars disposait donc que la régale serait ouverte sur les prébendes et bénéfices de l'archevêché de Paris, tant que le cardinal de Retz n'aurait pas prêté le serment prescrit par les ordonnances, mais il prenait soin d'ajouter que le cardinal ne serait pas reçu à le prêter, jusqu'à ce que son « procès », pour raison de crime de lèse-majesté, eût été jugé.

Autant valait dire que jamais le gouvernement n'accepterait le cardinal de Retz pour l'archevêché de Paris.

Mazarin fit donc entamer sans retard des négociations avec le prisonnier de Vincennes, dans le but d'obtenir sa démission (2).

Les parents de Retz, circonvenus par des influences puissantes, s'entremirent dans ce but, et, après beaucoup de démarches et d'efforts, celui-ci consentit à faire le sacrifice qu'on lui demandait, moyennant sa mise en liberté et la cession de sept abbayes, d'un revenu de 120,000 livres.

---

(1) Mémoire de M. de Marca, décembre 1655. Affaires étrangères. *Correspondance de Rome*, tome CXXVIII.

(2) Pour tout le récit qui va suivre, nous renvoyons le lecteur notamment aux Mémoires de Retz et à ceux de Guy-Joli, mais nous avons évité à dessein d'en faire usage. Il nous a paru préférable, dans l'intérêt de la vérité historique, de ne recourir qu'aux relations officielles du temps, où l'exactitude matérielle des faits est plus scrupuleusement respectée.

Toutefois, comme la démission de Retz ne pouvait être valable qu'après la ratification du Saint-Siége, il fut convenu qu'on attendrait le consentement de la cour de Rome pour exécuter le traité. Mais, le château de Vincennes étant devenu pour Retz le plus odieux des cachots, on accorda au prisonnier la satisfaction de le confier à la garde du maréchal de la Meilleraye, pour être transféré au château de Nantes, où il resterait enfermé jusqu'à l'arrivée du bref pontifical, qui avait été sollicité par les parties intéressées.

Le roi, dit un mémoire manuscrit du temps, se chargea de sa conduite sur le chemin et le maréchal de la Meilleraye de son séjour, sur la parole de ce cardinal. Sitôt qu'il ne se vit plus d'autres liens que ceux de sa foi, il ne douta plus de sa liberté et il ne lui restait que d'assurer sa perfidie après sa fuite. La facilité qu'il avait à recevoir les visites et à converser ouvrit aisément le chemin à ses premières intelligences ; le siége de Stenay douteux, Arras désespéré (1), lui promirent non-seulement une retraite sûre, mais une entrée glorieuse dans Paris. La cour, instruite de ses menées par les lettres de ses émissaires, en envoya les avis au maréchal, avec ordre de lui retrancher ses fréquentations, dont il faisait un usage si pernicieux.

Le cardinal de Retz, pour mieux dissimuler, avoua l'importunité de tant de visites, et n'en demanda la continuation que

(1) L'Artois était envahi alors par le prince de Condé, à la tête d'une armée de 32,000 hommes.

pour deux ou trois jours, qu'il désirait employer à la réconciliation du duc de Brissac avec le duc de Retz, et de celui-ci
avec sa femme. Le maréchal ne refusa point ce bien commun
à la famille, qui devint par ce moyen l'innocente sollicitrice
d'une noire infidélité, car ce cardinal, sous l'apparence de
cette feinte réunion, fit un divorce scandaleux avec son propre
honneur, en s'échappant de son ami, contre l'obligation de sa
parole et de sa foi (1).

Il convient d'ajouter que, le pape n'ayant pas
ratifié la démission du cardinal de Retz, celui-ci put
croire avec quelque fondement qu'il n'avait fait que
changer de prison, et que l'heure de sa mise en
liberté ne sonnerait jamais. Il conçut donc le projet
de s'évader, et il l'accomplit le 8 août 1654, avec
des péripéties qu'il a racontées minutieusement.
Son intention, semble-t-il, était de profiter des
embarras militaires du gouvernement dans l'Artois,
pour se rendre directement à Paris, où son incontestable popularité lui assurait un accueil enthou-
siaste. Malheureusement pour lui, dans sa fuite,
Retz fit une chute de cheval qui lui démit l'épaule
et qui l'obligea à se retirer momentanément au
château de Machecoul.

L'évasion de Retz avait produit une impression

(1) Réponse à trois lettres du cardinal de Retz à Leurs Majestés
et aux évêques de France (manuscrit). Affaires étrangères. *Correspondance de Rome*, tome CXXVI, f° 479.

des plus pénibles à la cour, et causé une extrème
irritation à Mazarin. Le conseil du roi rendit aussitôt
un arrêt, interdisant aux vicaires généraux du diocèse
de Paris « de décerner aucun mandement, sans en
avoir communiqué » avec les ministres.

L'arrêt leur fut signifié le 15 août 1654, ainsi qu'à
tous les curés de Paris. En même temps, par un
autre arrêt, daté de Péronne, ordre était donné au
chapitre de se saisir de la juridiction de l'archevêque. Les chanoines, curés et vicaires généraux,
qui refusèrent d'obtempérer à cette invitation, furent
exilés. De son côté, le parlement ouvrit une procédure contre le cardinal de Retz, sans tenir aucun
compte des immunités qui le couvraient, comme
archevêque et comme dignitaire de l'Église, et une
commission fut nommée pour informer contre lui.
En présence de tant de rigueurs, le duc de Retz, qui
avait donné asile à son parent, l'exhorta à s'enfuir à
Belle-Isle, afin d'échapper au danger d'être appréhendé et jugé par des tribunaux qui n'auraient probablement aucun égard pour lui.

On voit assez, par ce qui précède, à quel mobile
obéissait Mazarin. Les mesures prises contre les
vicaires généraux de Paris, l'installation du chapitre à leur place, le procès intenté au cardinal de
Retz, tous ces actes, d'ailleurs irréguliers, n'avaient
qu'un but : rendre définitive la démission de ce

dernier et l'empêcher d'exercer sa juridiction archi-
épiscopale. Mais le cardinal de Retz n'était pas un
sujet ordinaire du roi. Comme prélat, il échappait à
la juridiction du parlement, et, comme cardinal, il
était justiciable de la cour de Rome. Il fallait donc
la coopération de celle-ci à la procédure qui se préparait, et personne n'ignorait, Mazarin moins que
tout autre, à quelles difficultés cette affaire allait
donner lieu.

L'Église catholique avait alors pour chef le pape
Innocent X. Des démêlés sans nombre s'étaient
élevés, depuis dix ans, entre le successeur d'Urbain VIII et la cour de France; les deux gouvernements avaient même été un moment en guerre, à
l'occasion des cardinaux Barberini, qui s'étaient
placés sous la protection de la France ét dont Innocent X avait confisqué les biens. De plus, dès son
arrestation en 1652, le cardinal de Retz n'avait cessé
de trouver appui et protection morale auprès. du
Saint-Siége. Innocent X avait essayé vainement
d'intercéder en sa faveur. Au commencement de
1653, après avoir écrit un bref pour demander la
mise en liberté du prisonnier, il avait envoyé à Paris
le vice-légat d'Avignon, en qualité de commissaire
ecclésiastique, pour prendre connaissance de l'affaire. Mais tel était, dans cette question, le parti pris
de Mazarin, justifié d'ailleurs par les plus hautes rai-

sons d'État, que le délégué du pape, une fois arrivé
à Vienne, s'était vu refuser le passage. On conçoit
combien ces procédés avaient blessé le souverain
pontife et pourquoi il avait montré si peu d'empressement, dans le courant de l'été de 1654, à sanctionner la démission de l'archevêque de Paris.

La vérité historique commande même de dire que
l'animosité d'Innocent X contre Mazarin avait pris,
à la suite de ces incidents, un caractère personnel.
Au mois de janvier 1654, l'évêque de Lodève, arrivé
récemment à Rome avec une mission du gouvernement du roi, avait eu occasion de conférer avec
le pape. Mais, comme le langage d'Innocent X
devenait très-amer contre la cour et les ministres,
le prélat avait essayé de se dérober, en revendiquant
sa qualité d'évêque français.

Le pape avait alors repris : « Je suis bien aise que
vous soyez Français. J'aime les Français et voudrais
que tous ceux qui sont auprès du roi fussent Français. » Le trait était vif, et il visait directement
Mazarin. L'évêque de Lodève ajoute dans sa dépêche
au cardinal :

Ce fut l'entrée de Sa Sainteté dans une invective contre
les étrangers qui gouvernent les États ... ; qu'il est honteux
pour la France, où il y a un si grand nombre de grands prélats, des gens habiles (?) dans la profession des armes et dans
la robe, d'être gouvernée par un étranger...; qu'il ne voulait

pas que l'empereur, les rois de France et d'Espagne se servissent pour leurs affaires, auprès de Sa Sainteté, d'autres personnes que de leurs sujets naturels et qu'il n'en souffrirait point
d'autres...; que Votre Éminence l'avait choqué et tâché de le
dégoûter de l'affection qu'il portait à la France par son exclusion au conclave, ce qu'il avait oublié et avait fait son frère
cardinal, parce que l'on lui disait que c'était le seul moyen
pour faire la paix générale (1).

Quant au secrétaire d'État d'Innocent X, le cardinal
Chigi, il semblait professer en apparence des sentiments plus modérés à l'égard de Mazarin. Le cardinal
Chigi avait exercé pendant plusieurs années les fonctions de nonce pontifical à Münster, et il y avait vu de
près la diplomatie française. Peu après, il avait eu
occasion de connaître Mazarin, lorsque, exilé par le
parlement, celui-ci résidait à Brühl, et d'apprécier
ses hautes qualités; mais il prétendait qu'à cette
époque et antérieurement, Mazarin s'était montré fort
hostile à la conclusion d'une paix honorable avec
l'Espagne, quand bien même cette paix, un moment,
« était faite et écrite entre les deux couronnes », et
il dénonçait, avec une égale amertume, toute une
série de mauvais procédés que le successeur de

(1) L'évêque de Lodève à Mazarin, 5 janvier 1654. Affaires étrangères. *Correspondance de Rome,* tome CXXVI. Sur l'exclusion d'Innocent X au conclave de 1644, et sur la promotion du père Michel
Mazarin au cardinalat, consulter les *Mémoires* de Fontenay-Mareuil,
de la collection Petitot.

Richelieu avait eus pour le pape dans diverses circonstances et notamment dans l'affaire du cardinal
de Retz (1).

D'ailleurs, depuis sept mois environ, la France
n'entretenait plus d'ambassade ordinaire auprès du
Saint-Siége. Le dernier titulaire de ce poste, le bailli
de Valençay, très-apprécié du pape pour son dévouement et sa piété, était parti en congé, dès la fin de
décembre 1653. L'évêque de Lodève, dont nous venons de parler, avait séjourné pendant quelque
temps à Rome, avec des pouvoirs spéciaux, mais
sans la qualité d'ambassadeur proprement dit, et il
était revenu en France, dans le courant du mois de
septembre 1654, après avoir terminé sa mission (2).

La politique de Mazarin pouvait supporter sans
efforts cette situation, tant que le gouvernement
français conservait sous sa main le cardinal de Retz.
Mais, par suite de l'évasion de ce dernier, les choses
avaient changé d'aspect. En refusant de ratifier sa
démission, le Saint-Père l'avait délié de ses engagements vis-à-vis de la cour, et dès lors il était à
craindre que, rendu à la liberté de ses mouvements,
Retz ne fût désormais en état de susciter au premier
ministre les plus graves difficultés, dans un milieu

(1) L'évêque de Lodève à Mazarin, 4 janvier 1654. Affaires étrangères. *Correspondance de Rome,* tome CXXVI.
(2) *Gazette de Renaudot,* année 1654, n° 148.

où l'influence de l'ex-coadjuteur n'avait fait que grandir par la persécution, avec la complicité ardente du parti janséniste, qui comptait parmi ses adhérents tous. les curés des principales paroisses de la capitale. Si l'on voulait, dans ces conditions, déposséder régulièrement Retz de son siége, il fallait donc, répétons-le, négocier l'assentiment de Rome et sa participation à la procédure, qui allait être ouverte, contre un dignitaire de l'Église, sous la prévention de crime de lèse-majesté.

Mais comment obtenir de pareilles concessions d'un pape, auprès duquel le gouvernement du roi n'entretenait même plus d'ambassadeur, et qui était habitué à considérer Mazarin comme son ennemi personnel ? L'habileté humaine a ses limites, et ici, c'était trop présumer d'elle que de vouloir amener Innocent X, qui avait toujours soutenu le cardinal de Retz, à prendre subitement parti contre l'archevêque de Paris. Innocent X s'engageait en effet, chaque jour davantage, dans la voie des représailles contre Mazarin; car, à la nouvelle de la délivrance du prisonnier de Nantes, le chef de l'Église s'était empressé de lui écrire, à la date du 30 septembre : « Ne doutez ..... aucunement que tout ce que vous nous avez fait savoir par vos lettres ne nous ait été très-agréable, et que nous n'embrassions de tout notre cœur la préservation et la protection de votre personne et de votre

Église (1). » Les chances étaient donc peu sérieuses
de réussir à faire de l'auteur de cette lettre, si bienveillante et si paternelle, un complaisant de ceux qui
voulaient poursuivre en justice l'archevêque de Paris.

Mazarin ne recula pas cependant devant cette entreprise et il fit appel à l'amitié et au dévouement de
Lionne. Nul ne possédait mieux que ce dernier les
secrets de la cour romaine, au milieu de laquelle il
avait passé plusieurs années de sa jeunesse. Comme
personnage politique, Lionne présentait en outre des
avantages qui l'adaptaient, pour ainsi dire, plus exactement que tout autre, à la situation qu'on lui destinait.
Son expérience diplomatique, acquise dans le commerce des plus importantes affaires du ministère de
Mazarin, était reconnue et appréciée universellement.
Mais Lionne, à peine âgé de quarante-trois ans, n'avait
pas encore occupé de grands postes à l'étranger, et
on n'était pas forcé, en l'envoyant à Rome, de lui
donner le titre d'ambassadeur ordinaire, qui eût trop
attiré les yeux sur sa mission et constitué une avance
prématurée à l'adresse du Saint-Siége. C'est vers la
fin d'octobre 1654, selon toute apparence, que sa
nomination fut arrêtée en principe, avec le titre
d'*ambassadeur extraordinaire aux princes d'Italie,
chargé de la direction générale des affaires de Sa*

(1) Bref du pape à M. le cardinal de Retz, 30 septembre 1654.
Affaires étrangères. *Correspondance de Rome*, tome CXXVI.

Majesté, en cour de Rome. La formule avait été choisie, comme on le voit, avec infiniment d'art, pour ménager à la fois les susceptibilités des deux cours et les intérêts de Lionne.

Les contemporains du cardinal Mazarin s'accordent à confesser qu'il était resté, toute sa vie, fort étranger aux questions religieuses et théologiques. Mais, dans ces circonstances, il avait l'habitude de recourir aux lumières d'un de ses conseillers les plus intimes et les plus fidèles, M. de Marca, archevêque de Toulouse. C'est ce prélat qui fut chargé de rédiger, dans le courant de novembre, les instructions destinées à Lionne, en vue du procès du cardinal de Retz.

Deux points, selon Marca, dominaient la négociation de Lionne : communiquer au Saint-Siége l'acte par lequel le procureur général, près le parlement, s'appuyant sur l'instance du roi, énumérait les chefs d'accusation à la charge de Retz, et insister afin d'obtenir de la cour de Rome des commissaires ecclésiastiques, chargés de se rendre en France pour informer contre le prévenu.

Le premier ne laissait pas que de présenter déjà des difficultés sérieuses. D'après le droit public, alors en vigueur, il appartenait aux procureurs généraux et à leurs substituts d'ouvrir des instructions contre tous les crimes, et de les déférer aux juges compétents. Toutefois, lorsqu'il s'agissait d'un crime de lèse-

majesté, la plainte de ces magistrats était adressée
d'abord au roi, qui prenait alors les mesures destinées
à sauvegarder la sûreté de l'État contre les entreprises
séditieuses, et qui désignait, suivant la condition des
accusés, les juges devant lesquels l'affaire devait être
portée. Appliquant ces principes à la personne du
cardinal de Retz, Marca rappelait que l'arrestation
de l'ex-coadjuteur avait eu lieu précisément pour prévenir les troubles qu'il allait exciter, après en avoir
déchaîné tant d'autres. Lionne ajouterait que l'intention du roi avait toujours été, alors et depuis, de recourir à la justice du pape, dont l'intervention était
nécessaire pour frapper Retz de peines canoniques.
Mais sur ce terrain, d'après les prévisions de Marca,
Lionne risquait de se heurter à des objections
graves, celle-ci par exemple : « Que le crime, qui
sera tenu pour capital dans le royaume, passera dans
Rome pour une faute légère et peut-être pour une
industrie et une adresse d'esprit, afin de parvenir à
ses fins (1). » Il n'y avait évidemment que la bienveillance du pape et son désir de consolider l'autorité
royale en France, qui pussent écarter cette objection. Mais était-il bien commode de peser sur l'esprit d'Innocent X, par de semblables considérations,
après tout ce que nous venons de voir?

(1) Note remise à Lionne par l'archevêque de Toulouse, novembre
1654. Affaires étrangères. *Correspondance de Rome*, t. CXXVI, fo 275.

Quant à l'envoi de commissaires ecclésiastiques en France, c'était pis encore, s'il devait avoir pour conséquence de faire juger à Rome la cause de Retz. Les droits de la couronne, disait Marca, « ne peuvent souffrir qu'un Français soit jugé hors le royaume, en quelque cas que ce soit, et moins encore, en crime de lèse-majesté, d'autant que les secrets de l'État ne doivent être connus et moins encore jugés par des personnes, qui n'ont point de part dans l'État ». Il importait donc de bien prévoir la nature des privilèges que le pape ne manquerait pas d'invoquer en pareille matière. Les concordats faisaient du chef de l'Église le juge des cardinaux, c'est vrai; mais les concordats ne disaient nulle part que leur procès dût avoir lieu à Rome même. Il fallait d'ailleurs observer que, pour les procès criminels, c'était une obligation absolue d'instruire sur les lieux, si l'on voulait confronter les témoins. « La considération de la qualité de cardinal ne doit point, ajoutait Marca, empêcher cette procédure, puisque, pour l'Espagne, qui n'est pas un royaume si privilégié que la France, le pape, à l'instance du roi, nomma des juges délégués pour y faire le procès au cardinal-duc de Lerma, accusé du crime de lèse-majesté, lesquels prononcèrent une sentence de condamnation contre lui (1). »

1) Note remise à Lionne par l'archevêque de Toulouse, novembre 1654. Affaires étrangères. *Correspondance de Rome*, t. CXXVI, f° 275.

Mais une simple réflexion détruisait ce savant échafaudage, et Marca était trop habile et trop précis pour ne pas la prévoir. En tenant ces raisonnements au pape, il eût fallu avoir sous la main, en France, l'accusé dont on voulait la condamnation. Or, cet accusé s'était enfui; il allait même, selon toute probabilité, se réfugier à Rome, et aucune stipulation concordataire n'obligeait le chef de l'Église à renvoyer de ses États un criminel étranger, qui était venu se placer sous sa protection. En conséquence, Marca donnait à Lionne le conseil de prendre les commissaires ecclésiastiques, à quelque titre que le pape consentît à les envoyer, pourvu cependant qu'ils ne fussent pas Italiens. Par négligence ou par d'autres raisons, ceux-ci « pourraient affaiblir les preuves »; puis, enfin, les lois du royaume n'autorisaient en aucun cas les étrangers à faire acte de juridiction contentieuse sur le territoire de la monarchie. La combinaison la plus pratique consisterait donc à déléguer à cet effet des prélats français, choisis sur une liste qui serait dressée par le gouvernement lui-même (1).

Tel était en substance l'objet de la mission de Lionne. Elle faisait la part large à son tact et à sa

(1) Note remise à Lionne par l'archevêque de Toulouse, novembre 1654. Affaires étrangères. *Correspondance de Rome*, tome CXXVI, fo 275.

force de persuasion : en d'autres termes, elle lui supposait une sorte de pouvoir magique sur les esprits
et les cœurs ; car, dans tout ce qu'il allait demander au
pape, il n'y avait rien qui ne fût formellement en contradiction avec les sentiments du chef de l'Église pour
Mazarin et pour le cardinal de Retz. Mais tel était le
renom d'habileté de Lionne, et la confiance du gouvernement dans ses capacités diplomatiques, que
l'unanimité du public, au dire de la *Gazette* de Renaudot, attendait un bon succès de ses négociations (1).

Nommé au commencement de novembre, Lionne
quitta Paris vers le 25 du même mois (2). Le choix
de sa personne semble avoir été accueilli avec sympathie par les cardinaux de la faction française, à
Rome. « Je considère comme très-prudente et très-
opportune la résolution prise par le roi d'envoyer ici
M. de Lionne, » écrivait le cardinal Bichi à Mazarin (3). Le cardinal d'Este, protecteur de France, ne
témoignait pas moins de satisfaction, en apprenant la
même nouvelle, et il se mettait complétement à la disposition de Lionne. « Je l'attendrai avec une impatience extraordinaire, disait-il, et avec le désir de le
servir dans tout ce qui dépendra de moi, avec un

(1) *Gazette de Renaudot,* année 1654, n° 148.
(2) *Muze historique de Loret,* novembre 1654, lettre 46ᵉ.
(3) Le cardinal Bichi à Mazarin, 23 novembre 1654. Affaires étrangères. *Correspondance de Rome,* tome CXXVI.

abandon complet pour ce qui me paraîtra répondre
au sentiment de Sa Majesté et de Votre Eminence (1).»

Lionne ne se rendit pas directement à Marseille;
il alla d'abord dans le Dauphiné, où il passa vraisemblablement quelques jours auprès de son père, qui occupait le siége épiscopal de Gap. De cette ville, il se
rendit à Avignon, où le vice-légat lui fit tirer le ca-
non, comme à un ambassadeur, le logea à son palais,
donna un bal en son honneur et finalement l'accompagna jusqu'à la frontière de l'enclave pontifical. Ce
n'est que vers le 14 décembre, que Lionne arriva à
Marseille. Il comptait s'y embarquer immédiatement;
mais une tempête épouvantable le retint, d'abord seize
jours dans cette ville, puis six autres à la Ciotat, si
bien que le 7 janvier de l'année suivante, il était encore à Saint-Tropez (2).

Ces retards étaient des plus fâcheux, car les circonstances, qui nécessitaient la présence d'un ambassadeur français auprès du Saint-Siége, devenaient
chaque jour plus graves et plus pressantes. Le cardinal de Retz, après son évasion de Nantes, s'était retiré
à Belle-Isle. De là, il avait gagné la côte d'Espagne,
où les émissaires de Mazarin prétendaient qu'il s'était

(1) Le cardinal d'Este à Mazarin, 23 novembre 1654. *Id., ibid.*
(2) Lionne à Servien, Marseille, 14 décembre ; à Mazarin, 14 et
22 décembre 1654 ; au même, Saint-Tropez, 7 janvier 1655. Affaires
étrangères.. *Correspondance de Rome,* tome CXXVI.

mis en relations avec les ennemis de la France. Puis,
le cardinal était passé en Italie, et finalement, il avait
fait son entrée à Rome, le 30 novembre 1654, où l'attendait son fidèle agent, l'abbé Charrier, chez lequel
il descendit. Dès le lendemain, 1er décembre, il fut reçu
par le pape, et, le même soir, par sa belle-sœur, la célèbre dona Olympia ; il se présenta ensuite chez tous
les cardinaux, à l'exception de ceux de la faction française. Le surlendemain, Innocent X, après lui avoir
prodigué les témoignages de la plus tendre affection,
lui fit remettre 4,000 écus par son trésorier et lui envoya plusieurs carrosses. « Nous voulons aider ce cardinal, avait ajouté le pape ; dites-lui de notre part qu'il
ne manquera de rien, et procurez-lui toutes les dou-
ceurs (1). » Le fait est que l'attitude du pape avait déterminé un grand mouvement de sympathies à Rome,
en faveur de Retz, dont l'épaule n'était pas remise,
ce qui l'obligeait à garder fréquemment le lit. En vain
avait-il été dénoncé comme janséniste ; les jésuites de
Rome ne s'étaient pas fait faute d'aller le voir, et cette
circonstance suffirait, à elle seule, pour montrer que,
dans la campagne politique qu'il poursuivait, Retz
cherchait partout des alliés, sans se soucier d'accorder
les opinions religieuses de ceux qui lui portaient de
l'intérêt. Il ne leur demandait que d'être influents, et

(1) Le père Duneau à Mazarin, 7 décembre 1854. Affaires étrangères. *Correspondance de Rome,* tome CXXVI.

comme l'influence résidait à Paris aux mains des jansénistes, tandis qu'à Rome elle appartenait aux jésuites, Retz cultivait sans scrupule l'amitié des uns
et des autres. Pour ne gêner personne, le cardinal
affectait une extrême modération de langage. « J'ai
su de ceux qui l'ont visité, écrivait à Mazarin un de
ses correspondants les mieux informés, le père Duneau, qu'il se dit très-fidèle serviteur du roi et plus
passionné pour sa grandeur que personne, mais qu'il
a rencontré quelques ministres qui ont mal pris ses
bonnes intentions (1). »

Enfin le pape mit l'empressement le plus caractéristique à régulariser la situation de Retz, en lui
donnant, dès le 7 décembre, en consistoire, le chapeau
de cardinal, que sa vie aventureuse ne lui avait pas
laissé le loisir de venir chercher auparavant.

Le père Duneau avait défini fort exactement
l'attitude de Retz. Celui-ci essayait de donner le
change sur ses actes politiques, en présentant les
persécutions qu'il avait endurées, comme l'effet d'une
animosité personnelle du cardinal Mazarin, et non
comme le résultat de la volonté du roi et de la reine-
mère, qui n'avaient jamais pu, à l'entendre, que le
considérer comme leur serviteur le plus dévoué. A
peine installé à Rome, le cardinal n'eut donc d'autre

(1) Le père Duneau à Mazarin, 7 décembre 1654. Affaires étrangères. *Correspondance de Rome*, tome CXXVI.

préoccupation que de reprendre publiquement ce rôle
et de faire parvenir à Paris de nouveaux écrits dont
l'opposition, comme nous disons de nos jours, s'em-
parerait avec d'autant plus d'avidité, que le gouvernement les interdirait avec plus de rigueur, et les
poursuivrait avec plus d'éclat. D'ailleurs, tout ce qui
allait sortir de sa plume semblerait avoir reçu l'approbation préalable du pape, dont Retz était devenu l'hôte
et le protégé, et les coups qu'il dirigerait, dans ces
conditions, contre Mazarin, atteindraient ainsi plus
directement leur but.

En effet, le 14 décembre, le cardinal fit paraître à
Rome une lettre aux archevêques et évêques de
France, dont le retentissement ne pouvait manquer
d'être considérable. Cette lettre figure, comme on
sait, dans les Mémoires de Retz. Elle est donc assez
connue pour qu'il soit inutile d'y insister ici. Nous
rappellerons seulement que c'est un morceau d'incomparable éloquence, qui suffirait à lui seul pour
faire de son auteur un des prosateurs français les
plus achevés. Des doutes se sont élevés cependant
sur la part véritable que Retz a prise à sa rédaction.
L'épreuve imprimée qui est conservée aux archives
des Affaires étrangères, et qui porte plusieurs cor-
rections à la main, ne permet pas de douter que cette
lettre ne soit l'œuvre du cardinal. Et quel autre que
lui aurait pu écrire des phrases comme celles-ci?

Tout Paris a vu, c'est-à-dire tous les peuples qui me sont
soumis, comme à leur archevêque, dans cette capitale du
royaume, ont vu avec autant de douleur que d'étonnement
que la délivrance de leur prélat, qui avait été peu auparavant
l'objet de leur joie publique, était devenue l'unique sujet d'une
cruelle proscription contre sa personne, d'une sanglante diffa-
mation contre son honneur et d'une honteuse profanation de
sa dignité sacrée. Croirez-vous, Messieurs, ce que j'ai eu de la
peine à croire moi-même, avant que de l'avoir lu de mes
propres yeux, qu'on ait traité un archevêque dans la propre
ville de son siége, comme on aurait fait un bandit et un
capitaine de voleurs? Qu'on ait affiché, dans toutes les places
et aux coins de toutes les rues, des placards qui ne le désho-
norent pas seulement par des injures et des calomnies, mais
qui l'exposent à toute sorte de violences par des ordres bar-
bares et inouïs, contre la vie et la liberté d'un des princes de
l'Église...? etc... (1).

Ces pages brûlantes visaient Mazarin, et ce qui ajoutait, comme nous le disons plus haut, à la portée de
ces invectives, c'est qu'elles paraissaient à Rome, sous
le couvert du pape, qui semblait en avoir favorisé la
publication.

Mais en même temps qu'il faisait appel, en termes
à peine déguisés, à une nouvelle révolution, pour
renverser le premier ministre du roi, Retz envoyait
au jeune souverain et à la reine, sa mère, l'expres-

(1) Lettre de Mgr l'éminentissime cardinal de Retz..., etc. Imprimé in-folio, avec la mention à la main : imprimé à Rome. Affaires
étrangères. *Correspondance de Rome*, tome CXXVI.

sion d'un dévouement sans limites. Au roi, il disait :
« Je ne me suis rendu, Sire, auprès du pape, qui
est mon juge, que pour faire mieux connaître mon
innocence à Votre Majesté et pour tirer plus fa-
cilement l'Église de Paris, que Dieu m'a commise, de la confusion en laquelle on l'a voulu jeter
pendant mon absence (1). » Le langage de Retz à la
reine-mère n'était ni moins habile, ni moins obsé-
quieux : « Le plus sensible déplaisir que j'aie eu, lui
écrivait-il, pendant toutes les persécutions que j'ai
souffertes depuis deux ans, a été celui de me voir privé
de l'honneur des bonnes grâces de Votre Majesté et
des moyens de lui pouvoir donner des preuves de mon
innocence et du zèle que je conservais dans mes liens,
pour son service (2). » En terminant Retz osait demander à la reine sa protection auprès du roi.

Mais ces habiletés n'avaient de prise que sur les
ennemis de Mazarin. La cour, le gouvernement
avaient déclaré à Retz une guerre impitoyable, et
c'était l'évidence qu'ils ne s'en laisseraient détourner
par rien.

Peu de jours après le départ de Lionne, on apprit
à Paris que le cardinal avait quitté l'Espagne, avec

(1) Le cardinal de Retz au roi. Rome, 14 décembre 1654. Affaires
étrangères. *Correspondance de Rome,* tome CXXVI.
(2) Le cardinal de Retz à la reine. Rome, 14 décembre 1654.
Id., ibid.

l'intention d'aller se fixer à Rome. Immédiatement,
Mazarin résolut d'engager le roi dans l'affaire de Retz
par une démarche personnelle. Une lettre royale fut
donc écrite au pape, à la date du 12 décembre 1654,
pour être remise à Innocent X par l'ambassadeur extraordinaire, qui venait de lui être envoyé. Cette lettre
débutait par une longue énumération des crimes de
l'ancien coadjuteur, depuis son entrée dans la Fronde
jusqu'au moment où, après s'être évadé du château
de Nantes, il avait conspiré à Saint-Sébastien, avec
les agents du prince de Condé et les chefs « de la dernière rébellion de Bordeaux ». Le roi, en présence
de tant d'audace, se disait à bout de patience et rejetait sur le chef de l'Église, qui n'avait pas voulu accepter la démission du prélat, la responsabilité du
scandale qu'allaient causer les mesures rigoureuses,
décrétées contre un membre du Sacré-Collége.

- A Dieu ne plaise, ajoutait le roi, que nous voulions croire ce
que lui et ses adhérents ont publié partout : que la lenteur de
Votre Sainteté en cette occasion et les prétextes qu'elle a pris
de n'avoir point reçu de lettres dudit cardinal et de vouloir
entendre de sa propre bouche les motifs de cette démission,
n'aient été que des défaites alléguées de concert avec lui, pour
avoir lieu d'attendre le succès de son évasion et des trames
qu'il ourdissait contre le repos de notre État. Nous aimons
mieux nous persuader qu'en cela, comme en tout le reste, il
impose à Votre Sainteté, de même qu'à nous, et qu'aussi, elle
prend grand intérêt à son châtiment, non-seulement pour

faire voir au monde la fausseté de ces bruits, mais aussi pour
satisfaire à la justice, qui ne permet pas qu'on laisse impunies
l'imposture et la méchanceté d'un homme si indigne du caractère qu'il porte. C'est pourquoi nous avons donné charge au
sieur de Lionne de demander de notre part à Votre Sainteté
des commissaires délégués, pour informer des faits ci-dessus
et autres, dont ledit cardinal se trouvera atteint, afin que,
comme criminel de lèse-majesté incorrigible et (s'il faut ainsi
dire) relaps et tout à fait abandonné, bref, comme rebelle, séditieux et perturbateur du repos public, il soit puni exemplaire-
ment, avec la sévérité qu'il mérite (1).

Cette lettre, nous venons de le dire, devait être remise au pape par Lionne ; mais il faut croire qu'elle
arriva à Rome bien avant l'ambassadeur, et admettre
qu'elle tomba en copie, par suite d'une indiscrétion,
ou autrement, entre les mains des amis du cardinal de
Retz. Car il résulte d'une pièce sans signature, portant
la date du 30 décembre 1654, et rédigée sous forme
de rapport à Mazarin, que la lettre dont il s'agit fut
mise sous les yeux d'Innocent X, dans les derniers
jours de cette même année, entre deux crises de la
maladie à laquelle il devait succomber, au commencement de l'année suivante. Vrai ou supposé, le récit de
l'auteur nous apprend que le pape entendit la lecture
du réquisitoire du roi contre Retz, et qu'arrivé au

(1) Lettre du roi à notre saint-père le pape, touchant les affaires
du cardinal de Retz. Paris, 12 décembre 1654. Affaires étrangères.
Correspondance de Rome, tome CXXVI.

passage où les crimes de ce dernier étaient énumérés, le souverain pontife ne put retenir une exclamation et ajouta, d'après le correspondant anonyme de Mazarin :

Qu'il connaissait votre style. *Vox Jacob, manus autem Esaü,* et que Votre Éminence était un *importuno · exageratore di bagatelle;* que le cardinal de Retz n'avait point d'autre crime que votre aversion et que, *senza vostra gelosia, sarebbe più puro che un bambino dappoi battesimo.*

A la fin de l'entretien, le pape aurait dit, toujours d'après le même correspondant :

Pauvre France, malheureuse ville de Paris ! tes pasteurs sont chassés. Ceux qui te conduisaient sont exilés ; on traite injustement ton archevêque de criminel ; des usurpateurs, par un attentat sacrilége, ont pris la conduite de l'Église et s'ingèrent dans le régime des âmes qui ne leur sont point commises ; les sacrements sont exposés à la profanation ; les consciences sont en péril ; les bons ecclésiastiques sont persécutés, parce qu'ils ont le zèle de Dieu ; le schisme s'en va formé ; l'Angleterre..... Sa Sainteté ne put achever sa dernière pensée, car les larmes lui tombant des yeux avec une extrême abondance et étant comme étouffées par la violence de ses sanglots, ses médecins et ses domestiques nous firent signe de nous retirer pour le pouvoir soulager. Nous étions six cardinaux, qui sortîmes de la chambre du pape, et tous, la larme à l'œil (1).

(1) Lettre d'un cardinal à M. le cardinal Mazarin, pour réponse à ses lettres du 12 décembre 1654. Affaires étrangères. *Correspondance de Rome,* tome CXXVI.

En terminant, le narrateur de cette scène, dramatisée évidemment à plaisir, affirme que la cause de
l'archevêque de Paris est, aux yeux de la cour de
Rome, celle de toute l'Église, et que l'affaire peut
susciter un schisme, tant le pape est convaincu qu'elle
n'a d'autre fondement que la jalousie personnelle du
cardinal Mazarin contre un prélat éminent, dont il
semble prendre plaisir à augmenter la considération,
au détriment de là sienne propre. Retz a sans doute
trempé dans la rédaction de ce libelle, où la vérité
est si peu respectée; mais les sentiments qu'on y
attribue à Innocent X, à l'égard de Mazarin, sont
rigoureusement conformes, nul ne saurait le contester, à l'attitude et au langage de ce pape, dans la
dernière partie de son pontificat et jusqu'à sa mort.

Celle-ci survint le 6 janvier 1655. Elle était prévue
depuis plusieurs mois déjà, et Mazarin n'avait pas
manqué de prendre ses précautions en conséquence.
Dans la constitution de l'ancienne Europe, l'élection
d'un pape était considérée comme le facteur principal de l'équilibre européen, surtout pour des États,
comme la France, qui avaient tant de priviléges à
demander à la cour de Rome et à faire maintenir
par elle, et dont l'influence politique s'exerçait souvent en raison directe de leur intimité avec le chef
de l'Église. Les puissances catholiques mettaient
donc en jeu tous les ressorts de leur diplomatie

pour agir sur les conclaves, et, en même temps
qu'elles usaient du droit d'exclusion, afin d'écarter
les candidats qui leur étaient hostiles, elles ne recu-
laient devant aucun moyen de pression pour favoriser ceux dont les sentiments leur inspiraient plus
de confiance. Un ou plusieurs membres du Sacré-
Collége leur servaient d'organes, dans ces importantes négociations; on les appelait les cardinaux
protecteurs. La France, l'Espagne, le Saint-Empire
et plus tard le Portugal entretenaient donc officiellement à Rome des cardinaux protecteurs de leurs
affaires. Au moment opportun, ils recevaient des
instructions précises de l'ambassadeur ou du souverain, et le conclave une fois commencé, ils étaient
tenus de déployer le plus grand zèle pour servir les
intérêts qui leur étaient confiés.

Le chef de la faction française à cette époque
n'était autre que le cardinal d'Este, frère du duc de
Modène, dont Lionne avait préparé si habilement
autrefois, lors de sa mission de Parme, l'entrée au
service de la France. C'est donc à ce prélat que le
roi Louis XIV avait envoyé ses instructions, en
vue du conclave, dès la fin du mois de décembre
1654. Transmises à leur adresse, sous pli rigoureusement cacheté, elles ne devaient être ouvertes qu'a-
près la mort du pape, et le cardinal était invité à les
« déchiffrer lui-même, sans les confier à ses secré-

taires. » Bien plus, dans le cas où le souverain
pontife, alors dangereusement malade, viendrait à
recouvrer la santé, le roi exigeait que son instruction lui fût «renvoyée, cachetée au même état qu'elle
aura été reçue ».

Ces détails montrent l'importance qu'on attachait,
dans l'ancienne monarchie, à l'éventualité d'une élection pontificale. Ici, du reste, la situation parlait
d'elle-même. Les rapports de la cour de France
avec Innocent X avaient été tels, que c'était, pour
Mazarin, une question de vie ou de mort d'éloigner
du trône pontifical les créatures les plus compro-
mises du pape défunt, et celles qui avaient épousé
toutes ses animosités. Après avoir indiqué les noms
qui, dans cet ordre d'idées, lui inspiraient le plus
d'antipathies, et énuméré ceux qui devaient rallier
plus particulièrement les suffrages des cardinaux
dévoués à la France, l'instruction royale abordait
le chapitre des exclusions formelles. Elles étaient
au nombre de deux. L'une portait sur le cardinal
François Barberini, l'ancien premier ministre d'Urbain VIII; l'autre, sur le cardinal Chigi, secrétaire
d'État d'Innocent X.

C'est le service de Dieu principalement, disait le roi, qui
oblige Sa Majesté d'en user de la sorte à l'égard du cardinal
Barberini, n'ayant que trop sujet de croire que cet esprit,
qui n'a ni règle, ni mesure, et n'est pas d'accord avec lui-

même; qui n'est rempli que de jalousie, d'envie et de vengeance; qui, pour un démêlé particulier, ne fit pas scrupule d'allumer la guerre en Italie, avec tant de préjudice de la dignité du Saint-Siége et tant d'abaissement de la gloire du pontificat de son oncle, mettrait la chrétienté sens dessus dessous et ruinerait l'Église. A quoi l'on peut ajouter aussi l'ingratitude qu'il a fait paraître, en quittant le service du roi d'une manière tout à fait outrageuse, et oubliant les obligations extraordinaires qu'il avait à Sa Majesté, lorsque, fugitif et persécuté par le même pape, lequel il avait élevé au pontificat contre la volonté du roi, Elle lui donna retraite, assistance et protection, sans s'arrêter au ressentiment que le pape en eut, et même nonobstant que ledit cardinal Barberini, du vivant de son oncle, eût donné, en toutes rencontres, des marques d'une grande aversion pour la France et n'eût rien oublié pour faire perdre à ce bon pape l'inclination qu'il avait pour cette couronne (1).

Ces raisons pouvaient passer pour décisives. Au surplus, le cardinal Barberini semblait, dès ce moment, n'avoir que très-peu de chances pour être porté au trône pontifical. Sa nature incommode et son caractère dominateur, autant que les péripéties de sa carrière politique et religieuse, excédaient le tempérament d'une assemblée modérée, calme, et naturellement peu accessible, dans sa masse, aux personnalités trop accusées. Mais le cardinal Barberini

(1) Instruction du roi pour le conclave...., etc., décembre 1654. Affaires étrangères: *Correspondance de Rome*, tome CXXVI.

n'en restait pas moins fort redoutable, comme chef
de parti, et, s'il ne disposait que de peu d'influence
pour sa propre élévation, rien ne démontrait qu'il
n'en aurait pas davantage pour neutraliser les démarches de la faction française.

L'autre exclusion, formulée par l'instruction du
roi, était dirigée contre le cardinal Chigi. Ici, toutefois, le terrain était plus délicat. Parvenu à l'épiscopat, sous Urbain VIII, et au cardinalat, sous Innocent X, Chigi devait compter des amis nombreux
dans le Sacré-Collége, et, comme il avait passé plusieurs années hors de Rome, en qualité de nonce,
on s'était habitué à voir dans son élévation la récompense de services, d'autant moins contestés qu'ils
n'avaient donné d'ombrage à personne. Mais Mazarin
n'avait oublié ni l'attitude, ni le langage de Chigi,
lorsqu'il représentait le Saint-Siége à Münster ; aussi
l'instruction du roi dénonçait - elle ce candidat,
comme un homme sans « savoir, ni vertu solide »
et n'ayant à son actif qu'une « simple littérature
superficielle et pédantesque et une apparence d'ecclésiastique zèle, qui n'est qu'illusion ». Dans cette
voie, la plume de Mazarin était intarissable et elle
achevait le portrait de Chigi, avec les traits suivants :

Il a le cerveau rempli de fausses maximes, touchant les
affaires du monde et les intérêts des princes chrétiens, d'autant plus dangereuses en sa personne qu'il a une présomption

incroyable et qu'il abonde en son sens, au-delà de toute expression, et, pour conclusion, il est si fort animé contre la France qu'il n'a pu s'empêcher de faire éclater son animosité en toutes rencontres, ayant écrit et publié partout qu'il n'a tenu qu'à elle que l'on ait fait la paix à Münster, dans le même temps qu'il touchait au doigt le contraire (1).

Évidemment, en faisant écrire ces lignes au roi, Mazarin ne prévoyait guère que, quatre mois après, le cardinal Chigi serait élu pape, même avec l'appui de la faction française. Au contraire, le premier se plaisait à croire que la jeunesse du second et son origine siennoise, qui lui vaudrait probablement l'exclusion du grand-duc de Toscane, constituaient autant de circonstances nuisibles à son succès. Le roi invitait donc le cardinal d'Este à combattre Chigi, en réglant la netteté de son langage sur les chances que réunirait la candidature du secrétaire d'État d'Innocent X. Enfin, la dépêche royale se terminait par l'invitation de tout mettre en œuvre pour que le futur pape ne tînt pas « son exaltation de la faveur des Espagnols ».

D'après les probabilités, l'instruction de Louis XIV n'arriva à Rome qu'après la mort d'Innocent X ; elle y arriva cependant avant Lionne, que l'état de la mer retenait encore à Saint-Tropez, le 7 janvier. Ces

(1) Instruction du roi pour le conclave..., etc., décembre 1654. Affaires étrangères. *Correspondance de Rome*, tome CXXVI.

retards pouvaient causer un grave préjudice aux
intérêts français, d'autant mieux que l'affaire du cardinal de Retz se trouvait forcément suspendue jusqu'à l'avénement du nouveau pontife, et que le gouvernement du roi devait attacher le plus grand
prix à ce que le choix du Sacré-Collége se portât sur
un pape animé d'intentions conciliantes à son
égard.

Mais le conclave ne pouvait attendre l'ambassadeur français. Conformément aux dispositions qui
régissent la tenue de ces assemblées, l'entrée au
conclave s'ouvrit le 8 janvier 1655. Le 18, les cardinaux reçurent la visite officielle des ambassadeurs
étrangers, et, le 20, les scrutins commencèrent.

Le conclave de 1655 a donné lieu à beaucoup de
relations écrites, dont quelques unes, comme celles
de Retz et de Guy-Joli, sont présentes à toutes les
mémoires. Les archives des Affaires étrangères en
possèdent une autre qui nous semble présenter de
l'intérêt, même après celles que nous venons de
rappeler. Elle est manuscrite et due probablement
à la plume de quelque conclaviste français, témoin
exact et sans passion. Son récit manque de couleur;
il est enchevêtré et d'une lecture assez difficile, mais
il abonde en détails précis et qu'on chercherait vainement ailleurs. Voici comment il décrit l'opération
des scrutins :

Le dernier des maîtres des cérémonies va par tout le conclave, trois fois en une heure, le matin à six heures, l'aprèsdîner à deux heures, pour avertir les cardinaux; sonnant une clochette, disant : *ad capellam, Domini* ; de sorte qu'au dernier son, un conclaviste porte l'écritoire de son patron dans la chapelle du scrutin, qui est de Sixte IV, et l'autre tient sa chape et son bonnet, près cette chapelle. Les cardinaux sont vêtus de violet, avec le rochet, *sede vacante.* Entrant dans cette chapelle, il prend sa chape qui ressemble à celle d'un moine ; c'est un manteau qu'on serre avec une agrafe et on tire la tête du camail par-dessus le haut de la chape. Cet habit est fort modeste, et n'a aucun rapport à leurs chapes des cérémonies publiques.

Le parterre de la chapelle, au fond de laquelle est ce tant renommé jugement de Michel-Ange, est couvert d'un drap vert, et les bancs des deux côtés où se mettent les cardinaux, le doyen à la tête, à main gauche en entrant et le premier diacre à main droite. Il y a une longue table au-deçà de l'autel, sur laquelle, aux deux extrémités, il y a deux bassins remplis de bulletins imprimés pour le scrutin ; et, pour l'accessif, deux calices au milieu ; pour ces deux sortes de bulletins, un sac dans lequel le dernier des cardinaux diacres met des boulettes sur lesquelles sont imprimés les noms des cardinaux pour tirer au hasard les trois scrutateurs, les trois réviseurs et les trois infirmiers, pour aller recueillir les suffrages des cardinaux malades ; il y a ensuite sur cette table le tableau du serment que chaque cardinal doit lire, devant qu'il mette son bulletin dans le calice..... Chaque cardinal se nourrit en son particulier. Ils ne mangent point ensemble : ils se font bien quelques régales de vins et autres friandises ; leur famille leur apporte leur manger par le dehors avec masse et grand cortége, à cause que c'est en public, ce qui

est contre les formes. Ils ne doivent avoir qu'un plat à
chaque repas. Plusieurs y observaient de la modestie, mais
les Médicis, Antonio, d'Este témoignaient trop de faste. Le
cardinal de Retz aussi; il voulait relever sa disgrâce par cette
pompe. Quand cette pompe arrivait au tour, pour passer dans
le conclave, il y avait un prélat qui changeait tous les jours et
qui visitait les plats et les corbeilles, pour voir s'il n'y avait
point quelques lettres... Après cela, les conclavistes, assistés
des *facchini*, le recevaient au dedans, en présence d'un maître
des cérémonies (1).....

Pour l'intelligence des chapitres suivants, il n'est
pas hors de propos de tracer la physionomie générale
des partis, dans le conclave de 1655.

La faction française n'y était représentée que par
cinq cardinaux : Antoine Barberini, Bichi, Este, Grimaldi et Ursin. Le premier était connu surtout par
son humeur fantasque et mobile ; il était impossible
de faire fonds sur lui ; il entretenait d'ailleurs des amitiés et subissait des influences directement contraires
aux vues du roi. Le second, par sa science, sa finesse
et l'universelle considération dont il jouissait, constituait à lui seul une force pour la France ; malheu-

(1) Relation du conclave de 1655. Affaires étrangères. *Correspondance de Rome*, tome CXXIX. On pourra consulter avec fruit, sur
la tenue des conclaves, le *Traité de l'élection du pape*, par Jérôme
Bignon, récemment réimprimé, d'après l'édition de 1655, et le manuel
intitulé : *Election et couronnement du souverain pontife*. Paris.
J. Lecoffre, 1846.

reusement, il était engagé depuis trop longtemps et
trop ostensiblement à son service, pour pouvoir exercer, dans le conclave, une autorité prépondérante.
Quant au cardinal d'Este, esprit très-timoré, il se
montrait presque uniquement préoccupé des avantages de sa maison; aussi n'apportait-il dans la défense
des intérêts qui lui étaient confiés qu'un zèle incom-
plet et même une sorte de tiédeur. Restaient Grimaldi et Ursin, qui ne témoignaient à la cause du
roi qu'une affection fort restreinte, l'un s'étant posé
souvent, jusque-là, comme un adversaire de Mazarin
et l'autre ayant conservé des liens avec l'Espagne.

En revanche, la faction espagnole, beaucoup plus
nombreuse, se faisait remarquer par son activité et
se présentait dans tous les scrutins avec l'appareil de
la puissance. On distinguait parmi ses adhérents les
deux Médicis, Trivulzio, Colonna, Caraffa, Brancac-
cio, Capponi, Durazzo, Filomarini, d'Harach, de
Hesse, Ludovisio, de Lugo, Montalto, Malduchino,
et six ou sept autres. Il convient cependant de faire
observer que cette faction ne brillait pas par une
discipline rigoureuse : il était en outre de notoriété
publique, à Rome, que plusieurs de ses membres se
montraient, suivant l'occasion, accessibles à d'autres
sollicitations que celles de l'Espagne.

Venait ensuite la faction Barberini, c'est-à-dire le
groupe des cardinaux qui obéissaient nominalement

à l'impulsion du cardinal François, mais qui en réalité la lui donnaient, parce que l'ancien premier ministre d'Urbain VIII n'était, selon l'expression d'un témoin de ses actes au conclave, que le « chef d'un corps qu'il n'animait pas ». Cette faction était presque aussi nombreuse que la précédente, mais elle avait l'avantage de compter dans ses rangs l'ami le plus dévoué de Mazarin, celui dont le premier ministre de France désirait passionnément l'élévation, le cardinal Sacchetti. Carpegna, Ginetti, Spada, Palotta, Rapaccioli, Sainte-Suzanne, Carlo Barberini, en faisaient également partie.

Toutefois, malgré l'inégalité de leurs forces, les trois groupes qui précèdent ne réunissaient pas les éléments d'une majorité, au sein du conclave. Celle-ci dépendait exclusivement de l'attitude d'un quatrième groupe, dont Retz a d'autant mieux décrit les mouvements, qu'il y a pris une part plus suivie; il s'agit de l'escadron volant (1). Il se composait de cardinaux jeunes, alertes et presque tous indépendants au même degré, vis-à-vis des gouvernements étrangers. Bien qu'ils dussent leur élévation au défunt pape, ils se trouvèrent dégagés de toute obligation envers sa mé-

(1) En effet, l'élection n'a pas lieu à la majorité simple. Bignon dit à ce sujet : « ... Pour élire et créer un pape, il faut qu'il y ait les deux tiers des voix de tous les cardinaux qui sont dans le conclave... »

moire, par la démission de son neveu, le cardinal
Pamphile.

Ils résolurent alors, comme dit Retz, « de se servir
de leur liberté pour affranchir le Sacré-Collége de cette
coutume, qui assujettit à la reconnaissance, des voix
qui ne devraient reconnaître que les mouvements du
Saint-Esprit ».

Dix d'entre eux firent donc, en entrant au conclave,
une déclaration publique dans ce sens, ce qui ne laissa
pas de mécontenter vivement la faction espagnole.
Or, pour prouver d'un mot tout ce qu'il y avait
de décisif dans l'attitude de l'escadron volant, il suffira de mentionner que le successeur d'Innocent X,
le cardinal Chigi, fut précisément choisi dans son
sein.

Tel était l'état des partis au moment où commencèrent, en l'absence de l'ambassadeur du roi, les scrutins du conclave de 1655. Lionne, en effet, n'arriva à
Rome que le 22 janvier, c'est-à-dire le surlendemain
du jour où l'accès officiel du conclave avait été fermé
aux représentants des gouvernements étrangers.

Il descendit au palais du cardinal Mazarin et s'y
installa en grande pompe, avec six laquais qu'il avait
amenés et huit estafiers qu'il enrôla sur les lieux.
Mais il n'était pas sans appréhension sur le préjudice
que pouvait causer aux intérêts français son arrivée
si tardive. Envoyé à Rome pour une mission spéciale,

qui échappait à toute action diplomatique, pendant la
vacance du Saint-Siége, il se trouvait jeté inopiné-
ment sur un autre terrain et dans la plus lourde des
négociations, sans avoir eu les moyens de l'aborder
par des conférences préliminaires avec les cardinaux,
qui attendaient ses instructions.

Mais ce n'était pas en vain que la cour de France
avait compté sur le savoir-faire et l'habileté de Lionne,
pour se retourner et se diriger au milieu d'une situation si délicate et si enchevêtrée. Familiarisé avec les
secrets de la cour romaine, par le séjour qu'il avait
fait en Italie douze ans auparavant; habitué depuis,
par de longs services dans le cabinet de Mazarin, à
manier tous les ressorts de la politique française,
Lionne allait se mettre à l'œuvre sans hésitation, et
se jouer avec aisance dans ce labyrinthe dont il tenait
le fil conducteur.

Rien ne saurait donner une idée plus exacte de la
physionomie des anciens conclaves, que les assemblées parlementaires modernes. De part et d'autre,
c'est la même activité et le même fractionnement dans
les partis. On les voit d'abord se mesurer et prendre
plaisir à se faire échec; puis, fatigués de la lutte, s'entendre, par voie de concessions réciproques, et créer
une majorité qui annule toutes les dissidences. Nous
ne voudrions à aucun degré paraître irrespectueux
envers le conclave de 1655, mais nous n'hésitons pas

à dire qu'après s'être épuisé inutilement dans plus
de cent cinquante scrutins, le Sacré-Collége se décida
à élire un pape au bout de trois mois, comme certains
parlements se sont résignés de nos jours à voter une
constitution.

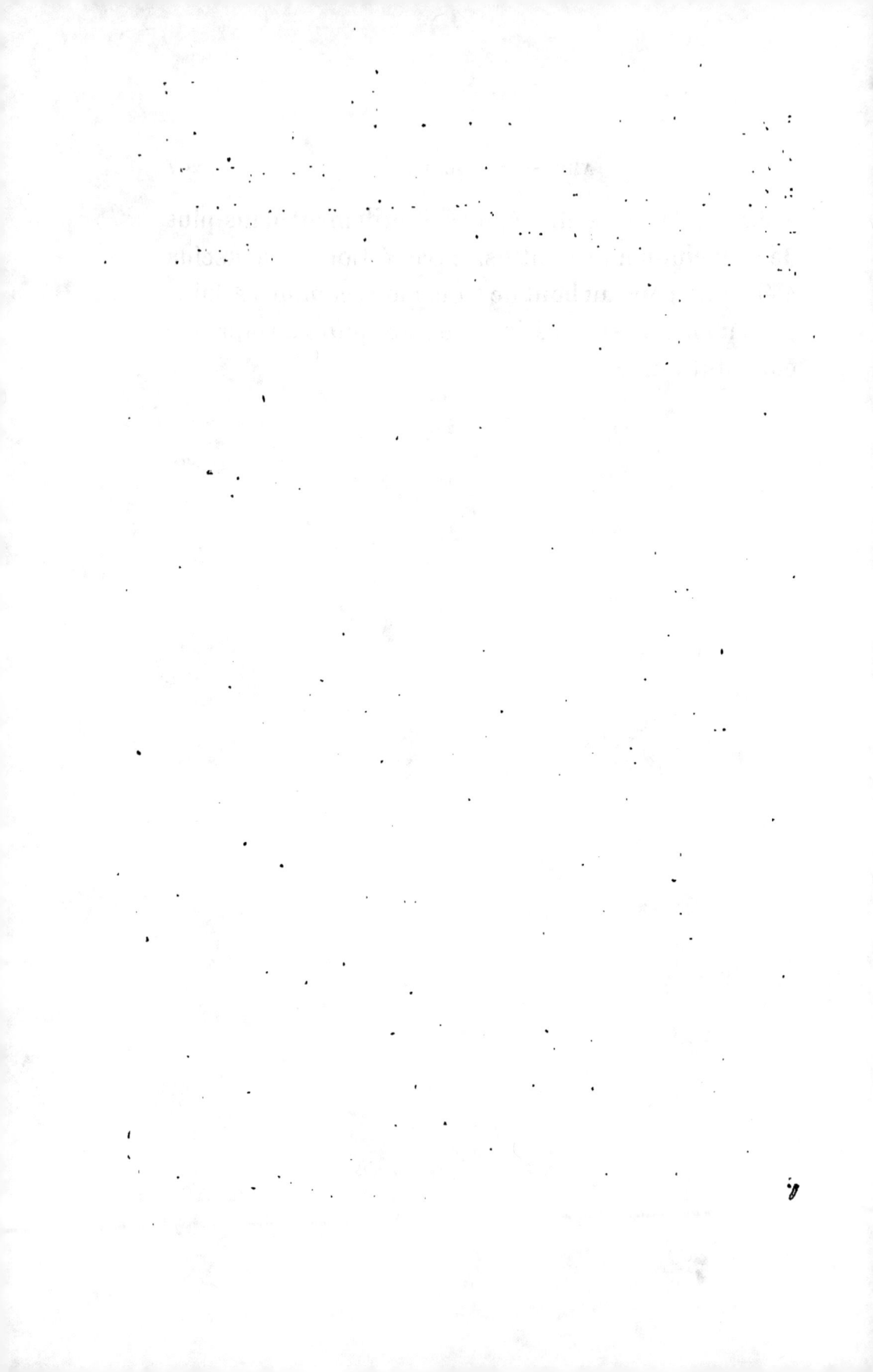

CHAPITRE II

Lionne prépare une exposition orale devant le conclave. — Il y renonce, de peur d'être mal placé pour se faire entendre, et se résout à envoyer au Sacré-Collége une note écrite. — Modifications et atténuations que les cardinaux du parti français demandent dans la rédaction de cette note. — Lionne s'y soumet. — Moyen de communication de Lionne avec le conclave. — Les conclavistes du cardinal Antoine. — La candidature de Sacchetti. — Celle de Rapaccioli. — Décadence de la candidature de Sacchetti. — Lettre de celui-ci à Mazarin. — Lionne, pour éviter Chigi, paraît vouloir s'accommoder de Rapaccioli. — L'exclusion de Chigi est révoquée. — Celle de Rapaccioli est formulée. — Explication violente de Lionne avec le cardinal Antoine. — Derniers efforts en faveur de Sacchetti. — Lionne autorise les cardinaux du parti français à voter pour Chigi. — Élection d'Alexandre VII, le 7 avril 1655. — Dépêche de Lionne au roi. — Le droit d'exclusion au XIX⁰ siècle. — Attitude de Retz pendant le conclave. — Sa protestation contre une note de l'ambassadeur d'Espagne. — Un exemple de polémique officieuse dans la *Gazette* de Renaudot. — Condamnation de la lettre de Retz aux archevêques et évêques de France. — Mesure de rigueur contre les résidents français à Rome, qui entretenaient des relations avec le cardinal de Retz. — L'expéditionnaire Bouvier. — Mémoires et brochures consacrés à la réfutation de la lettre de Retz. — Illusions de Lionne sur les dispositions d'Alexandre VII à l'égard de l'ex-coadjuteur. — Première conversation de l'ambassadeur du roi avec le nouveau pape. — On y échange autant d'épigrammes que de compliments.

A peine Lionne eut-il pris possession de son poste, qu'il résolut de se mettre en communication avec le

14

conclave, pour lui faire connaître officiellement les intentions du roi, non quant aux personnes, ce qui constituait un domaine réservé à d'autres négociations, mais quant aux principes qui devaient inspirer les votes du Sacré-Collége.

Il rédigea donc en italien ce qu'on appelait alors une exposition, destinée à être présentée oralement, par son auteur, devant l'assemblée des cardinaux.

Nous avons lu le texte de ce document dans la correspondance de Lionne. Sa rédaction, vive jusqu'à l'intempérance, n'a pu être évidemment que l'œuvre d'un homme, encore trop directement placé sous l'influence des mécomptes et des animosités que ressentait Mazarin, et qui n'a pas étudié à loisir jusque-là son terrain. L'exposition de Lionne ne se contentait pas, en effet, de rappeler aux cardinaux que l'élection d'un pape doit avoir uniquement pour but le service et la gloire de Dieu, et que la principale préoccupation qui s'impose au souverain pontife est de justifier, par ses qualités et ses vertus, le titre de Saint-Père, qu'il est destiné à porter; Lionne poussait le dédain des bienséances jusqu'à se livrer, par une voie indirecte, et en énumérant les défauts et les erreurs dont un pape est tenu de se garder, à une critique acerbe et violente du pontificat et de la personne d'Innocent X.

Ce qu'il ne faut pas, disait-il, c'est un pape qui, en se croyant maître supérieur et absolu, s'abandonne à sa propre humeur et à ses rancunes privées, ou qui, par des suggestions passionnées ou par son âpreté à thésauriser toujours sur les ruines d'autrui, s'oublie à persécuter les innocents et à protéger méchamment les criminels.

Ensuite Lionne entrait plus profondément encore dans le vif des griefs de la cour de France contre celle de Rome. Nous demandons, s'écriait-il, un pape « qui ne fasse pas passer la maison de Dieu après la sienne propre » ; qui ne laisse pas traîner l'autorité pontificale aux mains de « parents inhabiles et inexpérimentés », et qui ne ferme pas les yeux « sur leur rapacité pour les régales, sur leur vénalité pour les grâces et sur leurs simonies publiques » (1).

En écrivant sur ce ton, Lionne nous explique lui-même, dans une dépêche au ministre Brienne, à quel mobile il obéissait :

Je me suis résolu de leur bailler à eux-mêmes, par écrit, ce que j'avais à leur dire, afin que tout le collège en ait connaissance et même que, pour l'honneur du roi et de la couronne, il demeure à jamais dans les archives.

J'ai cru, Monsieur, qu'il était de la dignité du maître que

(1) Projet d'exposition de Lionne au conclave, 25 janvier 1655. Affaires étrangères, *Correspondance de Rome*, t. CXXVII.

j'ai l'honneur de servir, que le feu pape n'eût pas maltraité, dix ans durant, la France avec tant d'indignité, sans me servir de la conjoncture de l'élection de son successeur, pour lui faire connaître, premièrement son devoir et ses obligations, et après, quelle doit être sa conduite envers le premier roi de la chrétienté. Mon déplaisir est que j'aie été obligé de combattre un spectre et que je ne sois pas arrivé assez tôt ici pour faire entendre, au feu pape même, ce que peut-être il n'avait jamais ouï ; mais mon malheur l'ayant voulu de la sorte, j'ai au moins pratiqué la maxime de l'inquisition, qui continue le procès au cadavre, quand la mort naturelle du coupable survient, avant que le jugement ait pu être donné (1).

L'exposition achevée, il fallait la faire pénétrer dans le conclave. Lionne demanda l'autorisation d'être admis à l'y porter de vive voix. On lui répondit affirmativement, mais il ne tarda pas à apprendre que le lieu, où il allait être reçu, était disposé de façon à ce qu'il parlât « comme par un trou », suivant son expression, et à ce qu'il ne fût entendu que par cinq ou six cardinaux, placés à proximité de l'orateur. Lionne se vit donc dans l'obligation de recourir à une autre combinaison, et il fut amené ainsi à substituer, à l'exposition orale qu'il avait projetée, une note écrite qui arriverait plus facilement et plus intégralement à la connaissance du Sacré-Collége. Toutefois, avant de lui donner sa

(1) Lionne à Brienne, 25 janvier 1655. Affaires étrangères. *Correspondance de Rome*, t. CXXVII.

forme définitive, l'ambassadeur crut opportun de consulter le cardinal d'Este sur la question de savoir s'il était convenable de parler avec quelque liberté, dans cette note, du pontificat d'Innocent X. Le cardinal répondit qu'il fallait avant tout, dans une pareille conjoncture, obéir aux ordres du roi, mais avec cette réserve, que, si l'on critiquait trop amèrement les actes du pape défunt, on s'exposait à blesser sa faction. Par prudence, Lionne fit, quoiqu'à regret, le sacrifice de divers passages de sa note, qui pouvaient tomber sous l'observation du cardinal d'Este.

Quoique je sois, écrivait-il à Brienne, un homme de médiocre sainteté, vous jugerez, je m'assure, Monsieur, que quand saint Paul et saint Bernard reviendraient au monde, ils n'auraient dit au collége que les mêmes choses en substance ou de plus pressantes que je leur ai représentées (1).

Après avoir effectué des retranchements nombreux, principalement parmi les citations que nous avons faites plus haut, Lionne envoya sa note au cardinal d'Este, qui en donna lecture à ses collègues du parti français. Mais ceux-ci furent unanimes à penser que la rédaction de l'ambassadeur n'était pas encore assez douce et qu'elle pouvait aliéner au candidat du

(1) Lionne à Brienne, 25 janvier 1655. Affaires étrangères. *Correspondance de Rome*, t. CXXVII.

roi les suffrages de l'escadron volant. Il était donc
indispensable, pour se ménager les voix de ce dernier, de se borner à des généralités.

Lionne se soumit une seconde fois.

Comme ces messieurs-là, dit-il à Brienne, sont plus sages incomparablement que moi, et qu'ils ont à répondre au roi de
l'affaire qu'ils conduisent, j'ai cédé d'abord, comme je le devais,
à leurs sentiments et à leurs raisons... Ainsi j'ai encore ôté de
l'écrit tout ce que vous verrez barré de deux barres sur le
côté, quoique cela défigure étrangement la pièce (1).

Le fait est que, réduite à ces proportions, la
note n'était plus qu'une pièce sans caractère, jusqu'à la banalité.

Dans la mesure qui précède, Lionne pouvait communiquer sans trop de difficultés avec les cardinaux
français, mais il était dépourvu de moyens d'information réguliers sur le jeu des scrutins et le mouvement quotidien des partis, dans le sein du Sacré-Collége. Il s'appliqua donc à en trouver, en dehors des
cardinaux de la faction, qui, dans une conférence
qu'ils avaient eue à la Rote avec l'ambassadeur, lui
avaient déclaré que les prescriptions de l'Église leur
interdisaient, non-seulement de rien révéler sur
les affaires intérieures du conclave, mais encore de

(1) Lionne à Brienne, 25 janvier 1655. Affaires étrangères. *Correspondance de Rome*, tome CXXVII.

recevoir des lettres du dehors. Ce rigorisme avait lieu de surprendre Lionne, qui possédait « les copies de plus de seize lettres, de trois et quatre pages chacune », écrites par le cardinal Antoine à l'ambassadeur Saint-Chamond, lors du précédent conclave, et d'autant de lettres du même ambassadeur à ce cardinal (1). Heureusement, sur ce terrain, les diplomates disposaient d'une ressource inappréciable, dans la personne des conclavistes, et Lionne allait trouver, dans ceux du cardinal Antoine, des auxiliaires aussi dévoués qu'habiles. L'un d'eux, Thévenot, avait déjà rempli plusieurs missions spéciales à Gênes et à Rome, avant d'occuper des fonctions importantes dans le cabinet du cardinal Antoine. Lionne n'était pas encore arrivé à son poste, que Thévenot s'était procuré les moyens d'établir une correspondance régulière, entre le représentant du roi et les cardinaux.

Les ordres de Votre Éminence, mandait-il à Mazarin dès le 17 janvier, pourront être portés dans le conclave, par le moyen de certaines vaisselles doubles, que j'ai fait faire exprès (2).

Si dévoué qu'il fût, Thévenot ne répondait pas cependant à tout ce que voulait Lionne, qui désirait

(1) Lionne à Mazarin, 25 janvier 1655. Affaires étrangères. Correspondance de Rome, tome CXXVII.

(2) Thévenot à Mazarin, 17 janvier 1655. Affaires étrangères. Correspondance de Rome, tome CXXVII.

placer auprès du premier un autre conclaviste du
nom de Buti. Mais le cardinal Antoine avait déjà
deux conclavistes, et la demande de Lionne ne tendait à rien moins qu'à faire évincer l'un d'eux, pour
mettre à sa place une créature de l'ambassadeur.
Très-ombrageux, le cardinal Antoine résista d'a-
bord énergiquement à cette prétention, et les billets
de Thévenot nous apprennent que cet incident faillit
amener une rupture :

Voilà la troisième fois que je parle à M. le cardinal Antoine,
raconte Thévenot, de la sortie de Palmieri et de l'entrée de
Buti. Je ne l'ai fait cette fois que pour vous obéir et pour vous
ôter l'opinion ou impression que vous auriez pu prendre, que
je ne sois pas assez ponctuel à vous obéir. Sa réponse a été
qu'il ne le pouvait faire et qu'il ne le ferait point absolument.
De vous écrire ce qu'il m'a dit dans cette rencontre, je le tiens
inutile (1).

Mais Lionne parla haut et ferme, et le cardinal
Antoine finit par céder. En bonne santé, un cardinal
n'a droit qu'à deux conclavistes; mais, s'il est malade,
ou très-vieux, il lui est permis d'en avoir trois. Le
cardinal Antoine feignit une indisposition; il se fit
tirer du sang et sollicita un conclaviste de plus, ce
qui lui fut immédiatement accordé. C'est ainsi qu'il

(1) Thévenot à Lionne, fin janvier 1655. Affaires étrangères.
Correspondance de Rome, tome CXXVII.

put admettre Buti à son service, sans congédier personne. Buti justifia d'ailleurs complétement, par les services qu'il rendit à Lionne, la peine que celui-ci s'était donnée pour l'imposer. Il est bon d'ajouter qu'au bout de quelque temps, les cardinaux du parti français se relâchèrent eux-mêmes de leurs scrupules, en venant conférer à la Rote avec Lionne, aussi souvent que celui-ci le désirait. Puis, l'ambassadeur obtint bientôt toute facilité pour recevoir deux fois par jour des nouvelles du conclave et pour être tenu ainsi au courant, jusque dans les moindres détails, de ce qui s'y passait (1).

Nous connaissons, par les instructions royales de décembre 1654, les noms des cardinaux contre lesquels la France avait fait usage de son droit d'exclusion : mais le candidat du roi à la papauté, le cardinal à l'élévation duquel l'ambassadeur français devait travailler avec ardeur et dont la nomination constituerait un succès pour Mazarin et sa politique, quel était-il ? C'était Sacchetti, l'ami le plus ancien du premier ministre de Louis XIV, le prélat éminent qui lui avait donné sa protection quand, pauvre et encore obscur, Mazarin faisait ses débuts dans la

_____

(1) Nous devons ajouter que le gouverneur du conclave, Brescia, prélat vénitien, avait mis beaucoup de complaisance à favoriser l'établissement régulier de ces relations.

politique. Au conclave de 1644, tout avait déjà été
mis en œuvre pour favoriser l'élection de Sacchetti;
mais elle avait échoué par les distractions et la faiblesse du marquis de Saint-Chamond, ambassadeur
à Rome. Mazarin la reprenait onze ans après, avec la
même ténacité et avec la même passion. Lionne
avait ordre, pour la faire réussir, de ne reculer devant
aucun effort ni aucun sacrifice : dans ce sens, ses
pouvoirs étaient illimités.

Au premier aspect, la candidature de Sacchetti semblait se présenter dans des conditions assez favorables.
Les voix de la faction Barberini lui étaient acquises,
ainsi que celles de l'escadron volant, mais avec cette
nuance que les indépendants, comme ils s'appelaient,
ne donnaient leurs suffrages à l'ami de Mazarin, que
dans l'espoir d'amener un peu plus tard le cardinal
Barberini à se rallier à la candidature de Chigi, favo-
risée par les Espagnols, en haine de Sacchetti qu'ils
avaient frappé d'exclusion. Aussi, Lionne conçut-il
bon espoir lorsqu'il vit, dans les premiers scrutins
qui suivirent son arrivée, celui-ci réunir deux fois
par jour, trente et trente-cinq suffrages. Mais il ne
tarda pas à se rendre compte du peu d'efficacité de
ce succès, car l'animosité des cardinaux de la faction
espagnole était implacable, et, tant qu'on ne réussirait pas à l'entamer, le conclave n'aboutirait pas, dans
le sens des vues françaises. En même temps, il fallait

craindre que les partisans de Sacchetti, eux-mêmes,
ne se décourageassent, et qu'il ne surgît, sous l'impulsion du cardinal Barberini, une nouvelle candidature, qui, en ralliant du même coup les voix dont il
disposait et celles des Espagnols, déjouerait les précautions les plus savantes.

Lionne n'eut pas de peine à découvrir que tel était
véritablement le danger de la situation. Sacchetti continuait à obtenir régulièrement les trente ou trente-
cinq suffrages, mentionnés plus haut, mais la candidature de Rapaccioli était posée dans l'esprit de plusieurs cardinaux influents, dès le 25 janvier 1655, et
elle ne pouvait que prendre du développement.
Membre de la faction Barberini, Rapaccioli était âgé
de quarante-six ans à peine. Ancien évêque de Terni,
il passait généralement pour un esprit faible, dans un
corps presque toujours malade et déjà infirme. En
revanche, son dévouement au cardinal Barberini était
absolu.

Entre tous les autres bienfaits qu'il en a reçus, dit Lionne,
Barberini lui a payé depuis peu, en une fois, 11,000 écus pour
acquitter une dette, et quand il fut malade dernièrement et en
danger de sa vie, Barberini l'assura qu'il payerait toutes ses
dettes, s'il mésarrivait de lui. D'ailleurs, soit par faiblesse d'esprit, soit par un certain air de domination que Barberini a
pris sur lui, il est certain qu'il en est aujourd'hui comme l'esclave, et est très-probable qu'il n'aurait d'autre volonté en la

plupart des choses et ne suivrait d'autre conseil que celui de Barberini (1).

Voilà pour le caractère de Rapaccioli; mais ses tendances politiques étaient de nature à inspirer encore bien d'autres inquiétudes. Son amitié étroite avec un des cardinaux les plus ardents de la faction espagnole, Fanchinetti, « autant Espagnol que cardinal » ; le rôle considérable qu'il avait joué pour décider F. Barberini à changer de parti, toutes ces circonstances réunies faisaient, de la candidature de Rapaccioli, un véritable danger pour la France et pour Mazarin personnellement. De plus, par une singulière imprévoyance, on ne l'avait pas comprise dans les exclusions royales. Lionne s'empressa d'insister pour qu'on réparât cette omission. Il y avait d'ailleurs urgence, car le cardinal Antoine lui-même était déjà signalé comme subissant, pour Rapaccioli, le même entraînement que son frère, le cardinal François (2).

Je n'ai pas dormi jusqu'ici une nuit de bon sommeil, s'écrie Lionne, tant j'ai eu peur d'être surpris et tant je considère le discréditement où nous tomberions, si, après ce qui se passa dans l'autre conclave, nous ne sortions pas de celui-ci avec satisfaction et honneur (3).

(1) Lionne à Mazarin, 25 janvier 1655. Affaires étrangères. *Correspondance de Rome,* tome CXXVII.

(2) Lionne à Mazarin, 1er février 1655. Affaires étrangères. *Correspondance de Rome,* tome CXXVII.

(3) *Id., ibid.*

Cependant Lionne, au bout de quelques jours, était amené à envisager la situation avec plus d'optimisme ; il était frappé surtout de la persistance avec laquelle Sacchetti réunissait quotidiénnement le même chiffre de voix et tenait la tête des candidatures. Il y avait là, en effet, un symptôme heureux pour l'autorité du roi, qui se manifestait avec une puissance et une efficacité relatives, contre l'influence espagnole, très-hostile à Sacchetti et en possession de vingt suffrages au moins, tandis que le parti de la France, proprement dit, n'en comptait que cinq.

A ce moment, soixante-six cardinaux prenaient part quotidiennement aux scrutins, et, d'après les probabilités, les partisans de Sacchetti pouvaient s'élever jusqu'au chiffre de quarante. Il suffisait donc de quatre voix de plus pour arriver à la majorité.

Mais l'entreprise commençait à être traversée par des obstacles de plus d'un genre, au nombre desquels figurait, en premier lieu, l'hostilité acharnée de l'Espagne. Non content d'une déclaration officielle et publique, faite par lui à l'ouverture du conclave, l'ambassadeur de la cour de Madrid avait informé de nouveau, à la date du 7 février, les cardinaux au service de son souverain, que l'exclusion de Sacchetti était maintenue et il avait menacé formellement tous

ceux qui contreviendraient à cet ordre de la perte de
leurs pensions et bénéfices.

D'autres symptômes de désagrégation se manifes-
taient encore, dès ce moment, dans la majorité qu'on
cherchait à former en faveur de Sacchetti. Par une
tendance commune à toutes les assemblées, qui ne
subissent pas quelque entraînement décisif, le Sacré-
Collége, sollicité à se prononcer entre les Français
et les Espagnols, obéissait instinctivement à la pensée
de faire un choix plus modéré, plus conciliant, plus
en harmonie avec les exigences de l'intérêt général
de l'Église, et c'est ce qui explique pourquoi le nom
du cardinal Chigi était déjà au fond de toutes les
consciences, quand bien même il n'était encore porté
sur les bulletins de vote de personne. Il entrait dans
les intentions de Mazarin que l'exclusion, dont le cardinal Chigi avait été frappé, restât très-secrète. Dé-
voilée brusquement, elle pouvait surexciter les factions hostiles à la France et donner à la future élection pontificale un caractère fâcheux pour le prestige
du roi. Néanmoins, des indiscrétions n'avaient pas
tardé à être commises, non par le fait du cardinal
d'Este, dont la réserve était plutôt excessive, mais
par celui du cardinal Antoine, qui ne pesait pas toujours soigneusement ses paroles et dont les impru-
dences étaient incessantes sur le terrain politique.
L'exclusion de Chigi avait jeté dans le plus grand

embarras, non seulement les cardinaux partisans, à
tous les degrés, de la France, mais jusqu'au cardinal
Sacchetti lui-même, qui était l'ami de Chigi, autant,
sinon plus, que celui de Mazarin. Cette physionomie
de Sacchetti, disons-le en passant, a quelque chose
de touchant et de candide, qui contraste singulièrement avec les allures de la plupart de ses collègues. Il a l'air d'ignorer que l'on songe à faire de
lui un pape ; sa piété, son détachement sont tels,
que sa première émotion se manifeste quand il apprend, non pas que le nombre de ses adversaires
augmente, mais que le roi Louis XIV a jeté l'interdit sur Chigi. Alors Sacchetti prend une résolution,
que l'on peut qualifier d'héroïque. A la date du 13 février, il écrit à Mazarin pour le supplier de lever l'exclusion qui pèse sur un prélat si digne, à tous égards,
par son mérite et ses vertus, de succéder à Innocent X,
dont il a été le principal conseiller, sans jamais partager aucune de ses faiblesses. En un mot, Sacchetti,
candidat de la France à la papauté, se fait auprès de
Mazarin le défenseur de la candidature de Chigi.

Chargé de transmettre à Paris la lettre de Sacchetti,
Lionne la jugea assez importante pour nécessiter
l'envoi d'un courrier extraordinaire, qui partit le
15 février (1).

(1) Lionne à Mazarin, 15 février 1655. Affaires étrangères. Correspondance de Rome, tome CXXIX.

En fait, cette lettre équivalait à l'abdication du candidat français et l'action de ses partisans allait rencontrer désormais beaucoup de mollesse et de froideur. Trop de cardinaux, on le comprend, avaient intérêt à propager dans le conclave la nouvelle de la démarche de Sacchetti, pour qu'elle demeurât longtemps secrète, et il y a lieu de remarquer que, dès le surlendemain, le cardinal d'Este mandait Lionne à la Rote, pour lui conseiller d'abandonner une candidature qui perdait insensiblement ses meilleures chances.

Il me parla..... dit Lionne, de Chigi, m'avouant que c'était celui dont il pourrait se promettre le plus pour les avantages de sa maison, et ajoutant que c'était le plus grand malheur pour les affaires du roi que ce cardinal se fût brouillé avec la France, parce que, sans cet intérêt et sans les ordres qu'on a de l'exclure, lui, cardinal d'Este, avait pu servir tellement avec le parti indépendant qu'il s'en ferait faire chef, et ne rendre pas la faction de France moins considérable dans ce conclave que celle des Espagnols et du cardinal Barberini. Il me sonda ensuite pour découvrir si je n'avais point de pouvoir secret en faveur dudit Chigi, et, en tout cas, si je voudrais écrire pour le faire venir. Mais je lui déclarai que nous n'avions nulle liberté en ce fait-ci, et que les raisons qui avaient obligé à cette résolution étaient si puissantes que je n'oserais écrire un seul mot pour obtenir le moindre relâchement. Il me repartit à cela que le péril néanmoins était grand et considérable (1).

(1) Lionne à Brienne, 15 février 1655. Affaires étrangères. *Correspondance de Rome,* tome CXXIX.

Lionne ne comprenait pas la situation ainsi. A ses yeux, il y avait quelque chose d'indestructible et d'absolu dans l'ensemble des motifs qui avaient déterminé Mazarin à exclure Chigi, et l'ambassadeur français interprétait ses instructions en ce sens, que la cour préférerait encore à l'élection de Chigi celle de Rapaccioli. Il écrivit donc le 24 février au cardinal Antoine qu'au cas où ces deux noms se trouveraient en concurrence pour le souverain pontificat, il serait du devoir de la faction de favoriser le second, si toutefois celui-ci prenait l'engagement d'obliger Retz à rentrer dans le devoir et à résigner l'archevêché de Paris, en même temps qu'il promettrait de servir Mazarin avec « une affection véritable » (1).

Mais le cardinal Antoine n'était déjà que trop porté pour la candidature de Rapaccioli, et l'initiative de Lionne allait évidemment mettre le premier en possession d'une liberté d'action, qui achèverait de lui faire abandonner les intérêts de Sacchetti. Ce fut l'avis formel de Thévenot, lorsqu'il eut reçu le texte de cette déclaration. Lionne s'empressa de l'atténuer, en affirmant que le roi ne se tiendrait jamais

(1) Lionne à Brienne, 1er mars 1655. Affaires étrangères. *Correspondance de Rome*, tome CXXIX. — Une copie de cette dépêche est adressée à Mazarin, mais elle est seule à mentionner les engagements demandés à Rapaccioli, en faveur du premier ministre de France. Lionne dit qu'il n'a pas cru devoir mettre Brienne dans la confidence de cette condition.

pour satisfait du conclave, si l'application et la fer-
meté des cardinaux français n'assuraient pas l'élection de son candidat. Puis, le cardinal Antoine, en
réponse à la première déclaration de l'ambassadeur,
ayant émis des doutes sur l'opportunité de demander
des engagements précis à Rapaccioli et exprimé le
désir que l'on se contentât de sa propre caution,
Lionne profita avec empressement de cette difficulté,
pour retirer tout ce qu'il venait d'avancer.

..... J'ai envoyé, mande-t-il à Brienne, un écrit signé de moi
à M. Thévenot, pour le communiquer aujourd'hui à MM. les
cardinaux, par lequel je leur déclare que l'intention de Sa
Majesté et les derniers ordres qu'il a envoyés sont de faire
l'exclusion formelle au cardinal Rapaccioli, le priant de me
renvoyer ma précédente déclaration, comme étant présentement révoquée par de nouveaux ordres du roi, et j'y ai ajouté,
pour redresser d'autant mieux la conduite du cardinal Antoine,
dont je venais avoir des avis très-fâcheux, que, quiconque tra-
vaillera à l'élévation dudit cardinal Rapaccioli, encourra l'indignation et les ressentiments de Sa Majesté (1).

Thévenot, qui jugeait les choses de plus près, n'accepta pas davantage cette déclaration, et il la retint

(1) Lionne à Brienne, 1er mars 1655. Affaires étrangères. *Correspondance de Rome,* tome CXXIX. — A partir de ce moment,
Lionne est en mesure d'obtenir deux fois par jour des nouvelles du
conclave; sa correspondance prend donc la forme d'un journal,
qu'il rédige au fur et à mesure des incidents et qu'il expédie toutes
les semaines par ses courriers ordinaires.

dans ses mains. Lionne s'inclina une seconde fois
devant la décision de l'habile conclaviste, et on convint en dernier ressort qu'il appartiendrait au cardinal
d'Este de régler l'attitude de la faction, dans toutes
les éventualités qui se rattacheraient aux intérêts
de Rapaccioli. Seulement, l'incident n'en avait pas
moins eu pour résultat de donner au cardinal Antoine
plus d'aisance dans ses mouvements, en lui laissant
prématurément deviner que, ce qu'il y avait d'essentiel jusque-là dans les instructions du roi, c'était bien
plus l'exclusion de Chigi que celle de Rapaccioli.

Au milieu de toutes ces péripéties, l'œuvre du conclave n'avançait pas. On était arrivé au 15 mars et
Sacchetti continuait à réunir deux fois par jour,
trente, trente-quatre, trente-six voix, un peu plus,
un peu moins, sans qu'il fût possible de lui faire
atteindre la majorité. Évidemment, les partis restaient sur la défensive, attendant le dénouement de
quelque négociation secrète, susceptible de modifier
la face des choses. Or, cette négociation, nous l'avons
déjà indiquée : c'était la lettre que Sacchetti avait
adressée, le 13 février précédent, à Mazarin, pour le
prier de révoquer l'exclusion de Chigi.

Tout était subordonné à la réponse qu'y ferait le
roi, et, jusque-là, il ne fallait pas compter sur un changement quelconque dans les allures du Sacré-Collége.

Enfin, cette réponse décisive, datée du 4 mars, arriva le 16 suivant à Rome. Elle donnait à l'ambassadeur l'ordre de révoquer l'exclusion de Chigi. Dès le lendemain 17, Lionne fit tenir aux cardinaux français une déclaration, dont voici les passages essentiels :

Par la dépêche que m'a apportée de la cour, du 4 mars, le courrier Acacciaferro, le roi m'ordonne de faire savoir à Mgr le cardinal d'Este, protecteur de ses affaires, et à Mgr le cardinal Antoine, grand aumônier de France, que Sa Majesté ayant considéré l'état présent des affaires du conclave et fait d'ailleurs grande réflexion sur ce que lesdits seigneurs cardinaux, en divers temps, et d'autres personnes encore, ont représenté à Sa Majesté, du mérite, probité et rectitude des intentions de M. le cardinal Chigi et, qu'étant élevé au pontificat, il y aurait tout sujet de s'en promettre que l'Église de Dieu en serait bien régie, et qu'aimant la justice au point qu'il fait, la France en recevrait toutes sortes de bons traitements et de grâces, comme d'un véritable père commun, sadite Majesté révoque les ordres qu'elle avait ci-devant donnés à MMgrs les cardinaux de son parti de faire l'exclusion audit seigneur cardinal Chigi, et désire que non-seulement ils concourent à son élection, mais qu'ils la procurent, en cas que l'on perde à la fin toute espérance de faire réussir celle de Mgr le cardinal Sacchetti, dont ils devront poursuivre de tout leur pouvoir l'exaltation, sans s'en départir, pour quelque cause ou prétexte que ce puisse être, tant que Mgr le cardinal Barberini et le parti indépendant demeureront fermes et constants en la pratique dudit seigneur cardinal Sacchetti et croiront pouvoir en surmonter les obstacles, par patience et par industrie (1).

(1) Déclaration de Lionne, 17 mars 1655. Affaires étrangères. *Correspondance de Rome*, tome CXXIX.

Si l'on veut se reporter pour un instant aux termes dans lesquels l'instruction de décembre 1654 libellait l'exclusion du cardinal Chigi, on mesurera l'étendue et la profondeur du changement qui s'était opéré dans la politique française, à la suite de la lettre de Sac-chetti à Mazarin. Mais ce n'était là qu'un côté de la déclaration de Lionne. Devenues plus modérées et plus équitables à l'égard de Chigi, les nouvelles ins-tructions du roi avaient pris, en même temps, un ca-ractère particulier de rigueur contre Rapaccioli. Jus-qu'ici, il n'avait pas été exclu formellement; il l'était désormais.

Sa Majesté, continuait Lionne, ayant reçu depuis peu des avis certains qui lui font juger qu'elle ne peut jamais prendre confiance à la personne de Rapaccioli et à son affection pour la France, qui a déjà reçu tant de marques de sa mauvaise volonté et tant de préjudice des négociations qui ont passé par ses mains, sadite Majesté désire, entend et ordonne que Mgrs les cardinaux attachés à son service fassent une exclusion formelle (et ouvertement en cas de besoin) audit sieur Rapaccioli, et déclare cependant qu'aucun d'entre eux ne pourra y concourir, ni faire de pratiques pour son élévation, sans que Sa Majesté croie en avoir été desservie et sans encou-rir son indignation et ses ressentiments, comme ayant en cela fait chose très-préjudiciable à ses intérêts et contraire à sa volonté (1).

(1) Déclaration de Lionne, 17 mars 1655. Affaires étrangères. *Correspondance de Rome,* tome CXXIX.

La déclaration de Lionne se terminait par l'avis que l'exclusion de Rapaccioli ne devait pas sortir des cardinaux d'Este et Antoine, et que le roi s'en rapportait à eux du soin de décider s'il convenait d'informer les cardinaux Bichi et Grimaldi de la révocation de celle de Chigi. Restait le cardinal Ursin; mais ses conciliabules perpétuels avec la faction espagnole ne permettaient pas de lui confier de pareils secrets. Il était plutôt question, dans la pensée de Lionne, de lui retirer les avantages dont il jouissait.

Le même jour, Thévenot lut aux deux cardinaux, en vue desquels elle avait été rédigée, la déclaration de Lionne. Elle causa une joie très-vive au cardinal d'Este, qui, en présence des progrès de la candidature de Chigi, craignait de plus en plus de se l'aliéner. Quant au cardinal Antoine, l'exclusion de Rapaccioli le frappait pour ainsi dire au cœur, et il en ressentit un vif désappointement. Mais son humeur et sa vanité lui rendaient impossible une obéissance passive aux ordres du roi. Aussi, loin de s'y conformer, le vit-on bientôt travailler, avec plus d'activité que jamais, en faveur de son ami. Informé de cette situation, Lionne se rendit immédiatement à la Rote, et là, il eut une explication violente avec le cardinal Antoine, auquel il finit par dire, après une foule de récriminations, que le roi le rendrait responsable de l'insuccès de Sacchetti.

A cela, raconte Lionne, il me repartit assez brusquement
que..... plutôt que sa réputation fût exposée à ce péril, il
était prêt de me remettre tout ce qu'il tenait de la France,
et me le répéta jusqu'à trois fois, dans la suite de ses discours.
Je lui repartis aux deux premiers avec le plus de modération
que je pus : qu'il était prudent et sage, et ne devait pas s'emporter si avant sur des avertissements que je lui donnais,
comme son serviteur, du mal qui lui pouvait arriver; qu'il
devait montrer faire plus de cas des grâces que Leurs Majestés
lui avaient faites et ne mépriser pas, pour un petit transport de
passion, pour l'avancement d'un de ses amis, la qualité et
l'honneur qu'il a d'être domestique du roi. A la vérité, à la
troisième, je lui dis que puisqu'il me le rebattait si souvent,
je n'avais pouvoir ni ordre de Sa Majesté d'accepter son offre,
mais que je lui en écrirais et qu'elle me ferait savoir son intention, et j'avoue que, sans la peur que j'eus de ruiner l'affaire
de Sacchetti, j'avais la cervelle si échauffée que, peut-être, me
serais-je résolu sur-le-champ de le prendre au mot et de lui
dire qu'il me donnât donc sa démission de sa charge de grand
aumônier et celle de l'évêché de Poitiers, et je ne doute pas
qu'il ne se fût trouvé bien embarrassé (1).

Quoi qu'il en soit, il ne fallait plus désormais beaucoup de perspicacité pour discerner que l'élection de
Chigi présentait les plus grandes chances et que le
conclave touchait à son terme. Néanmoins, la cour
de France voulait insister jusqu'au bout pour Sacchetti; et, le 31 mars, Lionne recevait encore de Pa-

(1) Lionne à Brienne, 30 mars 1655. Affaires étrangères. *Corres-*
pondance de Rome, tome CXXIX.

ris de nouvelles instructions, qui lui prescrivaient
d'agir toujours avec la même énergie dans ce but,
auprès des cardinaux de la faction. En exécution de
ces ordres, Lionne écrivait le même jour à Thévenot :

Le roi m'ordonne de faire savoir de sa part à MMgrs les
cardinaux qui sont attachés à son parti et à son service que
le désir, que Sa Majesté a de l'exaltation de M. le cardinal
Sacchetti, est si grand, que tout ce qu'Elle pourrait dire sur ce
sujet sera toujours infiniment au-dessous de ce qu'Elle en voudrait dire et faire ; que sadite Majesté entend que l'on pense
et que l'on s'applique à le faire pape, comme s'il n'y avait
autre cardinal au monde que lui ; que, pour une si digne élection, mesdits seigneurs les cardinaux ne se contentent pas de
suivre M. le cardinal Barberini et le parti indépendant, mais
qu'ils agissent tous à l'envi pour ne permettre pas que qui que
ce soit lui passe devant ; qu'ils soient les derniers de tous à se
retirer de cette entreprise et ne puissent prêter l'oreille à aucune
autre pratique, que M. le cardinal Barberini d'un côté et les
indépendants de l'autre ne leur aient expressément déclaré
qu'il n'y a plus rien à espérer et qu'ils l'abandonnent eux-
mêmes ; que, jusqu'à ce que ledit cardinal Barberini et lesdits
indépendants aient chacun de leur côté fait une telle déclaration, Sa Majesté entend que tout autre cardinal soit exclu... (1).

La dépêche de Lionne se terminait par une allusion
assez transparente à la conduite peu correcte du cardinal Antoine et par la menace de lui retirer les avan-

(1) Lionne à Thévenot, 31 mars 1655. Affaires étrangères. *Correspondance de Rome*, tome CXXIX.

tages qu'il tenait de la France. Thévenot s'empressa
d'en donner communication aux principaux cardinaux
du parti français. Mais ce ne pouvait être là qu'une
démarche de pure forme ; quant au résultat, il était
sacrifié d'avance. Depuis que l'exclusion de Chigi
avait été révoquée, à la demande de Sacchetti, le second avait perdu toutes ses chances, pour les ajouter
à celles du premier. Aussi, le moment était-il venu,
pour l'ambassadeur du roi, d'autoriser la faction française à entrer dans la majorité, afin d'épargner un
échec à son gouvernement, en fournissant un nouvel
aliment aux préventions que le futur pape avait
nourries jusque-là contre Mazarin. Lionne s'exécuta
en adressant à Thévenot la dépêche suivante, datée
du 5 avril 1655, avec ordre de la communiquer aux
cardinaux d'Este, Antoine, Bichi et Grimaldi :

Apprenant que le parti indépendant reconnaît lui-même que
les espérances de pouvoir venir à bout de l'exaltation de M. le
cardinal Sacchetti sont de beaucoup diminuées et que les
affaires sont réduites en un état, qu'il importe au bien commun
de la chrétienté de ne pas tarder davantage à promouvoir la
pratique de M. le cardinal Chigi, si on ne veut ruiner pour
toujours ces deux grands sujets, estimés par Sa Majesté et
Mgr le cardinal, les plus dignes de moyenner la paix entre
la France et l'Espagne, j'ai ordre du roi, en pareil cas, de
témoigner à mesdits seigneurs les cardinaux de son parti que
le plus agréable et le plus important service qu'ils puissent
rendre à Sa Majesté et à son État, en semblable occasion, c'est

de faire tous les efforts qui dépendront d'eux et qui seront en leur pouvoir pour élever au pontificat la personne de M. le cardinal Chigi, qu'elle juge aussi très-digne de bien régir l'Église, et que Sa Majesté se promet de leur affection qu'ils y agiront avec le même soin, application et ferveur qu'elle leur avait recommandé en premier lieu, pour ledit sieur cardinal Sacchetti, dont Sa Majesté leur fera paraître en toute occasion une très-parfaite reconnaissance (1).

Mais cet ordre ne parut pas suffire au cardinal d'Este, pour mettre sa responsabilité à couvert; il exigea, avec la copie des lettres de créance de Lionne, un billet de sa main, levant l'exclusion du cardinal Chigi, portée par les instructions de décembre 1654.

Le lendemain 6 avril, l'ambassadeur déféra à ce désir, et, le 7 au matin, Chigi fut élu pape, à l'unanimité des cardinaux présents.

Lionne était entré si complétement dans ce rôle, qu'il s'imagina de bonne foi être l'un des principaux auteurs de l'élection, et il en écrivit immédiatement au roi sur un ton d'enthousiasme, qui, pris à la lettre, tendrait à faire croire que Mazarin n'avait jamais désiré, ni Lionne, jamais appuyé un autre candidat que Chigi.

Enfin, mandait-il à Louis XIV, après 80 jours d'un conclave, le plus embrouillé et partagé de diverses factions, desseins et

(1) Lionne à Thévenot, 5 avril 1655. Affaires étrangères. *Correspondance de Rome*, tome CXXIX.

intérêts, qui ait jamais été, il a plu à Dieu bénir les saintes intentions de Votre Majesté et exaucer ses ardents souhaits pour l'exaltation au pontificat de Mgr le cardinal Chigi, qui a été ce matin heureusement conclu, avec plénitude de suffrages, sans qu'il y en ait manqué un seul et avec un applaudissement inconcevable de tous les gens de bien et des acclamations générales de tout le peuple de Rome (1).

Puis, Lionne insistait sur l'étroite et fraternelle amitié qui unissait Chigi au cardinal Sacchetti, sur l'intégrité de sa vie, ses mœurs exemplaires et la solidité de son esprit. Admis, le matin même, au baisement des pieds du nouvel élu, Lionne avait été reçu, avant ses collègues d'Allemagne et d'Espagne, ce qui constituait à ses yeux une attention et un honneur hors de prix.

Sa Sainteté m'a chargé, ajoutait-il, d'assurer Votre Majesté par avance, en attendant qu'elle l'en remercie plus particulièrement, par une lettre qu'elle lui écrira demain, qu'il ne se peut rien ajouter au ressentiment qu'elle veut conserver à jamais du puissant concours de Votre Majesté à son exaltation, qu'elle a dit causer en cette occasion la plus sensible partie de sa joie.

Il y avait évidemment quelque exagération dans ces paroles, car l'appoint de la faction française avait simplement contribué à faire l'unanimité et

(1) Lionne au roi, 7 avril 1655. Affaires étrangères. *Correspondance de Rome*, tome CXXIX.

non la majorité, en faveur de Chigi. Néanmoins, il
faut admirer ici l'habileté avec laquelle Lionne,
sans s'écarter de ses instructions, qui, presque jusqu'à la dernière heure, lui avaient prescrit de soutenir Sacchetti, avait su, par la précision de ses mouvements, se présenter, à la fin du conclave, comme le
promoteur le plus ardent d'une candidature, qu'il
avait cessé de combattre, seulement deux jours avant
son succès.

On nous pardonnera d'avoir raconté avec tant de
détails les péripéties qui signalèrent le conclave de
1655. De nos jours, les principes qui règlent les
rapports de l'Église et de l'État ne permettraient
probablement plus aux puissances étrangères d'intervenir avec cette activité et ce zèle dans une élection pontificale. Cependant, quelque progrès que la
doctrine de la séparation de l'Église et de l'État ait
fait dans les idées, le droit d'exclusion semble
s'être maintenu intact jusqu'ici, car il a été exercé
jusqu'à deux fois dans ce siècle même. Au conclave
de 1823, le cardinal Severoli, après dix-huit jours
de scrutin, allait être nommé pape, lorsque le cardinal Albani, protecteur des affaires d'Autriche,
remit à ses collègues une note officielle portant
que « l'impériale et royale cour de Vienne ne pouvait accepter pour souverain pontife Son Éminence
le cardinal Severoli et lui donnait une exclusion for-

melle ». Huit ans plus tard, en 1831, le cardinal
Giustiniani, ancien nonce à la cour de Madrid, et
connu par l'ardeur de ses sentiments politiques
et religieux, fut également exclu de la papauté par
une déclaration du cardinal Mario·y Catalan, au
nom du cabinet espagnol. Enfin, de nos jours, le
bruit s'est accrédité, non sans quelque fondement,
que le cabinet de Berlin songeait à invoquer le droit
d'exclusion au prochain conclave, et qu'il avait
adressé, en 1872, des suggestions dans ce sens à
plusieurs gouvernements européens.

Les nécessités du récit nous ont fait perdre de
vue le cardinal de Retz, depuis son arrivée à Rome.
Il n'en avait pas moins tenu, pendant tout ce
temps, une grande place dans les préoccupations
de Lionne et du gouvernement français. Retz était
entré au conclave le 18 janvier, comme les autres
cardinaux, et les témoignages les plus authentiques
s'accordent à dire qu'il y observa, jusqu'à la fin, une
attitude des plus correctes. Il avait pour conclavistes
son plus fidèle agent, l'abbé Charrier, Guy-Joli, et un
valet de chambre, nommé Imber. Son premier soin
fut de dire aux cardinaux du parti français que, s'ils
voulaient lui communiquer leurs instructions, il
n'hésiterait pas à s'y conformer. Cette ouverture
n'ayant pas eu de suites, Retz déclara alors qu'il
s'efforcerait de régler sa conduite sur celle de la

faction du roi, et qu'en toute occasion, il agirait
d'après sa conscience.

Il fréquentait, dit un témoin oculaire, quelques cardinaux
et plus ordinairement le jeune Carlo Barberini et le cardinal,
son oncle, François Barberini et d'autres indifféremment, plutôt
pour prendre l'air que pour négocier. Cependant il était considéré comme l'oracle de la science, que les cardinaux consul-
taient sur les difficultés qui se présentaient, comme par le
cardinal Ludovisio, grand pénitencier, s'il devait permettre
qu'on donnât l'absolution, à Pâques, à ceux qui avaient révélé
le secret du conclave (1).

En fait, Retz votait avec les indépendants, et,
comme il avait eu à se louer du cardinal Chigi,
lorsque celui-ci était secrétaire d'État, on n'aura
pas de peine à comprendre qu'il ait cru habile de
déployer ostensiblement un grand zèle en faveur
de la candidature de ce dernier, par la présomption
que, devenu pape, il lui continuerait sa bienveillance.

Le seul incident auquel Retz ait attaché son nom,
pendant le conclave de 1655, est le suivant. L'ambassadeur d'Espagne ayant fait passer, le 13 mars, une
note au Sacré-Collége, au sujet de la marche des
troupes du gouverneur de Milan contre le duc de
Modène, on remarqua qu'il qualifiait incidemment,

(1) Relation du conclave de 1655. Manuscrit. Affaires étrangères.
Correspondance de Rome, tome CXXIX.

dans cette note, le roi son maître, de fils aîné de
l'Église. Or, ce titre, de temps immémorial, appartenait à la couronne de France, et, si l'on se place au
point de vue des susceptibilités du temps, sa reven-
dication inopinée par l'Espagne équivalait à une
véritable usurpation sur les droits de Louis XIV. Soit
inadvertance, soit timidité, les cardinaux du parti
français, qui ce jour-là ne siégaient du reste qu'au
nombre de trois, ne firent aucune protestation. Alors
Retz demanda la parole et dit qu'à leur défaut, il
devait à sa qualité de Français de dénoncer l'injustice
du procédé de l'ambassadeur d'Espagne. Cette sortie
fort habile produisit beaucoup d'effet sur l'assemblée
et jeta les cardinaux de la faction dans le plus profond
embarras. Instruit de l'incident, Lionne s'en émut
lui-même au plus haut degré et envoya en toute hâte
sa protestation au conclave, dès le lendemain matin.

Mais il fallait calculer que l'affaire ne tarderait
pas à s'ébruiter dans le public et à se propager dans
Paris, où les amis de Retz ne manqueraient pas d'en
tirer parti en faveur du cardinal disgracié. Dans
cette prévision et pour combattre ce danger, Lionne
imagina un stratagème que l'on croirait plutôt de
notre temps que du sien. Il l'explique ainsi à Mazarin :

Comme le principal objet du cardinal de Retz en ce qu'il a
fait, a été de le faire prôner dans Paris, j'ai songé pour anti-

dote à ce venin, qu'on pourrait faire passer la chose comme
une collusion entre lui et l'ambassadeur d'Espagne, et celui-ci
l'ayant, comme on dit, servi sur les deux toits pour lui faire
gagner à bon marché un mérite apparent de grand serviteur
du roi et de bon Français, jamais ministre d'Espagne n'ayant
pensé, même en songe, de qualifier son maître fils aîné de
l'Église. Si j'ai le loisir, avant que le courrier parte, je dresserai
moi-même un article, comme j'estime qu'il faudrait en mettre
dans la *Gazette*, et on pourra y ajouter après, ou retrancher
ce que Votre Éminence jugera incomparablement mieux (1).

Lionne eut en effet le temps de rédiger, avant le
départ du courrier, son projet « d'article à mettre
dans la *Gazette* », pour nous servir de ses propres
expressions. On nous saura gré de reproduire ici
ce morceau, qui doit occuper désormais, au moins
par l'ancienneté, la première place dans l'histoire du
journalisme officieux.

Le voici, avec les fautes d'une rédaction impro-
visée :

Les domestiques du cardinal de Retz font ici une grande
parade du service important qu'il a rendu au roi, lorsque
l'ambassadeur d'Espagne, dans un écrit qu'il a présenté au
Sacré-Collége sur la marche du gouverneur de Milan contre le
duc de Modène, ayant incidemment qualifié le roi, son maître.
non-seulement fils aîné de l'Église, mais le plus respectueux
et le plus affectionné de tous ses enfants, ledit cardinal avait

(1) Lionne à Mazarin, 15 mars 1655. Affaires étrangères. *Corres-*
pondance de Rome, tome CXXIX.

protesté sur-le-champ que cette qualité ne pouvait être attri-
buée qu'aux rois de France. Mais il se rencontre malheureusement que les cardinaux et toute la cour a fait un jugement
de son action, bien éloigné du but qu'il s'était proposé, n'y
ayant personne sensée et un peu clairvoyante qui n'ait connu
que c'était une collusion entre lui et l'ambassadeur d'Espagne,
tant, parce qu'on sait que jamais ministre d'Espagne ne s'était
avisé de qualifier son maître fils aîné de l'Église, puisqu'ils
n'ignorent pas que les rois de France en étaient en possession
avant que l'Espagne eût reçu le christianisme, que par la
promptitude avec laquelle ledit cardinal de Retz, étant averti
par avance, répondit sur-le-champ et ôta (?) aux cardinaux du
parti du roi, dont ils n'eurent pas le moyen de relever la
chose, comme ils allaient faire. Ainsi, d'une action dont Son
Éminence croyait beaucoup profiter, donnant à entendre que
la France lui en devait de reste et le faisant prôner dans Paris
par ses émissaires, il n'a gagné ici que d'y confirmer davantage le monde dans la croyance de ses intelligences et menées
avec les ministres d'Espagne (1).

L'article de Lionne avait le double inconvénient
d'être trop long et de vouloir être trop probant. On
le refit dans le cabinet de Mazarin, et la complaisante
Gazette le publia consciencieusement. Nous l'y avons
retrouvé, dans la forme d'une correspondance de
Rome, du 22 mars 1655. Il est ainsi conçu :

Il y a eu ici grand bruit, touchant la qualité que l'ambassadeur d'Espagne avait donnée à son maître, de fils aîné de

(1) Lionne à Mazarin, 15 mars 1655. Affaires étrangères. *Correspondance de Rome.* La dernière pièce du volume CXXIX, où elle
n'est pas à sa place.

l'Église, ainsi que vous avez su ; jusque-là, que les partisans
de cet ambassadeur, même ceux de sa nation, l'en ont blâmé,
s'étonnant que le roi d'Espagne, qui est très-abondant en
titres, ait voulu pour les relever, usurper celui qui n'est dû
qu'à Sa Majesté Très-Chrétienne. De sorte que, ne pouvant
répondre à ceux qui improuvaient son procédé, il a été contraint d'avouer qu'il ne l'avait fait que de concert avec le cardinal de Retz, par où se découvre l'artifice de la protestation
que ce cardinal avait faite, aussi de concert avec ledit ambassadeur (1).

Assurément, dans ce dernier article, l'incident est
présenté avec une facilité et une aisance, qui man-
quent totalement au projet de Lionne.

Mais la rédaction de celui-ci avait cependant l'avantage de ne pas pousser trop loin la falsification des
faits. Lionne se bornait à voir, dans la protestation
de Retz, une comédie convenue d'avance avec l'ambassadeur d'Espagne : c'était encore de la polémique.
Tandis que la *Gazette,* renchérissant sur cette explication, assure que l'ambassadeur d'Espagne a été obligé
d'avouer la collusion ! Il n'est pas nécessaire d'insister
sur la différence qui sépare ces deux versions, ni difficile de se rendre compte que la plus audacieuse est
celle du cabinet de Mazarin.

Ce qui explique, sans les justifier, ces polémiques
acharnées, c'est l'irritation violente qu'avaient pro-

(1) *Gazette de Renaudot,* année 1655, n° 50.

duite à la cour les lettres écrites de Rome le 14 décembre 1654 par le cardinal de Retz, au roi et à la reine-mère, ainsi qu'aux archevêques et évêques de France. La dernière surtout, répandue à des milliers d'exemplaires, à Rome d'abord, et à Paris ensuite, avait été lue partout avec avidité et avait obtenu, en France notamment, le succès qui ne manque jamais, sous tous les régimes, aux pamphlets éloquents ou spirituels. Une sentence du prévôt, en date du 29 janvier 1655, déclara cet écrit « injurieux au roi et à l'administration de son État », en même temps que « scandaleux, séditieux et tendant à la perturbation du repos public ». En conséquence, il fut brûlé en place de Grève par l'exécuteur de la haute justice, et ordre fut donné à tous ceux qui en possédaient des exemplaires, de les remettre au greffe du Châtelet, dans les vingt-quatre heures, « à peine de vie (1) ».

Mais ce n'était pas assez de poursuivre les écrits clandestins de Retz à Paris, Mazarin voulut atteindre, à Rome, les sujets du roi qui entretenaient des relations avec le cardinal séditieux, ou qui restaient attachés, à un titre quelconque, à son service. A son arrivée à Rome, Retz avait reçu la visite de sept pères jésuites, Français d'origine. Une dépêche de Brienne à Lionne, en date du 9 janvier, enjoignit à l'ambas-

----

(1) Sentence de M. le prévôt de Paris, etc., etc., 29 janvier 1655. Affaires étrangères. *Correspondance de Rome,* tome CXXIX.

sadeur de les expulser et de les renvoyer en France,
ce qui fut fait immédiatement (1).

Un malheureux expéditionnaire, du nom de Bouvier, eût le même sort. Mais celui-ci se défendit par
quelques impertinences à l'adresse de Mazarin.
Lionne raconte assez fidèlement cette scène :

Lorsque, dit-il, j'envoyai quérir l'expéditionnaire Bouvier
pour lui donner l'ordre du roi de sortir, dans l'entretien que
j'eus avec lui, il me coula qu'il s'étonnait qu'on le poussât de
la sorte et qu'il savait bien qu'il ne passerait pas deux mois
que le cardinal de Retz serait fort bien avec Votre Éminence.
Je lui demandai comment il entendait cela. Il me dit : « Que
veut Msr le cardinal, si ce n'est s'assurer que le cardinal de
Retz n'aille point en France et demeure ici ? » Je lui répliquai :
« Son Éminence ne veut pas même cela du cardinal de Retz ;
car s'il croit pouvoir aller en France, qu'il y aille ; il n'est
pas besoin de traiter pour cela, ni de faire valoir une chose
qu'on sait bien qu'il ne peut pas faire. Mais le roi veut du
cardinal de Retz qu'il ratifie la résignation de l'archevêché ;
sans quoi, Sa Majesté ne le recevra jamais à grâce, et si M. le
cardinal de Retz prend ses mesures sur un autre fondement
que celui-là, il y sera toujours trompé (2). »

Bouvier ne se tint pas pour battu et continua à protester contre la mesure excessive dont il était l'objet,
alléguant qu'il exerçait auprès de Retz les fonctions

(1) Lionne à Brienne, 8 février 1655. Affaires étrangères. *Correspondance de Rome*, tome CXXVI.
(2) Lionne à Mazarin, 8 février 1655. Affaires étrangères. *Correspondance de Rome*, tome CXXVII.

d'intendant et qu'il lui avait avancé plus de 6,000 écus, dans lesquels il ne rentrerait jamais. Il confirma du reste à Lionne que Retz était bien l'auteur de la lettre aux archevêques et évêques de France et qu'il l'avait envoyée à Paris, contre l'avis formel de tous ses amis (1). On peut ajouter au surplus, sans crainte d'être démenti, que cette lettre avait été blâmée presque par tous les membres considérables du Sacré-Collége.

Mazarin y avait fait faire une quantité de réponses, les unes imprimées, les autres manuscrites, mais toutes anonymes. La cour en expédiait des exemplaires à Rome, où ces réponses pouvaient exercer une action sérieuse, et Lionne était chargé de les distribuer utilement (2). Le plus remarquable de ces écrits, au point de vue de la langue et de la vigueur

(1) Lionne à Brienne, 8 février 1655. Affaires étrangères. *Correspondance de Rome,* tome CXXVII.

(2) Voici les titres des publications manuscrites ou imprimées qui se rattachent à ces polémiques :

MANUSCRITES : *Réponse à trois lettres du cardinal de Retz, écrites à Leurs Majestés et aux évêques de France.* — *Réponse particulière d'un évêque à la lettre-circulaire de M. le cardinal de Retz.*

IMPRIMÉES : *Réflexions sur une lettre envoyée de Rome aux archevêques et évêques de France (1655).* — *Lettre d'un bon Français sur le sujet de celles du cardinal de Retz à Leurs Majestés (1655).* — *Avis sincères d'un évêque pieux et désintéressé, envoyés au cardinal de Retz, etc., etc. (1655).*

On trouvera tous ces écrits aux archives des Affaires étrangères : *Correspondance de Rome,* tomes CXXVI et CXXVII.

de l'argumentation, a pour titre : *Lettre d'un bon Français sur le sujet de celles du cardinal de Retz à Leurs Majestés.* Il y a là des pages, étincelantes de verve, et qui peignent avec exactitude la physionomie de l'ex-coadjuteur. On en jugera par l'extrait suivant, dans lequel l'auteur anonyme raconte les débuts de Retz sur le terrain de la politique :

Il commença son premier apprentissage, en cabales et en mauvaises intrigues dans le parti de M. le comte de Soissons, où il s'engagea bien avant. M. le cardinal de Richelieu ne découvrit ses pratiques secrètes qu'après la bataille de Sedan, lorsque le péril fut passé, et, ne le craignant pas assez pour le vouloir perdre, il se contenta de lui donner, en son esprit, l'exclusion à toutes sortes d'emplois et de charges. Et j'ai ouï dire à un évêque d'une piété singulière, que ce grand homme l'appelait en particulier, *le taciturne* et *le songe creux....,* il alléguait aussi, en parlant de lui, ce mot d'un historien latin : *Novandis quam gerendis rebus aptiora ingenia.*

Quant à la conception politique de Retz, le même auteur la définit ainsi :

D'abord il se met en fantaisie de traiter du gouvernement de Paris, de le joindre en sa personne à l'archevêché, afin d'unir les deux puissances, la spirituelle et la temporelle, afin de se rendre maître d'un grand peuple, dont l'exemple donne quasi toujours le branle et le mouvement à tout le reste de la France.

Mazarin avait une telle confiance dans le dévouement et le zèle de Lionne, qu'il lui faisait suggérer de

préndre la plume lui-même et de réfuter à son tour
et après tant d'autres, la fameuse lettre aux archevêques et évêques, dont le premier ministre du roi
avait reçu une si profonde atteinte. Mais Lionne était
homme d'esprit, et il n'éprouvait aucune envie d'entamer des polémiques de cette nature avec un adversaire aussi redoutable. Il déclina donc poliment, mais
péremptoirement, l'invitation de Mazarin.

Je voudrais bien, écrivait-il, le 8 février 1655, pouvoir corres-
pondre à la bonne opinion que Son Éminence témoigne de
moi, quand vous m'ordonnez de sa part d'y faire secrètement
une réponse. Mais, outre que je vous jure que présentement
je n'ai pas un moment de temps où je ne travaille à des choses
indispensables, je reconnais avec confusion que je ne suis pas
assez fort pour répondre en la manière qu'il le faudrait à
cette pièce et particulièrement sur certains endroits, où il faut
étaler la doctrine et les preuves du pouvoir qu'ont les rois sur
les ecclésiastiques. Je verrai pourtant si je puis avoir le temps
de brouiller quelque chose qui me satisfasse et vous l'enverrai (1).

Inutile de dire que l'ambassadeur ne trouva jamais
le temps de se mettre à cette besogne ingrate, qu'il
laissa entièrement aux secrétaires et aux polémistes
personnels de Mazarin, comme l'abbé Ondedei, par
exemple, qui a travaillé, d'après le témoignage de

(1) Lionne à (?)...., 8 février 1655. Affaires étrangères. *Correspondance de Rome*, tome CXXVII. .

Lionne lui-même, à plusieurs réfutations de la lettre de Retz (1).

Le nouveau pape avait pris, le jour même de son élection, le nom d'Alexandre VII, et choisi le surlendemain, pour secrétaire d'État, Mgr Rospigliosi. Lionne laissa le premier procéder à son installation, mais non sans quelque anxiété sur la question de savoir quels étaient ses sentiments à l'égard du roi et du cardinal Mazarin, et dans quelles conditions s'engagerait l'affaire de Retz. Sur ce point, l'esprit de Lionne était toujours porté à quelques illusions.

Tout le monde, disait-il à Mazarin, le 8 avril, juge que la France a ce qu'elle pouvait désirer en cette élection, et peut-être plus qu'en celle de Sacchetti, parce que, outre qu'en effet Sacchetti et Bichi seront les maîtres de ce pontificat, on tient que Sacchetti aurait eu des respects à l'égard des Espagnols, pour ne paraître pas rien faire par esprit de vengeance (2).

Ces prévisions, nous le répétons, étaient infiniment trop optimistes.

Le 19 avril 1655, Lionne se rendit à l'audience du pape. L'attitude et le langage de l'ambassadeur fran-

---

(1) Lionne à Mazarin, 29 mars 1655. Affaires étrangères. *Correspondance de Rome,* tome CXXIX.

(2) Lionne à Mazarin, 8 avril 1655. Affaires étrangères. *Correspondance de Rome,* tome CXXIX.

çais, dans cette première conversation, donnent une grande idée de son tact et de son habileté. Lionne s'é-tait promis de n'y aborder aucune affaire avec le nouveau pape; il voulait au préalable, qu'on nous permette ce mot, créer l'atmosphère de leurs rela-tions mutuelles, et préparer le terrain de la né-gociation·dont il était chargé. Son compliment à Alexandre VII fut des mieux tournés. C'était l'ex-pression de cette idée, déjà indiquée plus haut, que la France aurait plus à se louer de Chigi que de Sac-chetti lui-même, puisque le premier était monté sur le trône pontifical, sans avoir été exclu par aucune puissance, et en conservant sa liberté d'action vis-à-vis tous les gouvernements. Puis, l'entretien descen-dit peu à peu, et c'était là le point essentiel, à la per-sonne de Mazarin, qu'il s'agissait de rendre agréable au nouveau pape. Lionne se porta garant des senti-ments de vénération que le premier ministre du roi professait pour Alexandre VII.

Il me repartit à tout comme je pouvais désirer, mande Lionne ; me témoigna grande estime de Votre Éminence et même beaucoup de tendresse, jusqu'à me dire qu'il avait res-senti autant qu'elle la mort du feu seigneur Paolo, son neveu, et que, depuis qu'il avait vu Votre Éminence à Brühl ou à Aix-la-Chapelle, si je ne me trompe, il était demeuré ravi de ses grandes qualités ; que l'aversion que le feu pape avait contre elle était inconcevable et lui avait fait souvent beaucoup de

peine ; qu'il lui fallait suer sang et eau pour l'obliger seulement à lui écrire un bref (1).

Alors Lionne se leva, comme pour prendre congé
du pape, mais, au moment de sortir, il fit semblant
de se raviser, et reprit la conversation pour informer
Sa Sainteté qu'il avait à lui présenter une lettre du
roi au sujet du cardinal de Retz. Comme cette lettre
était un peu longue et méritait un examen attentif,
Lionne pensait qu'il serait agréable au souverain-
pontife de la recevoir immédiatement ; S. S. en prendrait connaissance à loisir et elle entretiendrait l'ambassadeur de son contenu, la première fois que
celui-ci reviendrait au palais. Mais le pape, qui voulait
gagner du temps, déclina cette offre.

Il me dit, raconte Lionne, qu'il valait mieux attendre alors,
et que l'on a coutume en France de faire de très-longues
lettres, dont il arrivait quelquefois que, comme les choses du
monde changeaient, l'on était, après, fâché, ainsi que sur le
sujet du cardinal Antoine. Je ne demeurai pas d'accord qu'on
eût jamais été fâché d'avoir écrit la lettre sur le sujet du cardinal Antoine, quoique, depuis, on eût changé de sentiments
pour lui ; mais que c'était plutôt au roi d'être fâché de la longueur et de la teneur de celles qu'écrivait ici M. le cardinal de
Retz (2).

(1) Lionne à Mazarin, 19 avril 1655. Affaires étrangères. *Correspondance de Rome*, tome CXXIX.

(2) Lionne à Brienne, 19 avril 1655. Affaires étrangères. *Correspondance de Rome*, t. CXXIX.

On le voit, à leur première conférence, Alexandre VII et Lionne avaient échangé autant d'épigrammes que de félicitations. De graves difficultés se préparaient en effet pour l'ambassadeur français. Il n'allait plus trouver, devant lui, un pape violent et systématiquement hostile, comme Innocent X; c'est par la temporisation et les expédients dilatoires, qu'Alexandre VII userait la patience et les forces de Lionne, jusqu'au moment, où de guerre lasse, son gouvernement le rappellerait, afin d'éviter une rupture avec le Saint-Siége.

CHAPITRE III.

Le 26 avril 1655, Lionne remet au pape la lettre précédemment adressée par le roi à Innocent X, pour demander des poursuites contre le cardinal de Retz. — Alexandre VII dit avoir besoin de quelques jours pour l'examiner. — Influence croissante du cardinal de Retz à Rome. — Lettre de Mazarin au pape. — Nouvelle lettre du roi à Sa Sainteté. — Le mandement de Retz du 22 mai 1655. — Plaintes de Lionne contre les libelles de l'ex-coadjuteur. — Première promesse du pape à Lionne, au sujet d'une congrégation chargée d'examiner l'affaire de Retz. — Remise du pallium à Retz. — Explication de Lionne avec le pape. — Celui-ci prend l'engagement d'envoyer des commissaires. — Lionne se croit à la veille d'obtenir des concessions importantes. — La cour le presse de demander au pape un langage énergique contre Retz. — Conflit entre le gouvernement français et le nonce du pape à Paris. — Retz a révoqué les vicaires du chapitre et a nommé deux vicaires généraux, Hondène et Chassebras. — Hostilité violente de ce dernier contre Mazarin. — Lionne reçoit l'ordre de demander satisfaction au pape. — Embarras d'Alexandre VII. — L'envoi des commissaires fait un pas considérable. — Nouvelles hésitations du pape. — — Retz obtient un congé de vingt jours pour se rendre aux bains de Saint-Cassien. — Désappointement de Lionne. — Lutte de Chassebras contre la police de Mazarin. — Retz prolonge son séjour à Saint-Cassien. — Conférence entre Lionne et les cardinaux du parti français pour décider dans quelle mesure l'ambassadeur doit réclamer une prompte satisfaction ou provoquer son rappel. — Nouvel entretien de Lionne avec le pape. — — Alexandre VII refuse d'engager le procès sans la présence de

Retz. — Retour de celui-ci à Rome, à la fin d'octobre. — Le pape est obligé de s'exécuter ou de tenter une diversion. — C'est à ce dernier parti qu'il se résout.

Les partisans du cardinal de Retz, à Rome et à Paris, se cotisaient pour lui faire mener un train princier. Il avait réussi à leur persuader que le pape l'abritait sous sa haute protection, et qu'un jour ou l'autre, Mazarin, tombé dans la disgrâce, lui céderait la place de premier ministre. Retz avait chaque jour une table de 20 couverts, luxueusement servie; dans les rues de Rome, il ne se montrait qu'avec « 30 estafiers et trois carrosses, remplis de gentilshommes ». Un pareil état de maison exigeait de grandes ressources, qui provenaient évidemment de libéralités particulières et d'amitiés fort généreuses.

Je ne sais pas, écrivait Lionne, si ledit cardinal, marchant avec cette suite, songe à me faire arrêter en me rencontrant. Si j'en puis découvrir quelque chose, je prendrai une cinquantaine de soldats, qui m'accompagneront toujours sans livrée (1).

La lutte n'était donc pas commode avec un personnage aussi puissant, et Lionne ne pouvait prendre trop de précautions avant de l'entamer.

Il se présenta pour la seconde fois à l'audience du

(1) Lionne à Brienne, 19 avril 1655. Affaires étrangères. *Correspondance de Rome,* tome CXXIX.

pape, le 26 avril, avec la fameuse lettre du roi à Innocent X, lettre qu'Alexandre VII avait refusé de recevoir, huit jours auparavant. Au lieu de la prendre immédiatement des mains de Lionne, le pape dit d'abord qu'il la connaissait, pour l'avoir déjà lue dans des imprimés français, et il fit observer doucement que de pareilles publications blessaient un peu les convenances. L'ambassadeur repartit que les écrits du cardinal de Retz avaient probablement obligé le gouvernement royal à se défendre contre les imputations de ses ennemis, en livrant à la publicité les termes dans lesquels Louis XIV avait demandé justice au prédécesseur d'Alexandre VII, contre les crimes de l'ex-coadjuteur.

Cette lettre, reprit alors le pape, n'est donc pas pour nous. — Il est vrai, dis-je, qu'il y a quelques endroits que Votre Sainteté est suppliée de ne pas prendre pour soi, — dont il se prit à rire, — mais en général, outre que ce sont là les sentiments et les intentions du roi, c'est aussi le fondement de ma créance, parce que Sa Majesté supplie Votre Sainteté par la même lettre d'ajouter foi à ce que je lui dirai encore de vive voix. — Il me demanda là-dessus si j'avais ordre de la présenter à quelque pape que ce pût être. — Je lui dis qu'oui et que, sur l'éclaircissement que j'en avais demandé, on m'en avait envoyé ordre exprès. — Bien, dit-il, nous la recevons donc et la verrons (1).

(1) Lionne à Brienne, 26 avril 1655. Affaires étrangères. *Correspondance de Rome,* tome CXXIX.

Lionne insista ensuite pour obtenir une prompte
réponse, au sujet des demandes contenues dans cette
lettre. Mais le pape, nous l'avons déjà observé, était
résolu à gagner du temps. Il se réserva donc avec
opiniâtreté quelques jours pour prendre connaissance des demandes du roi et il ajourna l'ambassadeur français après les fêtes populaires et religieuses,
qui devaient suivre l'exaltation du nouveau pontife.
Rien ne devait être plus pénible à Lionne que ces
lenteurs, qui contrastaient déjà avec l'opinion qu'il
avait conçue des sentiments d'Alexandre VII et de sa
prétendue gratitude envers la France. Dans la conviction générale, la faveur de Retz auprès d'Alexandre VII grandissait d'ailleurs chaque jour, et, à entendre les familiers du cardinal, on avait une telle
confiance en ses lumières que le pape était à la
veille de lui faire prendre place dans toutes les con-
grégations importantes de son gouvernement. Il y
avait quelque exagération dans ces bruits. Mais ce
qui était vrai, c'est qu'Alexandre VII n'obéissait
qu'à des sentiments bienveillants pour la personne
du cardinal de Retz, et qu'il ne se laisserait pas entraîner légèrement à le persécuter. En vain objec-
tait-on que l'ex-coadjuteur entretenait des relations
avec les jansénistes et partageait leurs doctrines.
Le pape demeurait convaincu que Retz se bornait à
utiliser leur crédit sur l'opinion publique à Paris,

sans se rendre solidaire de leurs croyances (1).

Le 17 mai, Lionne eut une troisième entrevue avec Alexandre VII, pour lui présenter une lettre du cardinal Mazarin. Cette lettre mettait fin aux pourparlers préliminaires de la négociation, et l'engageait officiellement dans une nouvelle phase. Mazarin suppliait Sa Sainteté d'envoyer des commissaires en France, pour informer juridiquement contre Retz, et de l'enfermer sans retard au château Saint-Ange, pour prévenir sa fuite. Cette dernière demande ne laissa pas d'étonner singulièrement le pape.

Il commença, raconte Lionne, par me dire qu'il aurait été à désirer que, quand le roi fit arrêter M. le cardinal de Retz, qu'il l'eût aussitôt envoyé à Rome et qu'il eût fait en cela une grande action. Je repartis : — Je ne doute nullement que si Votre Sainteté eût été assise en la chaire où je la vois, que ce n'eût été la première pensée du roi, dès le même jour de la détention du sieur cardinal. Mais je ne crois pas que le cardinal Chigi eût voulu conseiller au roi d'envoyer le cardinal de Retz au pape Innocent, et par conséquent le pape Alexandre ne saurait trouver à dire qu'on ne l'ait pas fait. — Dont il se prit à rire et puis me dit : — Voyez-vous, je voudrais voir traiter cette affaire sans passion..... Pour moi, ajouta-t-il, je ne la traiterai que par raison ; quand vous me ferez vos

(1) Le Père Duneau à Mazarin, 17 mai 1655. Affaires étrangères. *Correspondance de Rome,* tomes CXXVII et CXXIX.

demandes, je vous dirai franchement mon sens : cela se peut, cela se doit, cela est trop (1).

Au premier moment, il avait paru à Lionne que le mot de passion s'appliquait à la demande d'emprisonnement de Retz. En réalité, il visait l'attitude générale de Mazarin dans cette affaire, et il indiquait que, aux yeux du pape, le premier ministre de France poursuivait beaucoup plus la satisfaction de ses animosités personnelles que le bien de l'État. Quoi qu'il en soit, Lionne, sans s'apercevoir immédiatement de son erreur, se borna à répondre que celui qui montrait ici le plus de passion, c'était assurément le cardinal de Retz. A quoi le pape répliqua qu'il ne le jugeait pas avec tant de sévérité. « Nous ne l'avons vu qu'une fois depuis la sortie du conclave, dit-il..... c'est une personne fort bien douée et qui possède quantité de langues, la grecque, l'hébraïque... etc. »

En terminant, Alexandre VII promit de rechercher avec soin ce qui avait été fait sur cette question, du vivant de son prédécesseur, et d'en confier l'examen à une congrégation, devant laquelle l'ambassadeur exposerait à loisir ses raisons et ses griefs. C'est tout ce que Lionne put obtenir du souverain pontife.

(1) Lionne à Brienne, 17 mai 1655. Affaires étrangères. *Correspondance de Rome*, tome CXXIX.

Pendant ce temps, on ne perdait pas une occasion, à Paris, de stimuler la bonne volonté d'Alexandre VII et le zèle de Lionne. Après Mazarin, qui avait adressé à Sa Sainteté la lettre dont nous venons de parler, le roi lui en avait écrit une autre, à la date du 9 mai. D'une forme plus respectueuse que celle qui avait été primitivement destinée à Innocent X, la seconde lettre de Louis XIV réclamait cependant, avec la même énergie, la mise en jugement de Retz.

Nous ne lui devons pas céler, y était-il dit, que la connaissance que nous avons de son naturel incorrigible (de Retz) nous oblige en conscience à ne rien oublier pour lui ôter les moyens de faire du mal et de troubler notre royaume, puisqu'il nous est impossible de lui en ôter la volonté, ni de changer la mauvaise inclination qui lui a toujours fait convertir en poison toutes les grâces que nous lui avons si libéralement départies et se prévaloir incessamment de nos bienfaits contre nous-même..... C'est donc avec grande raison que nous désirons qu'il soit puni, et pour cet effet nous recourons à Votre Sainteté afin qu'il lui plaise d'y donner ordre, sans perdre de temps, ayant cette confiance qu'elle ne nous refusera pas la justice que nous devons attendre d'un si digne successeur de saint Pierre, si plein de bonté et si équitable que Votre Sainteté (1).

Au moment où la lettre qui précède parvint à Lionne, le cardinal de Retz venait de publier un

_____

(1) Le roi au pape ; Paris, 9 mai 1655. Affaires étrangères. *Correspondance de Rome*, tome CXXVII.

nouvel écrit, adressé aux doyens, chanoines et membres du chapitre de l'Église de Paris. Quoiqu'il porte la date de Rome, 22 mai 1655, cet écrit passe cependant généralement pour être l'œuvre des jansénistes. D'après les probabilités, Retz l'aurait reçu tout fait de Paris, et, après l'avoir corrigé de sa main, il l'aurait réexpédié dans la capitale. Le thème développé dans ce mandement est connu. Le ton de la polémique y est relativement adouci. Retz a voulu sans aucun doute lui ménager quelques chances de circuler librement à Paris. Ce qui est vrai, c'est que la lettre pastorale du 22 mai 1655 ne produisit pas d'émotion sérieuse en France, et qu'elle a figuré longtemps, dans les éditions des Mémoires du cardinal, au lieu et place de celle du 12 décembre précédent, dont la vivacité effrayait encore les libraires, jusque sous le règne de Louis XV.

La lettre royale du 9 mai fut remise au pape par Lionne, le 24 suivant. Celui-ci fit ressortir, pour en appuyer les conclusions, que la plume du cardinal de Retz continuait à inonder la capitale de libelles et de placards séditieux et qu'un sujet aussi criminel ne pouvait prétendre plus longtemps à l'impunité, avec la connivence du chef de l'Église. Alexandre VII répéta qu'il allait mettre à l'étude l'affaire de l'archevêché de Paris, c'est-à-dire la confier à une congrégation, mais qu'avant tout, son devoir était de se préoccuper du repos des consciences et de l'état dans lequel la destitution et l'expulsion des vicaires, nommés par Retz, avaient jeté les intérêts spirituels de son diocèse. Un seul prélat avait consenti à y faire des ordinations, depuis un an ; tous les autres s'étaient dérobés aux sollicitations du gouvernement, qui avait méconnu ici les prescriptions les plus formelles du droit canonique. Puis, arrivant à la congrégation, le pape déclara qu'il la maintiendrait, telle que son prédécesseur l'avait constituée :

Comment, Saint-Père, s'écria Lionne, des personnes choisies par Innocent X ! — Ne vous alarmez pas, me dit-il ; c'est que celles-là sont informées ; nous-même en étions, le cardinal Spada en est ; je ne me souviens pas des autres. Vous trouverez qu'il n'y aura personne de suspect. — Et comme j'insistais fort contre cela, sur le prétexte d'Innocent, il me dit : — Ils ne sont pas juges. Ce ne sont que personnes que je charge d'examiner la matière et de m'en faire leur rapport. Vous voyez bien que je puis prendre conseil de qui il me plaît, mais je suivrai le mien (1).

Ces explications ne réussirent pas à effacer les préventions de Lionne. Un incident grave survint d'ailleurs à ce moment, qui ne pouvait que les justifier et les accroître.

(1) Lionne à Brienne, 25 mai 1655. Affaires étrangères. *Correspondance de Rome,* tome CXXIX.

Au consistoire du 1ᵉʳ juin, le cardinal de Retz sollicita le pape de vouloir bien lui conférer le pallium, c'est-à-dire le vêtement que les archevêques ont l'obligation d'aller demander au chef de l'Église et dont la remise équivaut à une sorte de consécration de l'autorité dont ils sont revêtus. Alexandre VII déféra avec un empressement significatif à la demande de Retz, et le pallium fut donné, dès le lendemain matin, à ce dernier, en dehors du cérémonial et des délais accoutumés. Il importe d'ajouter qu'au moment où Retz avait formulé sa demande, les cardinaux du parti français, présents au consistoire, soit par distraction, soit par timidité, n'y avaient fait aucune objection. Pour comble de malheur, ce jour-là précisément, l'ambassadeur du roi passait sa journée à Frascati, chez Mᵍʳ Bentivoglio, et personne n'eut la pensée de l'avertir de ce qui se passait.

En apprenant l'incident, à son retour, Lionne, tout le monde le comprend, entra dans une violente irritation. La joie exultante des amis de Retz lui indiquait assez qu'ils croyaient avoir remporté une grande victoire, dont l'effet ne manquerait pas d'être considérable à Paris. Lionne se rendit immédiatement chez le cardinal d'Este pour lui témoigner son mécontentement. Celui-ci répondit que la chose n'avait pas de portée et qu'il en était du pallium pour les archevêques, comme des titres d'églises, de prêtre et de diacre, pour les cardinaux, les uns et les autres ne conférant pas de pouvoir à ceux qui les reçoivent. Sacchetti, interpellé ensuite par Lionne, reconnut cependant que la conduite du pape était de nature à blesser le roi et qu'elle dépassait les limites de la prudence politique. Des explications devenaient donc nécessaires entre Alexandre VII et l'ambassadeur. Elles eurent lieu sans retard.

Lionne, en abordant le souverain-pontife, lui fit remarquer que le premier acte de Sa Sainteté dans l'affaire de Retz n'avait rien que de favorable à un sujet français, contre lequel le roi, son souverain, réclamait justice. Le pape répondit :

A Dieu ne plaise que nous fassions jamais aucune chose qui puisse déplaire au roi. Cela ne sera jamais, ni dans notre intention, ni dans l'effet. Nous avons donné le pallium au cardinal de Retz, parce que jamais archevêque ne l'a demandé qu'on ne le lui accordât, que nous sommes obligé de le reconnaître pour tel, puisqu'il a les bulles apostoliques et que, même, il a pris possession ; que son procès n'est pas encore fait, ni même commencé, et que, jusqu'à ce qu'un homme soit condamné, nous sommes tenu de le croire homme de bien (1).

Mais ces arguments ne devaient pas convaincre Lionne, aux yeux de qui les crimes du cardinal de

(1) Lionne à Brienne, 10 juin 1655. Affaires étrangères. *Correspondance de Rome*, tome CXXIX.

Retz avaient un tel caractère de notoriété qu'ils créaient contre lui des présomptions indestructibles. Puis, comme le pape revenait à la charge, pour démontrer à son interlocuteur qu'il s'était laissé émouvoir par une « bagatelle », et qu'il n'y avait, dans la remise du pallium, que l'accomplissement d'une formalité, indifférente à l'autorité des archevêques, Lionne qui, à ses heures, avait étudié la théologie, demanda au souverain-pontife la permission de lui opposer trois faits caractéristiques.

En premier lieu, lui dit-il, si la remise du pallium n'ajoute rien à l'autorité de l'archevêque, comment se fait-il qu'avant de l'avoir reçu, celui-ci ne puisse ni faire des ordinations, ni porter son titre ?

Le pape répondit à Lionne que la pratique de l'Église n'était plus conforme à ces prescriptions. Mais l'ambassadeur tenait en réserve un second argument plus difficile à réfuter.

Quand un archevêque, continua-t-il, fait cette instance (du pallium), si quelqu'un se présente qui lui oppose quelque crime qu'il offre de prouver dans un mois, le pape ne doit point passer outre ; or, il est certain..... que la plainte que Sa Majesté a faite à Votre Sainteté par ses lettres, et si souvent par ma bouche, était une opposition du plus grand poids et qui devait être plus considérée que celle d'un simple particulier (1).

(1) Lionne à Brienne, 10 juin 1655. Affaires étrangères. *Correspondance de Rome,* tome CXXIX.

Le pape garda le silence devant cette objection, sur laquelle Lionne, dont l'érudition en ces matières était inépuisable, renchérit par des citations, non moins probantes, tirées d'une lettre du pape Jean VIII à l'archevêque de Cologne. D'après le témoignage de ce pape, la remise du pallium s'effectue avec tant de circonspection, qu'elle doit faire tomber toutes les accusations qui ont pu s'élever antérieurement contre un archevêque.

Ce passage, poursuit Lionne, est si formel que le pape n'y sut que répondre, et j'ajoutai que, si le cardinal de Retz le peut découvrir au même lieu où je l'ai trouvé, qui est un livre *de Pallio*, imprimé à Paris en 1648, le cardinal de Retz ne manquera pas de s'en servir à vouloir faire croire qu'on ne lui peut plus rien reprocher.

Le pape, en accordant si facilement le pallium à l'archevêque de Paris, n'avait pas évidemment cédé à la tentation de blesser le gouvernement français, mais il n'en avait pas moins réussi à établir, aux yeux du public, que la situation du cardinal de Retz vis-à-vis du roi ne lui inspirait aucun scrupule, et que rien n'était plus éloigné de sa pensée que de considérer l'ex-coadjuteur comme un criminel.

Or, c'est précisément là ce qui constituait la gravité de l'acte, contre lequel réclamait Lionne.

Comme compensation, celui-ci fit donc de nou-

velles et pressantes instances, afin d'accélérer un -
commencement de procédure contre le cardinal de
Retz. Ces instances étaient d'autant plus opportunes
qu'à ce moment encore le pape affectait de croire
qu'au fond le roi ne voulait pas du procès. Convaincu
par les déclarations catégoriques de Lionne, qui
l'assura qu'il n'était venu à Rome que dans ce but; le
pape déclara alors que la lettre de Louis XIV à Sa
Sainteté ne suffisait pas, mais qu'il fallait d'autres
pièces pour ouvrir régulièrement l'affaire. Il était indispensable que l'ambassadeur ou le procureur général présentassent, au nom du souverain, une requête
contenant les chefs d'accusation. Ensuite, on en vint
à la question des commissaires qu'il s'agissait d'envoyer en France pour instruire contre le prévenu.
Après les réserves obligées, relativement à l'impossibilité d'autoriser des étrangers à exercer une juridiction contentieuse sur le territoire français, rien n'était
plus important que de savoir comment le pape conce-
vait le rôle de ces commissaires. Il le définit dans des
termes plus satisfaisants, que Lionne résume ainsi :

Nous voulons bien vous dire, puisque vous nous pressez
tant, et vous pouvez l'écrire de notre part, que, vous envoyant
nos commissaires en France, le procureur général ou quelque
autre fiscal de la part du roi se présentant à eux, avec des
témoins, contre le cardinal de Retz, un d'entre eux commen-
çant à dire : «J'ai vu en tel temps le cardinal de Retz, à la tête

d'un régiment qu'il avait levé contre le roi, qu'il faisait appeler des Corinthiens, en habit court, deux pistolets à l'arçon de la selle, une plume verte à son chapeau » (le pape dit toutes ces mêmes particularités, sans que j'y ajoute rien), — un autre viendra après lui : « Je lui ai vu prêcher la révolte et la sédition, ordonner des barricades ; » — un autre : « Il a assassiné ou voulu assassiner celui-ci et celui-là; » — nos commissaires n'omettront pas un iota de toutes ces dépositions et autres semblables et en feront leurs procès-verbaux pour nous être rapportés. — Et Votre Sainteté, dis-je, jugerait après sur le tout? — Nous jugerions après sur le tout. — Sans aucun égard à l'amnistie, ajoutai-je; comme si elle n'avait pas été donnée? — Sans aucun égard à l'amnistie, repartit-il, comme si elle n'avait pas été donnée, et nous ne voulons pas faire valoir cela au roi comme une obligation, car nous croyons être tenu en conscience d'en user de la sorte (1).

Lionne n'était pas éloigné de voir dans ces déclarations de véritables avances; cependant, il ne sortit pas de sa réserve, préoccupé qu'il était des obstacles qui attendaient les commissaires du pape, le jour où ils voudraient exercer une juridiction quelconque en France. Mais le langage d'Alexandre VII prouvait, et c'était là un point essentiel, qu'il n'avait pris aucun engagement définitif avec le cardinal de Retz. D'ailleurs, pour faire perdre à ce dernier l'archevêché de Paris, il n'était pas nécessaire que son procès aboutît à une condamnation, il suf-

(1) Lionne à Brienne, 10 juin 1655. Affaires étrangères. *Correspondance de Rome*, tome CXXIX.

fisait qu'il commençât, avec la perspective d'une enquête criminelle sur l'ensemble de la vie politique
de l'ex-coadjuteur. Au fur et à mesure que la conversation avançait, Lionne gagnait donc visiblement
du terrain. Revenant sur l'incident du pallium, le
pape lui avait dit :

Il ne faut pas que, vous autres, preniez des ombrages pour
certaines choses que nous ne pouvons nous dispenser de faire,
tant que le cardinal de Retz sera encore en l'état qu'il est
aujourd'hui ; mais vous verrez qu'aussitôt que son procès sera
commencé, nous en ferons d'autres bien différentes (1).

Toutefois, si des concessions lui semblaient légitimes dans les questions de personnes, il n'en devait
pas être de même dans les questions de principes.
Or, à ce point de vue, le gouvernement français
n'avait pas à s'illusionner : la situation de l'Église
de Paris, le Pape le répétait, devenait chaque jour
plus intolérable. Le siége n'était pas vacant ; dès lors
l'autorité des administrateurs était irrégulière et
leurs actes restaient entachés de nullité. A cela, il
n'y avait qu'un remède : permettre à l'archevêque
en titre de nommer des vicaires, qui seraient désignés par le roi. Mais ici, Lionne, à son tour, ne voulait condescendre à aucun compromis. Retz n'ayant

(1) Lionne à Brienne, 10 juin 1655. Affaires étrangères. *Corres-*
pondance de Rome, tome CXXIX.

jamais prêté le serment de fidélité au roi, Retz
ayant donné sa démission d'archevêque de Paris, il
était déchu de sa juridiction, et toute combinaison
qui ne tiendrait pas compte des faits accomplis, ne
réussirait qu'à troubler le repos des esprits dans la
capitale de la France, contrairement aux vœux du
pape lui-même. Devant ce refus inexorable, Alexandre VII indiqua alors à l'ambassadeur qu'une fois
le procès du cardinal de Retz commencé, il se
montrerait disposé à nommer de lui-même un suffragant pour administrer le diocèse de Paris.

Lionne crut l'occasion favorable pour lancer un
long réquisitoire contre le cardinal de Retz, à propos des libelles diffamatoires qu'il ne cessait de
rédiger à Rome et dont ses agents inondaient Paris.
Sur quoi le pape ayant timidement objecté que la
participation de Retz à ces libelles n'était pas toujours démontrée, Lionne reprit avec animation :

Qu'il était malaisé audit cardinal de déguiser son style et sa
manière de porter les choses en écrivant et que je m'offrais,
s'il (le pape) le désirait, de lui faire voir un nouveau
libelle, qu'il avait, depuis sa sortie du conclave, envoyé à
Paris et qui m'en avait été adressé, le plus infâme et le plus
malicieux que tête d'homme puisse forger, et que Sa Sainteté
même, qui avait vu sa lettre aux évêques, jugerait ne pouvoir
partir que de la cervelle et de la plume du cardinal de Retz,
et, pour pleine conviction qu'il ne peut être que de lui et non
pas de ses ennemis, qui n'auraient pas eu en mains une pareille

pièce, il ajoute à la fin du libelle le bref même que le pape
Innocent lui écrivit, après son évasion du château de Nantes.
— Mais que contient ce libelle ? dit le Pape. — Saint-Père,
dis-je, en répondant à la lettre du roi écrite à Votre Sainteté,
qui n'est pas un libelle..... il se rue sur le père de Mgr le
cardinal, sur les familles Mancini et Martinozzi et sur
la mère de Son Éminence, avec des termes même, sur cette
bonne dame, que j'aurais horreur de dire. — Le pape faisant
un grand signe de croix : — Bon Dieu ! sur la mère de M. le
cardinal! *Era una santa, era una santa, era una santa. Dio
lo perdoni a chi a commesso una tal iniquità* (1).

Très-ému par l'éloquence de Lionne, le pape lui
promit de parler et de faire parler à Retz sur ce sujet,
« de la bonne sorte ». Mais il parut attacher beaucoup de prix à avoir entre les mains des preuves ma-
térielles des abus auxquels le cardinal se livrait avec
sa plume, à Rome. Il lui fut objecté que rien n'était
moins facile que de se procurer ces preuves, puisque
la principale application du coupable consistait à
tout mettre en œuvre pour les dérober. L'ambassadeur du roi ajouta :

Saint-Père, afin que Votre Sainteté connaisse de plus
en plus quelle sorte d'esprit c'est, je veux prendre la liberté
de lui dire deux particularités, dont l'une regarde sa personne,
et l'autre la mienne. Le cardinal de Retz, ou pour maintenir
mieux ses partisans et son crédit prétendu, ou pour d'autres

---

(1) Lionne à Brienne, 10 juin 1655. Affaires étrangères. *Correspondance de Rome*, tome CXXIX.

fins, ne cesse d'écrire à ses amis qu'il aura toute protection de
Votre Sainteté et qu'elle lui a promis positivement qu'elle le
remettrait dans l'archevêché de Paris. Les avis en sont venus
au roi et à plusieurs personnes de son conseil. Mais je dois
assurer en même temps Votre Sainteté que Sa Majesté s'en est
moquée comme d'une pure imposture. — Sa Majesté, dit-il,
nous a fait justice : *Non ci e passato per la mente non che per
la bocca.* — Votre Sainteté jugera donc de là, dis-je, combien
il lui est important de ne rien faire que cet esprit extrêmement
avantageux puisse détourner à ses fins et de ne lui dire pas
même des paroles civiles, dont il puisse tirer la moindre
conséquence ou qu'il sera protégé ou que son procédé sera
approuvé !

L'autre particularité, qui me regarde, est que ledit cardinal
écrit à ses amis qu'il a fait en sorte, partie par offices, partie
par menaces, que je ne le desservirai point ici et que j'irai
fort réservé en tous ses intérêts. — *Oh! dunque*, dit le Pape,
andiamo del pari. — J'appelle, dis-je, Votre Sainteté à témoin
contre cette imposture, et elle pourra se souvenir que, lui
parlant dudit cardinal, je l'ai toujours fait en termes si forts
que quelquefois elle m'a dit qu'elle voudrait me voir traiter
cette affaire sans passion. — Cela est vrai, dit-il, nous le
témoignerions bien, s'il en était besoin (1).

On chercherait vainement une exposition plus habile et plus concluante. Comment oublier, cependant,
que ce qui venait d'être accordé par le pape au cardinal de Retz allait donner une nouvelle consistance
aux bruits qui le représentaient comme le protégé

_____

(1) Lionne à Brienne, 10 juin 1655. Affaires étrangères. *Correspondance de Rome*, tome CXXIX.

d'Alexandre VII et le dépositaire de ses pensées les
plus secrètes? A ne tenir compte que de la vigueur
de sa plume et des ressources illimitées de son esprit,
Retz était déjà l'adversaire le plus redoutable de Mazarin : mais le fait de lui avoir remis le pallium avec
tant d'empressement et d'avoir ainsi entouré d'une
nouvelle consécration son titre d'archevêque, à
l'heure même où le gouvernement du roi demandait
des poursuites contre lui, subsistait tout entier, et il
ne fallait rien moins que des mesures décisives pour
en effacer la portée, aux yeux du public. Retz parut
craindre un instant que le pape n'eût promis ces mesures. Trompé par les rapports de ses agents, le
cardinal a même inséré, dans ses Mémoires, une
prétendue dépêche de Lionne à Mazarin, dépêche où
il est dit, que l'ambassadeur obtint du pape tout ce
qu'il était venu lui demander, la menace à la bouche.
Cette dépêche, nous ne craignons pas de le dire,
n'appartient pas à Lionne, et elle n'a qu'un rapport
très-indirect et très-éloigné avec le véritable état des
choses. Ici, comme dans une foule d'autres circonstances, Retz s'est fort peu soucié de l'exactitude des
faits, et, s'il est acquis que le pape, un peu troublé
par les récriminations de Lionne, ait promis l'envoi,
à bref délai, de commissaires pontificaux, chargés de
procéder à une enquête sur la vie politique du cardinal, il est faux qu'il ait déclaré, « les larmes aux

ÿeux, » avoir été « surpris » par l'ex-coadjuteur et
être dans l'intention de confier l'instruction de son
procès à « une congrégation de cardinaux agréables
au roi » (1).

Du reste, quatre jours après l'audience de Lionne,
le pape, tout en reconnaissant, en présence du cardinal Bichi, que Retz, malgré « beaucoup de doctrine et
de mémoire, » manquait de « jugement », n'hésitait
pas à se dire dans l'impossibilité de le traiter en criminel, tant que son procès ne serait pas commencé.

Dans cette affaire, Alexandre VII subissait, on le
sent, les influences les plus contradictoires. Au sortir d'une conversation avec Lionne, il semblait résigné
à donner satisfaction à la cour de France : le lendemain, Retz ou ses amis avaient réussi à lui présenter
les choses sous un autre aspect, et tout était à recommencer pour l'ambassadeur du roi.

A Paris, cependant, on était fort impatient d'une
solution. Déjà les ennemis de Lionne le représentaient comme faible et au-dessous de sa tâche.
D'autres affirmaient qu'il s'était laissé circonvenir
par le cardinal de Retz et qu'il trahissait le roi (2).

---

(1) Voir *Mémoires du cardinal de Retz*, IIIe partie, chap. II, édit.
Charpentier, tome IV.
(2) Lionne à Mazarin, 11 juin 1655. Affaires étrangères. *Correspondance de Rome*, tome CXXIX.

Dans ces conjonctures, Lionne reçut l'ordre de faire observer au pape que l'opiniàtreté de Retz à conserver et à revendiquer ses droits sur le siége de Paris provenait des encouragements secrets de Sa Sainteté. Pour rassurer pleinement à cet égard le gouvernement du roi, il ne suffisait donc plus qu'Alexandre VII protestât en termes vagues contre les insinuations des amis du cardinal, il était encore de toute nécessité qu'on tînt à celui-ci un langage énergique, et Mazarin allait jusqu'à indiquer quel devrait être ce langage. Mais le difficile était de faire supporter au pape une prétention aussi excessive. Lionne, comptant sur ses aptitudes d'insinuation, se rendit au palais, et là, tenant à la main la note où Mazarin se substituait à Alexandre VII pour admonester Retz, il s'exprima en ces termes :

Je sais que Votre Sainteté, ayant ce dessein, trouvera mieux que personne les paroles et les pensées propres à le mettre bientôt à fin. Néanmoins, j'avoue à Votre Sainteté que Sa Majesté elle-même a songé de delà à ce qui se pouvait dire en ce rencontre et me commande, si j'en trouve l'occasion; de l'insinuer respectueusement à Votre Sainteté, se remettant pourtant à sa bonté et à sa prudence incomparables de changer, ajouter ou retrancher ce qui lui semblera à propos. Mais, comme Votre Sainteté m'a une fois témoigné que ma manière de négocier lui plaisait, en ce que je ne gardais point avec elle de seconde intention, ni ne lui faisais point de finesse et de secret, où il n'en était pas besoin, si Votre Sainteté l'agrée, afin même de ne perdre rien des pensées du Roi, je lui lirai un extrait que j'ai tiré de la dernière dépêche de Sa Majesté. — Vous nous ferez plaisir, dit le pape (1).

Puis, Lionne donna communication à Alexandre VII du projet de discours que Mazarin entendait placer dans la bouche de Sa Sainteté. Nous ne reproduisons pas ce projet, dont le sens se devine aisément. En deux mots, Mazarin voulait que le pape ôtât toute illusion à Retz sur l'assistance que celui-ci pouvait rencontrer encore à Rome, s'engageât sur l'envoi de commissaires chargés d'instruire contre lui, détournât l'ex-coadjuteur de rentrer en France et enfin lui demandât impérativement, pour plaire au roi, une nouvelle démission de son titre d'archevêque de Paris (2).

Alexandre VII écouta très-patiemment cette lecture, mais sans dissimuler que tous les passages de la note du roi ne lui plaisaient pas également. « Le secrétaire, reprit-il, a été adroit et ingénieux à nous vouloir donner ses appréhensions. » Mais c'est tout ce qu'il admit. Sur le fond de la question, le pape déclara que la conduite du gouvernement trahissait

(1) Lionne à Brienne, 28 juin 1655. Affaires étrangères. *Correspondance de Rome*, tome CXXIX.

(2) Extrait de la dépêche du roi, du 4 juin 1655, touchant ce que Sa Sainteté pourrait dire au cardinal de Retz. *Correspondance de Rome*, tome CXXVII, f° 425.

les plus singulières contradictions. Lionne réclamait
aujourd'hui des commissaires, mais Mazarin n'a-
vait-il pas refusé de recevoir celui que la cour de
Rome voulait envoyer à Paris, après l'arrestation
de Retz, pour instruire son affaire, et soustrait
ainsi, pendant vingt mois, le prévenu à la seule
juridiction qui lui fût applicable? En présence de
ces faits, comment exiger maintenant la démission
de Retz? Néanmoïns le pape n'avait pas cru devoir
lui dissimuler que des commissaires allaient être
nommés pour informer contre lui, même sur les
crimes relevés à sa charge, avant l'amnistie. Mais
cette mesure ne troublait guère l'ex-coadjuteur,
qui semblait convaincu, ou que le procès n'aurait
jamais lieu, ou qu'il n'aboutirait pas à une condamnation. La démarche de Lionne n'avait donc pas
réussi à entraîner Alexandre VII au-delà de la
limite qu'il s'était fixée, et il fallait conclure des
déclarations de celui-ci que, s'il se décidait à adresser de nouvelles remontrances à Retz, ce ne serait
pas en employant les arguments et les menaces, sug-
gérés dans la note royale du 4 juin.

Pendant que le pape et Lionne se fatiguaient dans
ces discussions stériles, l'affaire de Retz prenait ino-
pinément à Paris un caractère d'acuité extrême, à
la suite d'un incident sur lequel il convient de s'arrêter. Au commencement du mois de juin 1655, le

nonce du pape en France avait écrit deux lettres à
Mazarin. Dans la première, il était dit que la bulle
du jubilé traditionnel, pour célébrer l'avénement d'A-
lexandre VII, étant arrivée, le représentant du Saint-
Siége et le gouvernement français avaient à se concerter sur les mesures les plus propres à assurer à cette
bulle, en l'absence de l'archevêque, toute la publicité
à laquelle elle avait droit dans le diocèse de Paris.
L'autre lettre annonçait que le pape avait décidé de
ne pas laisser plus longtemps les vicaires, élus par
le chapitre, administrer le diocèse. En conséquence,
le nonce priait Mazarin de lui indiquer les archi-
prêtres ou curés, auxquels il serait agréable au roi
que le Saint-Siége déléguât des pouvoirs réguliers.

Mazarin répondit à la première de ces lettres par
des remercîments ; quant à la seconde, il fit observer que c'était là une matière plus délicate, mais que,
pour les deux choses, il était nécessaire d'en conférer d'abord avec le chancelier et le garde des sceaux.

Au surplus, le gouvernement se montrerait disposé
à donner au chef de l'Église toutes les satisfactions
désirables, à la condition qu'on évitât, dans les mesures à intervenir, de rien concéder aux prétentions
du cardinal de Retz.

Les ministres, après avoir tenu conseil, autori-
sèrent le nonce à adresser la bulle du jubilé aux archi-
prêtres et curés, ayant charge d'âmes. Mais le nonce

refusa d'obtempérer à cette condition, et, mêlant l'affaire du jubilé à celle des vicaires, il menaça ces derniers d'excommunication, s'ils ne résignaient pas immédiatement l'administration du diocèse de Paris. Le chancelier conçut une vive irritation de cet incident ; toutefois Le Tellier, plus récemment informé des intentions du roi, rouvrit les négociations avec le représentant du Saint-Siége et lui demanda s'il avait des pouvoirs pour députer, de la part du pape et en son nom, de nouveaux vicaires. Le nonce dut confesser alors qu'il n'avait pas ces pouvoirs. Les choses en étaient là, quand on apprit un fait singulier. Retz venait de révoquer les deux vicaires du chapitre et avait nommé à leur place Hondène et Chassebras, curés, l'un de Saint-Séverin, et l'autre de la Madeleine. Ce dernier, aussi actif qu'intelligent, comptait parmi les amis les plus dévoués de Retz, et les ennemis les plus acharnés de Mazarin. Mais, attaché, comme il l'était, au jansénisme, son nom allait devenir, entre les mains de Lionne, un argument de haute portée pour démontrer au pape jusqu'à quel point Retz méconnaissait au même degré, dans ses actes, les droits de la religion et les convenances de la politique.

De tout ce qui précède, il résultait en effet deux choses : la première, c'est que le nonce avait exigé la démission des vicaires du chapitre de Paris, sans

être muni des pouvoirs nécessaires pour les remplacer immédiatement; la seconde, c'est que Retz s'était
substitué sur-le-champ à l'action du représentant du
pape, pour procéder lui-même, en vertu d'une autorité qui lui était absolument contestée, à ces deux
nominations. N'en fallait-il pas conclure qu'Alexandre VII et le cardinal de Retz avaient agi d'accord?
N'était-il pas remarquable aussi que Lionne avait été
tenu dans une ignorance complète des ordres, sur
lesquels le nonce avait soulevé l'incident?

Dans ces conditions, le conseil du roi émit l'avis,
qu'avant d'arrêter des mesures rigoureuses, il y avait
lieu de demander des explications à Rome, par l'intermédiaire de l'ambassadeur. Celui-ci se présenta
donc, le 12 juillet, à l'audience d'Alexandre VII, pour
l'entretenir, conformément à ses instructions, du
conflit qui venait de surgir à Paris. Mais le pape répondit qu'il attendait les dépêches de son agent, et
que, jusque-là, il avait le devoir de garder le silence.
A quoi Lionne objecta qu'il réclamait des éclaircissements sur des points de fait, sans corrélation avec la
correspondance du nonce. Celui-ci, après avoir exigé
la cessation des pouvoirs des vicaires, nommés par
le chapitre de Paris, s'était déclaré hors d'état de les
remplacer : avait-il, oui ou non, exécuté en cela les
ordres du Saint-Siége? Toute la question était là. Les
efforts de Lionne furent inutiles, le pape s'obstinant

à ajourner ses explications à huitaine. Puis la conversation se porta de nouveau sur l'envoi des commissaires. Lionne profita de cette circonstance pour
mettre en garde son auguste interlocuteur contre le
danger d'éveiller à ce propos les susceptibilités du
parlement :

Il sera bien nécessaire, Saint-Père, dit Lionne, qu'il plaise
à Votre Sainteté concerter toutes choses avec moi, car il
pourrait arriver que Votre Sainteté s'engagerait à prendre des
expédients auxquels, quoiqu'ils fussent approuvés par le roi
et de sa satisfaction, le parlement ne laisserait pas de s'y
opposer ; et cela ne la doit point surprendre, car elle peut
savoir qu'aux affaires du roi même, quand il ne s'agit que de
lever cinq sols dans son royaume, le parlement en veut
prendre connaissance et fait des remontrances à Sa Majesté.
A plus forte raison, ledit parlement étant toujours..... tendu
contre la cour de Rome pour ne se départir pas de nos coutu-
mes et abandonner les droits de la couronne, il sera nécessaire
de bien penser et examiner comment on y procédera de
déçà (1).

Le pape ressentait à ce moment, d'une manière
assez vive, les embarras que lui causait le cardinal
de Retz, et il les lui reprochait en termes amers. Il
l'avait même exhorté à apaiser, par tous les sacrifices
possibles, l'indignation du roi, à ne reculer devant
aucun effort pour rentrer dans ses bonnes grâces et

(1) Lionne à Brienne, 12 juillet 1655. Affaires étrangères. *Correspondance de Rome*, tome CXXX.

surtout à s'abstenir, plus que par le passé, de rédiger
des libelles attentatoires à la réputation du premier
ministre de Louis XIV. Mais, sur ce sujet, Retz avait
opposé les protestations les plus énergiques aux accusations portées contre lui ; il prétendait même n'a-
voir jamais eu de relations avec l'agent du prince de
Condé, qui se trouvait alors à Rome (1). C'était beaucoup d'assurance, et Lionne avait peine à voir, dans
ces dénégations audacieuses, autre chose qu'un signe
évident de la perversité de son ennemi.

Le pape continuait à se soustraire à toute explication sur la conduite du nonce, dans la question des
vicaires du chapitre. Cependant il maintenait que
la retraite de ces derniers était nécessaire. Au lendemain de l'évasion de Retz, ils n'avaient reçu l'administration du diocèse, que parce que le chapitre
ignorait la résidence du cardinal. Mais, dès qu'il avait
eu connaissance de l'arrivée à Rome de son archevêque, le chapitre avait été obligé de faire cesser l'exercice des vicaires, ou tout au moins de consulter le
Saint-Siége. Il paraissait donc impossible de revenir

---

(1) Dans une dépêche de Lionne à Mazarin du 12 juillet, il est
dit : « Ayant su que le cardinal de Retz a vu, il y a quelques jours,
à Termini, la nuit, en chapeau gris, et avec épée et pistolets, le gentilhomme de Monsieur le Prince..... je poussai plus avant la chose
avec le pape : il me donna des personnes de connaissance qui les
aillent surprendre ensemble avec lanternes sourdes. » Affaires étrangères. *Correspondance de Rome,* tome CXXX.

sur les révocations prononcées par le cardinal de Retz. Toutefois le pape avouait que l'un des deux nouveaux vicaires n'avait pas été heureusement choisi, eu égard à la notoriété de ses opinions jansénistes (1).

Un moyen s'offrait de sortir de cette impasse et de tout concilier, c'était de commencer sans retard le procès de Retz. Antérieurement, il avait été convenu que Lionne remettrait au Saint-Siége un mémoire officiel, contenant l'énumération des crimes politiques du cardinal. Mais l'introduction d'une pareille pièce présentait, entre autres inconvénients, celui de faire du roi l'accusateur de l'un de ses sujets. N'était-il pas préférable de lui substituer les deux lettres que Louis XIV avait écrites au chef de l'Église sur cette affaire? Le roi resterait ainsi dans son rôle, en se contentant de demander justice au pape, contre un dignitaire de l'Église, qui avait désobéi aux lois de l'État.

En second lieu, la communication d'un mémoire, énumérant les crimes du cardinal de Retz, obligeait le gouvernement à fournir la preuve de toutes ses articulations, ce qui pouvait être parfois fort délicat. Or, dans la nouvelle combinaison, on échappait à cette responsabilité, puisqu'on restait libre de ne di-

(1) Lionne à Brienne, 19 juillet 1655. Affaires étrangères. *Corres-pondance de Rome*, tome CXXX.

riger l'enquête des commissaires étrangers que sur
les faits suffisamment établis. Le pape se prêta, de la
meilleure grâce, à cette transaction.

Saint-Père, lui dit alors Lionne, j'écrirai donc au roi qu'il
peut tenir le procès du cardinal de Retz pour commencé, sur
les lettres que Sa Majesté en a écrites à Votre Sainteté. —
Nous croyons, répondit-il, que la chose pourra aller de la sorte,
sans difficulté (1).

'Quant aux commissaires, Lionne le remarqua, il
n'en était plus question.

Ces déclarations s'échangeaient le 9 août, et il
était permis, à la rigueur, d'espérer qu'on n'était plus
séparé, que par un court intervalle, du commencement
du procès. Mais le 23 suivant, les choses étaient encore dans le même état, et le pape, sollicité instamment de tenir sa promesse, répondait qu'il voyait
dans ce procès un scandale fâcheux et qu'il avait
fait prier Retz de se prêter à tous les sacrifices
nécessaires pour l'éviter. Puis, comme d'habitude,
celui-ci avait témoigné une foi absolue dans son
innocence, en proclamant bien haut qu'il n'avait
aucune raison d'appréhender l'action judiciaire dont
il était menacé, et en qualifiant les faits, énoncés
contre lui, de délits de jeunesse. Lionne, très-con-

(1) Lionne à Brienne, 9 août 1655. Affaires étrangères. *Corres-*
pondance de Rome, tome CXXX.

trarié de voir les meilleures résolutions du pape s'affaiblir si vite, lui donna indirectement le conseil de faire appeler le cardinal et de lui tenir le langage suivant :

Est-(il) vrai, ou n'est-il pas vrai, qu'en l'année 1649, lors de la révolte de Paris, le jour de la conversion de Saint-Paul, vous montâtes en chaire, en l'église du nom de ce saint, et prêchâtes à tout le peuple qu'il fallait vendre les vases sacrés et toute l'argenterie des églises, pour faire la guerre au roi ? Croyez-vous qu'entre 12 ou 15,000 personnes qui l'ouïrent, il n'y en ait aucune qui s'en souvienne et qui le veuille témoigner ? Est-il vrai, ou n'est-il pas vrai, que, dans la même guerre et dans tous les mouvements de 1651 et 1652, vous avez assisté et opiné à toutes les délibérations du parlement, laissant à part que c'était contre votre roi, contre des évêques, comme ceux d'Aire et de Dol, contre un cardinal, opinant à le représenter en justice, à vendre ses biens, ses meubles et faire donner arrêt de lui courre sus et autres choses semblables, toutes notoires, insérées dans les registres du parlement, dont une seule peut suffire pour vous faire priver justement de l'arche-vêché ? Est-il vrai, ou n'est-il pas vrai, que vous avez levé des troupes, sous votre nom, contre le roi (1) ?

Et, dans la prévision où le pape éprouverait des scrupules sur l'authenticité de ces faits, Lionne avait eu la précaution de se munir du journal imprimé du parlement, qui contenait toutes les preuves à l'appui.

(1) Lionne à Brienne, 23 août 1655. Affaires étrangères. *Correspondance de Rome*, tome CXXX.

Cette collection volumineuse avait été déposée par lui dans une pièce voisine du salon de réception du pape, et rien n'était plus facile que de la consulter, si les besoins de la discussion l'exigeaient. Alexandre VII s'en rapporta à la parole de l'ambassadeur, comme un juge qui aurait eu moins de doutes sur l'existence, que sur le caractère criminel, de la conduite de Retz.

Lionne réitéra ensuite ses instances au sujet de la congrégation chargée d'examiner l'affaire, et il apprit que le pape avait déjà arrêté ses choix, bien qu'ils ne fussent pas encore connus. Mais Sa Sainteté y mit quelque impatience, et prévint Lionne que la congrégation accorderait probablement au prévenu le bénéfice du principe : *Spoliatus, ante omnia, est restituendus.* Il y ajouta même des reproches assez vifs sur les procédés du gouvernement français, qui s'obstinait dans des répugnances inadmissibles contre l'initiative du cardinal de Retz, au sujet de la nomination des vicaires, et qui, sans égard pour les prescriptions ecclésiastiques, cherchait à imposer sa manière de voir, en disant à tout propos : Nous ne pouvons pas, nous ne voulons pas. Il est à peine besoin de dire que Lionne protesta énergiquement contre l'application à Retz de la maxime citée plus haut. Si l'on avait l'intention de rétablir au préalable ce dernier ou ses vicaires dans l'administration du siége de Paris,

il valait autant avouer tout de suite qu'on n'était pas
décidé à faire le procès; car jamais le roi n'accepterait de pareilles conditions.

La procédure allait-elle enfin s'ouvrir? Le Pape, qui
y répugnait de plus en plus et qui ne cherchait qu'à
gagner du temps, trouva bientôt une nouvelle occasion d'éluder ses promesses. Retz souffrant toujours
d'une épaule, les médecins lui ordonnèrent et il
demanda la permission d'aller prendre les eaux à
Saint-Cassien. Alexandre VII y consentit, et, à la date
où nous a conduits ce récit, le cardinal venait de quitter
Rome pour quinze jours. En l'apprenant, Lionne fut
fort justement désappointé. Il voyait à cette absence
deux inconvénients. Le premier était de retarder de
plusieurs semaines le procès, ce qui était beaucoup,
après quatre mois de sollicitations et d'attente. En
second lieu, qui répondrait à l'ambassadeur que Retz
ne méditait pas de profiter de la solitude de Saint-
Cassien pour nouer quelque intrigue? Lionne se rendit donc en toute hâte chez le secrétaire d'État, Rospigliosi, pour le prier au moins de faire signifier à
Retz que, si, à l'expiration du congé qui lui avait été
accordé, il ne rentrait pas à Rome, on procéderait
contre lui par contumace. Dès le lendemain, le secrétaire des chiffres d'Alexandre VII vint voir Lionne et
l'assura, dans les termes les plus formels, que Retz,
après avoir donné à sa santé les soins qu'elle exigeait,

ne manquerait pas de rentrer dans quinze ou vingt
jours. L'ambassadeur dut subir ce nouveau contre-
temps, mais il prit acte des déclarations qui précèdent,
dans une lettre officielle adressée à Rospigliosi (1).

Cependant le conflit soulevé à Paris, par la nomination des vicaires Hondène et Chassebras, n'avait
fait que s'envenimer. Chassebras surtout avait épousé la cause de Retz avec une véhémence extraordinaire, et mis au service de l'archevêque dépossédé
des moyens d'action considérables. Deux membres
de l'épiscopat français, Cohon, ancien évêque de Dol,
et Claude Auvry, évêque de Coutances, avaient procédé à des ordinations dans l'église de Paris, et usurpé
ainsi sur l'autorité de l'archevêque, qui n'était pas
régulièrement démissionnaire. Retz avait beaucoup
tenu à faire cesser cette situation, parce qu'il comptait sur les nécessités du service religieux, à tous les
degrés et dans toutes les branches, pour exercer une
pression favorable à sa réintégration. Dès lors, tout
évêque qui se substituait à sa personne, afin de pourvoir aux intérêts de cet ordre, fournissait au gouvernement les moyens de se passer du cardinal de Retz
et de le tenir éloigné de son siége. Celui-ci.avait donc
ordonné à Chassebras d'interdire aux deux évêques,
nommés plus haut, toute immixtion dans les affaires

(1) Lionne à Mazarin, 30 août 1655. Affaires étrangères. *Corres-*
pondance de Rome, tome CXXX.

du diocèse de Paris, et le curé de la Madeleine s'était
acquitté de sa tâche, le 25 août 1655, en livrant à l'af-
fichage un placard, qui traitait sans ménagements
Cohon et Auvry.

Le respect que nous devons à vos personnes sacrées, disait-il,
nous aurait fait souhaiter que votre conduite eût été si régulière et si canonique, que vous n'eussiez point obligé Mgr le
cardinal de Retz, archevêque de Paris, à nous faire
l'injonction, dont copie est écrite ci-dessus ; mais, puisque le
maintien de la discipline ecclésiastique et l'obéissance que
nous devons à mondit seigneur de Paris doit prévaloir à
toutes les autres considérations que nous pourrions avoir, nous
vous faisons savoir que vous avez encouru les peines, portées
par les saints canons, pour avoir conféré les ordres sacrés
dans l'église de Paris, sans la permission de mondit seigneur
l'archevêque de Paris ou de ses grands vicaires (1).

Chassebras, seul, avait apposé sa signature au bas
de ce placard vigoureux. Son collègue, Hondène,
plus timoré, avait refusé d'en partager la responsabilité. Le gouvernement lui tint compte de ce bon
procédé et évita de le troubler dans l'exercice de
son ministère. Mais un mandat d'arrêt fut immédiatement lancé contre le curé de la Madeleine, qui
avait pris soin de se cacher, chez le nonce, disaient les

(1) Affaires étrangères, *Correspondance de Rome*, tome CXXVIII,
f° 228.

uns et en réalité chez les solitaires de Port-Royal. Du fond de sa retraite, il réussit à tenir en haleine, pendant plusieurs mois, la police de Mazarin, grâce à la complicité que l'opposition rencontre toujours, dans une partie de la population parisienne, pour faire échec au gouvernement. C'est ainsi que les actes administratifs de Chassebras arrivaient à la publicité, par les moyens les plus bizarres et les plus incroyables. D'après ce que raconte Guy-Joli, on se servait « de gens affidés, qui, marchant le soir dans les rues, portaient sur le derrière de leurs épaules des feuilles imprimées, tout enduites de colle, qu'ils appliquaient en se retournant le corps, et comme en passant, aux portes des églises et au coin des rues et dans les places publiques. »

Là conséquence inévitable d'une pareille lutte, qui exaltait l'opinion, était d'affaiblir singulièrement l'autorité royale. « En vérité, dit un mémoire anonyme du temps, c'est une chose bien étrange que, dans une ville où le roi est le maître, l'on ne puisse empêcher ces violences et scandales (1). » Le fait est qu'ils se prolongèrent pendant plusieurs mois et que le parlement dut rendre, pour y mettre fin, un arrêt qui bannissait Chassebras à perpétuité et confisquait ses biens.

(1) Affaires étrangères. *Correspondance de Rome,* tome CX VIII, f° 232.

Lionne vint porter plainte au pape sur ces incidents, le 13 septembre. Il lui mit sous les yeux le
placard de Chassebras, et essaya de persuader au
chef de l'Église que sa tolérance couvrait ici un
des hommes les plus notoirement engagés dans les
doctrines, déjà condamnées, du jansénisme. Mais
rien ne put ébranler le pape, qui se refusait à prendre
aucune mesure à l'égard du siége de Paris, tant
que le procès de Retz ne serait pas commencé, et
qui mettait tout en œuvre pour en retarder l'ouverture. L'action de l'ambassadeur se trouvait d'ailleurs
très-affaiblie en ce moment par le succès que les
Espagnols venaient de remporter devant Pavie ; et
Lionne confessait que les commissaires, déjà abandonnés en principe, depuis plusieurs semaines,
étaient désormais « plus à désirer qu'à espérer » (1).
Enfin, on entrait dans le mois d'octobre, et Retz,
qui n'avait obtenu qu'un congé de quinze ou vingt
jours, ne revenait pas, pendant que le pape, de
son côté, se disposait à aller passer le reste de
l'automne à la campagne. Que devenait la congrégation ? Que devenait le procès ? Lionne tenta une nouvelle démarche auprès d'Alexandre VII et fit appel
à tous les arguments que nous connaissons, pour le
décider à tenir ses promesses.

(1) Lionne à Mazarin, 27 septembre 1655. Affaires étrangères.
Correspondance de Rome, tome CXXX.

La conclusion, raconte Lionne, fut que le cardinal de Retz
était parti des Bains, qu'il lui avait fait dire qu'il rentrerait à
Rome, dès que la première pluie aurait ôté tout le péril, que
chacun sait qu'il y a de revenir, avant qu'il ait plu, et que cependant il s'arrêterait à Caprarola ou Frascati ; que le même jour
qu'il serait arrivé à Rome, Sa Sainteté ne déclarerait pas seulement la congrégation, mais lui ordonnerait de travailler incessamment à cette affaire.— Mais, Saint-Père, dis-je, Votre Sainteté
sera pour lors à Castelgandolfo. Agréera-t-elle que je l'en aille
importuner jusque-là ? — Il ne sera pas, dit-il, nécessaire et
vous pouvez vous en reposer sur la parole que je vous en
donne. — Mais, Saint-Père, poursuivis-je, cela dépendra toujours du cardinal de Retz, car il ne rentrera point dans Rome
que le plus tard qu'il pourra et prendra même prétexte de
n'y pas venir, sur l'absence de Votre Sainteté. — S'il n'y vient
pas, dit-il, de son mouvement, dès qu'il aura plu, nous l'y
ferons venir malgré lui, et d'ailleurs nous ne sortirons point
nous-même qu'après les premières pluies..... (1).

Quinze jours se passèrent sans que cette conversation eût produit plus d'effet que les précédentes.

Exaspéré par ces lenteurs systématiques, mais
résolu à y mettre un terme, Lionne assembla, le
17 octobre, les cardinaux Antoine, Bichi et Grimaldi
dans une vigne appartenant au premier. Après leur
avoir donné connaissance complète d'une situation
qui menaçait de s'éterniser, l'ambassadeur la résu-
ma dans un certain nombre de points précis, sur

(1) Lionne à Brienne, 4 octobre 1655. Affaires étrangères. *Correspondance de Rome*, tome CXXX.

lesquels il demanda avis à ses interlocuteurs. Il fut
convenu alors que Lionne tenterait une dernière
démarche auprès du pape, et lui laisserait entendre,
avec précaution toutefois èt sans rien brusquer, que
le moment était venu pour le Saint-Siége d'arrêter
une décision conforme à ses promesses antérieures,
s'il ne voulait pas placer le représentant du roi dans
l'obligation d'insister pour son congé. Les cardinaux
du parti français ne pensaient pas d'ailleurs qu'il
fût équitable d'attribuer les retards du procès de
Retz, uniquement à la mauvaise volonté du Pape.
Selon eux, son caractère indécis et timide apparaissait dans cette affaire, comme dans vingt autres, où
ses sentiments n'étaient cependant pas douteux (1).
Après avoir conçu son plan, Lionne se rendit à l'audience du pape, le 18 octobre, et lui dit :

Saint-Père, il y a plus de sept mois que le roi a recouru à
la justice de Votre Sainteté pour le châtiment d'un de ses
sujets, criminel de lèse-majesté divine et humaine, et Votre
Sainteté eût agréable de faire espérer une exacte et prompte
justice. Il y a trois mois que, après l'arrivée d'un courrier extraordinaire, je consentis, de la part du roi, à tout ce que Votre
Sainteté avait témoigné désirer pour pouvoir commencer ce
procès, et il y a trois mois aussi que Votre Sainteté me fit
l'honneur de me dire qu'elle députerait une congrégation de

(1) Lionne à Brienne, 18 octobre 1655. Affaires étrangères. *Correspondance de Rome*, tome CXXX.

quatre personnes, très-capables et nullement suspectes, pour travailler incessamment à cette affaire. J'ai donné part de tout en son temps à Sa Majesté, qui espérait d'en voir bientôt les effets, mais mon malheur veut, ou celui du roi, que Votre Sainteté n'a pas cru devoir rien déférer aux instances pressantes du premier roi de la chrétienté, que je ne me trouve pas plus avancé que le premier jour et qu'il est vrai jusqu'ici de dire ce que M. le cardinal de Retz en écrit souvent en France, que non-seulement nous ne verrons pas la fin de son affaire, mais que nous n'en saurions voir le commencement (1).

Puis Lionne rappela toutes les péripéties de la négociation engagée par lui, dès le lendemain du conclave, et les incidents qui, plus récemment, l'avaient traversée, à Paris. Après d'interminables pourparlers, on avait pu espérer un instant toucher au but, lorsque le cardinal de Retz avait obtenu la permission d'aller à Saint-Cassien pour quinze jours. Près de sept semaines déjà s'étaient écoulées depuis son départ, et le cardinal de Retz n'était pas de retour. Afin de justifier ce manque de parole, on osait alléguer qu'il y aurait cruauté à rappeler un malade à Rome, avant les premières pluies. Puis, à toutes les instances faites pour accélérer, dans ces derniers temps, l'ouverture du procès, il avait été répondu que la présence du prévenu était nécessaire. Or,

(1) Lionne à Brienne, 18 octobre 1655. Affaires étrangères. *Correspondance de Rome,* tome CXXX.

pour ce qui regardait ce dernier point, Lionne avait
consulté « les plus experts curialistes de cette cour »,
et tous lui avaient déclaré que, non-seulement il
n'en était rien, mais que, dans les affaires de lèse-
majesté pontificale et royale, l'information devait
s'engager et se poursuivre, en dehors du prévenu.

Il me semble de reconnaître, Très-Saint-Père, ajoutait
Lionne, que la cause de toute cette conduite vient de ce que
le cardinal de Retz, ou nos ennemis qui l'appuient, ont eu
le bonheur peut-être de persuader à Votre Sainteté deux
maximes, qu'elle trouvera très-fausses avec le temps : l'une,
que tout ce que nous faisons en cette affaire n'est que par une
passion particulière, et l'autre, que le cardinal de Retz est bien
intentionné pour la couronne..... Que Votre Sainteté, s'il lui
plaît, nous fasse la grâce, et je puis dire même qu'elle y est
obligée en conscience et en justice, de donner ordre à quelque
autre personne de sa confiance ou à diverses de s'informer,
dans Paris et par toute la France, d'un côté, en quelle odeur y
est le cardinal de Retz parmi les gens de bien et pour quel
homme on le tient, et de l'autre quelle opinion on y a de la
douceur et de la modération du conseil du roi, ou de sa
violence, et je veux passer pour un infâme auprès d'elle, si
elle ne trouve généralement que l'on tient et considère le
cardinal de Retz pour le Cromvell de la France et qu'il n'y a
d'autre différence de leur humeur et de leurs intentions, si ce
n'est que les desseins de l'un ont réussi et que ceux de l'autre
ont manqué de succès, et, pour le conseil du roi, que si celui
qui y préside a quelque défaut, ce n'est que d'être trop bon à
ses ennemis et de ne pouvoir se résoudre à leur faire tout
le mal qu'il pourrait et devrait, en bonne politique, pour

s'empêcher d'en recevoir, comme il a fait souvent par ce principe (1).

Lionne termina son discours par les paroles suivantes :

J'ai en mon particulier, Saint-Père, très-grand intérêt d'écrire clairement de delà ses véritables pensées et intentions, parce qu'on commence déjà, et dans le conseil et dans tout Paris..... à toucher ma réputation, en me blâmant de me laisser ici mener par le nez, comme un buffle, et je commence moi-même à en croire quelque chose, parce que, déjà diverses fois, au moment que je pense tenir un point pour gagné et pour certain, tout m'échappe, sous quelque nouveau prétexte, qu'avec sa permission, j'oserai dire n'avoir jamais eu de bon fondement (2).

Le pape trahit un léger embarras dans sa réponse. Les libelles de Retz constituaient assurément des actes blâmables : mais rien ne prouvait que ces écrits fussent de sa main. Le gouvernement français était d'ailleurs souvent trop prompt à accuser ses ennemis. C'est ainsi qu'il avait porté plainte contre le nonce Bagni, parce que celui-ci était soupçonné d'avoir donné asile à Chassebras, et depuis, il avait été établi que le curé de la Madeleine avait trouvé un

(1) Lionne à Brienne, 18 octobre 1655. Affaires étrangères. *Correspondance de Rome,* tome CXXX, Même dépêche.

(2) Lionne à Brienne, 18 octobre 1655. Affaires étrangères: *Correspondance de Rome,* tome CXXX. Même dépêche.

refuge, pendant plusieurs semaines, à Port-Royal.
Quant aux sympathies de Retz pour le jansénisme
et à son adhésion à cette doctrine, Alexandre VII les
tenait pour fort douteuses. Le précédent pape avait
prescrit une enquête en France sur ce sujet. Or la
personne que le souverain-pontife avait chargée de
cette mission lui avait écrit peu de temps après :
« Le coadjuteur a étudié, disputé, écrit et prêché la
doctrine contraire à Jansénius ; mais, pour la bourse
des jansénistes, je ne voudrais pas répondre qu'il
ne s'y attachât. » En revanche, Alexandre VII blâ-
mait la nomination de Chassebras et assurait qu'il
en avait témoigné son déplaisir à Retz.

On le voit, le pape refusait de prendre les engagements qu'on lui demandait et notamment celui de
commencer le procès, en l'absence du prévenu.
Lionne, à bout d'arguments, se crut obligé de faire
entendre un langage presque comminatoire :

Je connais, dit-il, que cette affaire-ci prend un train qu'il n'y
a rien pour nous à en attendre de bon ; car, si je rencontre
tant d'épines, d'obstacles et de duretés aux préliminaires
mêmes, où il n'y devrait avoir que des roses et des facilités, que
ferons-nous dans le fonds, qui, de soi, est épineux ? Je ne sais
ce qu'ils résoudront de delà sur mon sujet pour me rappeler,
comme une personne qui leur est ici fort inutile ; mais je
sais bien que je m'en vais presser mon congé aussi vivement
qu'il me sera possible et comme la plus grande grâce qu'ils

me puissent faire, ne voulant pas, si je puis, commettre ma
réputation dans une mauvaise affaire, non plus qu'être témoin
et peut-être ·instrument involontaire de beaucoup de discon-
certs et mauvaise satisfaction de part et d'autre. Enfin, je vois
ce que j'ai toujours ·appréhendé, que le cardinal de Retz sera,
comme il a dessein de l'être, la pierre de scandale (1).

En présence d'une mauvaise volonté si persistante,
Lionne n'était pas éloigné de regarder sa mission
comme terminée. Il commença à se plaindre hautement à ses collègues, notamment à l'ambassadeur
de Venise, des procédés du pape, que la cour de
France ne supporterait pas indéfiniment. « C'est tout
ce que je puis faire, écrivait Lionne à Brienne, le
25 octobre, à moins d'avoir d'autres ordres du roi,
de parler plus avant. » De son côté, Retz, surexcité
par l'attitude du pape, se disait prêt, le jour où son
procès commencerait, à en faire un autre au cardinal
Mazarin. Avec une nature comme celle de l'ex-coadjuteur, il fallait évidemment s'attendre à des représailles et Lionne sollicitait avec instances des instructions, pour le cas où les choses en viendraient à cette
extrémité (2).

Sur ces entrefaites, Retz, après une absence de plus

(1) Lionne à Brienne, 18 octobre 1655. Affaires étrangères. *Correspondance de Rome*, tome CXXX. Même dépêche.

(2) Lionne à Mazarin, 1er novembre 1655. Affaires étrangères.
Correspondance de Rome, tome CXXX.

de deux mois, était rentré à Rome, le 29 octobre, et
avant qu'il fût tombé, observe Lionne, une seule
goutte d'eau du ciel. « Cela me donnera, ajoutait-il,
beau champ de faire connaître et reprocher au pape...
qu'il a voulu avoir plus de soin de la santé dudit cardinal, qu'il n'a cru en devoir prendre lui-même. »
Jamais ce dernier n'avait montré plus d'assurance,
ni déployé plus de luxe. Il venait de louer un hôtel
somptueux, avec un personnel de domestiques et un
train presque princier. Ses intelligences dans le palais devenaient chaque jour plus nombreuses. Le
premier maître des cérémonies était son agent principal, pendant que l'abbé Charrier se rendait quotidiennement, de sa personne, dans l'antichambre du
pape, pour circonvenir par ses promesses et influencer par la liberté de ses paroles l'entourage
intime de Sa Sainteté. Enfin Alexandre VII pro-
diguait les injustices et les humiliations au gouvernement français. Au dernier consistoire, il avait con-
firmé la nomination de l'évêque d'Urgel, nomination
faite par le roi d'Espagne, alors que cette place était
au pouvoir de l'armée française, ainsi que toute la
circonscription diocésaine de ce nom, sauf un seul
point.

Il y avait lieu néanmoins de tenter une dernière
démarche. Alexandre VII avait promis à Lionne, dans
des termes absolus, et en le chargeant de l'écrire au

roi, que, le jour où le cardinal de Retz rentrerait à
Rome, la congrégation, chargée d'examiner son affaire, serait nommée. L'ambassadeur vint donc demander au pape, le 8 novembre, si ses intentions
n'avaient pas changé. La réponse de Sa Sainteté fut
pleinement satisfaisante : la congrégation allait être
instituée et elle se réunirait sans retard, sous la
présidence du souverain-pontife probablement. En
effet, dès le lendemain 9, Alexandre VII s'exécuta.
La congrégation se composait de huit cardinaux et
de quatre prélats. Lionne y comptait deux amis de la
France : Spada et Albizzi, dont l'influence semblait
devoir être prépondérante, au premier aspect. « Néanmoins, reprenait-il, il est bien malaisé de s'assurer
de rien, d'autant que divers incidents et des intérêts
particuliers obligent souvent les hommes d'agir contre
les apparences de ce qu'ils devraient faire et contre
la raison. » De plus, il ne fallait pas perdre de vue
qu'à côté de ces éléments susceptibles d'inspirer
quelque confiance, la congrégation en renfermait
d'autres, qui étaient absolument acquis au cardinal
de Retz, comme Mgr Fagnano, aux yeux duquel,
selon l'expression de Lionne, l'ex-coadjuteur était
« un cinquième évangéliste ». Son changement fut
demandé, mais inutilement, par l'ambassadeur (1).

(1) Lionne à Brienne, 15 novembre 1655. Affaires étrangères. *Cor-*
respondance de Rome, tome CXXX.

On pouvait croire, après ce qui précède, que le gouvernement français allait enfin atteindre son but. Le procès du cardinal de Retz se dessinait : il prenait consistance ; il était virtuellement ouvert. Mais on avait compté sans les habiletés de la cour de Rome. Au fond, elle ne voulait pas de ce procès, qu'elle n'avait tant retardé, que dans l'espérance de voir Mazarin l'abandonner, sous l'empire de quelque accident de politique intérieure. Ce calcul ne s'était pas vérifié : il n'y avait donc plus une minute à perdre pour tenter une diversion. Elle se produisit le 15 novembre.

CHAPITRE IV.

Le pape décide de nommer directement un suffragant pour administrer l'archevêché de Paris, mais il refuse d'entamer immédiatement le procès de Retz. — Conditions exagérées que le nonce du pape, à Paris, met à la délivrance du bref concernant le suffragant. — Opposition de l'épiscopat français. — Le gouvernement se résigne à demander la nomination d'un vicaire général, choisi par Retz, sur une liste dressée par le roi. — Le pape accepte avec empressement cette proposition. — Retz délègue ses pouvoirs à l'official de Paris, M. du Saussay. — Lionne demande des changements au libellé de la nomination. — Le pape ne les approuve pas tous. — Retz envoie secrètement la nomination de du Saussay aux suffragants de l'archevéché de Paris. — Ses lettres au roi, à la reine, à l'assemblée du clergé. — Lionne est informé, le 18 janvier seulement, de cet envoi. — Son explication avec Alexandre VII. — Préoccupation de Retz à l'égard des sentiments de du Saussay. — Les suffragants de Paris renvoient au cardinal de Retz ses lettres. — Lionne les lui fait remettre par un clerc du consistoire. — Scène de haute comédie. — Mazarin approuve la conduite de Lionne. — Son rappel est décidé. — Lettres du roi au cardinal Bichi et à Lionne. — La reine Christine de Suède et Lionne. — L'ambassadeur prend congé du pape. — Les attentions du souverain-pontife pour Mme de Lionne. — Tribulations et mécomptes de Lionne, au sujet de son titre d'ambassadeur. — Sévère admonition de Mazarin. — Défense de Lionne. — Ses plaintes à Servien. — Il demande instamment son rappel pendant six mois. — Arrivée et séjour à Rome de Croissy. — Rôle vrai du frère cadet du surintendant Fouquet. — Le pape et la paix générale avec l'Espagne. — Lionne rentre en France.

Nous l'avons dit maintes fois, le pape était placé dans l'alternative de commencer le procès du cardinal

de Retz ou de donner à la France, sinon une satisfaction, au moins l'apparence d'une satisfaction. Le
15 novembre, le secrétaire d'État Rospigliosi fit dire
à Lionne que le souverain-pontife avait résolu de
placer l'administration du diocèse de Paris entre les
mains d'un suffragant, dont le choix serait indiqué
par le roi Louis XIV. Le bref, expédié au nonce, laissait le nom de ce suffragant en blanc. Le gouvernement français n'aurait donc qu'à désigner la personne qui lui plairait ; pourvu que ce ne fût pas
l'évêque de Chartres, elle serait mise immédiatement
en possession de pouvoirs réguliers. Enfin, le secrétaire d'État poussait la courtoisie jusqu'à mander
à Lionne qu'Alexandre VII, en prenant une semblable décision, s'était laissé influencer par la perspective d'être agréable à l'ambassadeur de Sa Majesté (1).

La première pensée de celui-ci fut de considérer
ce coup de théâtre comme un grand succès, si grand
qu'il n'hésita pas à en attribuer le mérite, au moins
en partie, à l'action habile du cardinal Bichi. Il
était temps d'ailleurs que cet événement heureux se
produisît.

Les ennemis de Lionne, à la cour, avaient redoublé
de violence contre lui, et l'accusaient ouvertement

_____

(1) Lionne à Brienne, 15 novembre 1655. Affaires étrangères.
Correspondance de Rome, tome CXXX.

de spéculer sur les mauvaises dispositions du pape
pour exagérer l'effet de ses services. « Il ne laisse
pas, ajoutait-il, de m'être bien dur, me distillant
jour et nuit le cerveau à chercher les meilleurs
moyens de servir le roi, de me voir exposé à semblables attaques (1). »

Lionne se présenta au palais pour remercier
Alexandre VII de la bienveillance qu'il venait de témoigner au roi ; puis il lui demanda si le procès allait
bientôt commencer. Mais, quel ne fut pas l'étonnement de l'ambassadeur, lorsqu'il entendit le pape lui
répondre qu'il avait besoin pour cela d'un nouveau
délai !

Comment, Saint-Père ? m'écriai-je tout surpris ; du temps,
après huit mois de poursuites, en une chose si juste, qu'elle ne
pouvait être refusée, dès le premier jour ! Votre Sainteté
voudrait-elle corrompre de cette sorte, par de nouvelles lon-
gueurs, le bon effet de cette autre grâce ? — Nous ne vous
donnons pas, dit-il, un grand délai : nous désirons seulement
apprendre auparavant comment toutes choses se sont établies
de delà, après l'arrivée de votre courrier (2) ; et nous vous
prions de nouveau de ne nous presser de rien là-dessus, avant
cela. — Ah ! Saint-Père, répliquai-je, je lui demande pardon
si je n'y puis consentir et si je lui déclare que je serai inces-

____

(1) Lionne à Brienne, 22 novembre 1655. Affaires étrangères.
Correspondance de Rome, tome CXXX.

(2) C'était le courrier de Lionne qui avait emporté le bref du
pape et les instructions au nonce, relativement au suffragant.

samment à ses pieds pour l'en solliciter. — Vous vous tourmenterez, dit-il, vous nous tourmenterez et n'avancerez rien ;
car nous vous déclarons aussi que, avant que nous sachions
comment on aura reçu de delà notre bref pour le suffragant
et s'il sera établi, nous ne ferons rien pour le procès. — Cela
me ferma la bouche (1).

Lionne ne soupçonnait pas, dans l'ignorance où il
était des instructions réelles qui avaient été envoyées
au nonce, la véritable portée des raisons alléguées par
le pape pour ajourner encore le procès de Retz. Or
ces instructions soulevaient de grandes difficultés,
et la cour de Rome n'était que trop fondée à prévoir
que tout n'était pas terminé de ce côté. Le courrier,
porteur des dépêches pontificales, était arrivé à Paris
le 26 novembre. Le pape y donnait pouvoir à son
représentant de déléguer à l'administration du diocèse de Retz tel évêque de la province qui serait
désigné par le roi, sauf l'exception, mentionnée plus
haut, contre l'évêque de Chartres. De plus, le prélat
choisi recevrait le titre de suffragant et de vicaire
général de l'Église de Paris. Mais le pape assujet-
tissait la délivrance de son bref à des conditions
fort onéreuses. Le gouvernement français serait
tenu notamment de donner au nonce l'assurance
que le parlement et l'assemblée du clergé s'incline-

(1) Lionne à Brienne, 22 novembre 1655. Affaires étrangères.
Correspondance de Rome, tome CXXX.

raient devant la décision du Saint-Siége et n'opposeraient aucun obstacle à son exécution. Puis, dans un entretien qu'il eut à ce sujet avec Brienne, le nonce déclara qu'il lui fallait, comme assurance, quelque chose de plus efficace que ce qui résulterait d'un engagement verbal du roi, et il alla jusqu'à réclamer l'adhésion écrite du président du parlement et des présidents de l'assemblée. Brienne ne manqua pas de protester contre ces exigences. Elles étaient sans exemple, et, selon son mot, elles en introduisaient « un, pernicieux à l'État ». Comment ne pas comprendre qu'elles atteignaient l'autorité du roi, en soumettant irrévérencieusement sa parole à la garantie d'un ou de plusieurs de ses sujets (1) ?

Mais l'intervention du pape pour la nomination d'un suffragant éveillait d'autres susceptibilités, d'une nature plus sérieuse et plus délicate. Elle blessait ce qu'on appelait alors les libertés du royaume et créait un précédent, dont la conséquence inévitable serait de mettre bientôt l'épiscopat français sous la domination directe de Rome. Aussi plusieurs évêques, ceux de Narbonne, de Montauban, de Coutances, de Séez, d'Aire et de Montpellier, réclamèrent-ils auprès du roi, en lui disant « que l'épiscopat serait anéanti, si le pape, de son propre

_____

(1) Brienne à Mazarin, 26 novembre 1655. Affaires étrangères. *Correspondance de Rome*, tome CXXVIII.

mouvement, pouvait commettre à la conduite des dio-
cèses auxquels Dieu les a appelés. » Ils concluaient
en menaçant de se pourvoir devant le parlement,
si le bref relatif à la suffragance de Paris était
accepté (1).

Cette opposition intraitable, jointe à l'attitude du
nonce, obligea la cour de France à décliner la transaction qui lui était proposée par le pape, au sujet de
l'archevêché de Paris. Mais n'y avait-il pas quelque
inconvénient à repousser brutalement des avances
qui étaient peut-être dues à un sentiment sincère, et
ne convenait-il pas de rechercher les moyens de
profiter des dispositions plus conciliantes du pape
pour arriver à une entente? Plusieurs ministres
étaient d'avis de faire régler la question autrement,
soit par le primat de Lyon, soit par les suffragants
de l'archevêché de Paris, réunis en synode, soit
enfin par une résolution générale du chapitre. Mais le
cardinal Mazarin fut d'un avis plus politique, et, pour
éviter une rupture avec le Saint-Siége, il fut arrêté
qu'on s'accommoderait d'un vicaire nommé par le
cardinal de Retz, sur une liste de candidats dressée
par le gouvernement du roi.

Lionne reçut des instructions en conséquence, et,
le 27 décembre, l'ambassadeur alla conférer avec le

_____

(1) Brienne à Mazarin, 26 novembre 1655. Affaires étrangères.
Correspondance de Rome, tome CXXVIII.

pape. Il se plaignit d'abord des conditions qu'on avait essayé d'imposer à la nomination du suffragant de Paris, et cela, sans prévenir le représentant du roi à Rome, et en l'exposant ainsi à se méprendre sur le véritable caractère d'une décision, qu'on avait rendue injurieuse, dans la pratique, pour Sa Majesté. Alexandre VII écouta ces récriminations avec mauvaise humeur. Il avait voulu dans cette affaire, prétendait-il, obliger le roi, et il répondit : « Dieu nous le pardonne, si nous faisons un faux jugement; mais souvent il nous tombe dans la pensée qu'il y a des gens qui ne veulent pas que les choses aillent dans l'ordre et dans l'union (1). » Une fois montée sur ce ton, la conversation menaçait de tourner court. Lionne se hâta de lui imprimer une autre direction. Après avoir demandé au pape s'il avait prévu l'impossibilité où s'était trouvé le gouvernement du roi d'accepter un suffragant pour l'archévêché de Paris, avec de telles exigences, et constaté que le souverain-pontife n'avait pas d'autre solution à lui offrir, l'ambassadeur lui déclara alors que le gouvernement du roi venait lui en proposer une. Nous laissons ici la parole à Lionne :

Je suis donc à vos pieds, Saint-Père, dit-il, non pas pour vous demander M. Servien ou moi pour vicaires, comme Votre

(1) Lionne à Brienne, 28 décembre 1655. Affaires étrangères. *Correspondance de Rome,* tome CXXX.

Sainteté m'a souvent offert de nous faire députés....., mais, avec pouvoir et ordre du roi, mon maître, de consentir à ce que Votre Sainteté a tant témoigné désirer, que le cardinal de Retz députât des personnes que Sa Majesté aurait nommées. En voilà six..... que Votre Sainteté trouvera, si elle daigne s'en enquérir, des plus gens de bien et plus capables de cet emploi qui soient dans Paris. Le pape m'interrompit et s'écria : — Oh ! loué soit Dieu ! Il aurait bien été à désirer qu'on eût plus tôt pris cette résolution ; cela aurait épargné aux uns et aux autres beaucoup de peine et d'embarras ; mais il vaut mieux tard que jamais. Oh bien ! donnez-nous la liste, nous n'y perdrons pas un moment de temps (1).

Toutefois, Lionne arrêta le pape sur ces mots, afin de lui faire savoir qu'à son tour le roi avait des précautions à prendre et des conditions à formuler, pour sauvegarder ses prérogatives dans cette affaire. Il demeurerait entendu, d'abord, que l'intervention directe du cardinal de Retz dans la nomination d'un vicaire n'ajouterait rien à ses prétendus droits sur l'archevêché de Paris. Ensuite le cardinal de Retz déléguerait son autorité tout entière et sans aucune restriction au vicaire choisi par lui, de telle sorte qu'il ne pût y avoir ni relations, ni commerce entre eux, pour l'administration ultérieure du diocèse. Enfin, comme il était urgent d'éviter le retour des fautes qui avaient compromis le succès de la première tran-

(1) Lionne à Brienne, 28 décembre 1655. Affaires étrangères. *Correspondance de Rome*, tome CXXX.

saction, Lionne réclamait la communication préalable de l'acte, par lequel le cardinal de Retz nommerait son vicaire. Ces deux premières conditions
furent libellées dans une note écrite, que Lionne
remit au souverain-pontife. Sa Sainteté y adhéra
verbalement, ainsi qu'à la troisième, sans aucune
difficulté (1).

Informé aussitôt de la situation, le cardinal de Retz
choisit M. du Saussay, curé de Saint-Leu, official
de Paris et évêque, non sacré, de Toul, pour administrer, à titre de vicaire général, son archevêché. Il rédigea immédiatement la nomination de ce dernier et la
communiqua à Lionne, en dehors du pape, par l'intermédiaire du cardinal Bichi. Elle établissait M. du
Saussay vicaire général de l'Église de Paris « pour
y faire toutes les fonctions spirituelles », mais elle
lui refusait « la collation des bénéfices et la direction des religieuses »; elle lui ordonnait en outre de
prêter le plus tôt possible, au nom de l'archevêque,
le serment de fidélité au roi; enfin elle lui prescrivait de faire publier sa lettre, « aux prônes des
messes paroissiales », le premier dimanche qui suivrait sa réception (2).

(1) Protestation de M. de Lionne, etc., 28 décembre 1655. Affaires
étrangères. *Correspondance de Rome,* tome CXXVIII, fo 497 et suivants.

(2) Commission à M. du Saussay. Affaires étrangères. *Correspondance de Rome,* tome CXXVIII, fo 507.

Lionne ne put se montrer satisfait de cette rédaction. Elle ne conférait pas au vicaire la plénitude des pouvoirs épiscopaux. Par conséquent, il fallait la modifier de manière à déléguer à M. du Saussay l'autorité temporelle aussi bien que l'autorité spirituelle. Quant à la formalité du serment, elle ne regardait ni Retz, ni le pape, mais uniquement le roi. La publication aux prônes des paroisses était également inutile; il suffisait d'enregistrer l'acte au greffe. Enfin il n'y avait pas lieu d'admettre davantage les réserves relatives à la collation des bénéfices et aux religieuses. Lionne ayant fait part de ces observations au secrétaire d'État Rospigliosi, celui-ci promit de les soumettre au pape (1) sans retard.

Trois jours après, c'est-à-dire le 5 janvier 1656, l'ambassadeur fut avisé que le cardinal de Retz cédait sur la question des religieuses et sur celle du serment; mais qu'il restait inflexible sur les bénéfices, dont il n'avait jamais abandonné la collation aux vicaires, nommés précédemment par lui, alléguant qu'il n'était pas juste de le forcer à faire administrer par des personnes, indépendantes de son action, des revenus dont il ne jouissait pas. Rospigliosi ne dissimula pas à Lionne que ces réserves avaient l'appro-

---

(1) Lionne à Brienne, 2 janvier 1656. Affaires étrangères. *Correspondance de Rome*, tome CXXXI.

bation du pape, qui croyait avoir rempli sa tâche, en
amenant le cardinal de Retz à nommer un vicaire,
selon les goûts du roi (1).

Esclave de ses instructions, Lionne n'avait pas calculé que, en présence d'un adversaire aussi habile que
Retz, une vigilance de tous les instants était nécessaire. Après avoir posé ses conditions, l'ambassadeur
eut le tort de ne pas insister pour obtenir une réponse immédiate, et de ne pas se tenir en garde
contre une nouvelle machination du cardinal. Plus de
quinze jours venaient de se passer sans incident, ce
qui porta Lionne à croire que Retz continuait à réflé-
chir sur les concessions qui lui étaient demandées.
En réalité, pendant cet intervalle, Retz avait pris une
résolution hardie, et qui avait eu pour résultat de faire
une fois de plus, du pape Alexandre VII, le complice
d'un procédé des plus blessants pour le représentant
du roi.

Dès le 2 janvier, et dans le plus profond secret,
le cardinal avait écrit au roi une lettre pour lui annoncer la nomination de M. du Saussay et assurer
Sa Majesté d'une fidélité inviolable. « J'ai essayé,
Sire, ajoutait-il, par toute la conduite que j'ai tenue à
Rome, de vous donner des marques de cette vérité,
assez claire et assez publique, pour espérer que Votre

(1) Lionne à Brienne, 5 janvier 1656. Affaires étrangères. *Corres-*
pondance de Rome, tome CXXXI.

Majesté en peut être suffisamment persuadée. » La
lettre se terminait par un recours en grâce en faveur
des ecclésiastiques, que le gouvernement avait dû
éloigner de Paris, à la suite de l'évasion du cardinal
de Retz, ou plus récemment. Une lettre analogue avait
été adressée, le même jour, à la reine-mère. Enfin,
comme l'assemblée générale du clergé était réunie
en ce moment, Retz l'instruisait, dans une autre lettre,
de la situation. « Je n'ai pas plutôt, écrivait-il, appris
la protection que vous avez donnée à ma cause et à
ma personne, que je me suis résolu de régler ma conduite, selon les pensées que vous avez eu la charité
de me faire paraître, et j'ai cru que je ne pouvais m'y
conformer plus justement qu'en établissant..... pour
mon grand vicaire, M. l'official de Paris. » Puis, Retz
exhortait l'assemblée à s'employer énergiquement
afin de favoriser le retour des chanoines et curés, qui
avaient été exilés, pour avoir épousé sa cause; et,
au sujet des conseils qu'il avait reçus du pape dans
les dernières péripéties de cette affaire, il laissait
échapper un aveu significatif :

J'ai représenté à Sa Sainteté, disait-il, que mon silence
serait en cette occasion criminel et honteux. Je l'ai suppliée
très-humblement d'avoir la bonté de procurer la cassation des
sentences données contre M. de Chassebras et le retour des
autres ecclésiastiques qui sont dispersés par le royaume. Le
pape m'a fait l'honneur de me promettre de donner ses ordres

à M'. le nonce sur ce sujet et, même, a eu la bonté de me
promettre de le mander à votre assemblée, afin que vous
me fassiez la grâce d'y joindre vos instances.

Venait ensuite la nomination de M. du Saussay,
avec quelques-unes des modifications promises par
Retz, mais aussi, avec une réserve formelle au sujet
de la collation des bénéfices. L'acte, dans sa forme
authentique, portait la date du 2 janvier 1656 et avait
été signé, en présence de l'abbé Charrier et de René
de Sévigné, chanoine de l'église de Rennes. Il était
accompagné d'une lettre personnelle à M. du Saussay, en date du 4 janvier, lettre dont voici les principaux passages :

J'ai toujours eu tant d'estime pour vous, que je suis très-
persuadé que je ne puis donner un repos plus véritable à ma
conscience qu'en vous commettant le soin qui en est le principal objet, et j'ai tant de marques de l'amitié que vous avez
toujours eue pour moi et pour toute ma maison que je ne
puis douter que vous n'ayez bien la bonté de différer, pour
ce sujet, votre sacre. Vous êtes tellement consommé dans
tout ce qui regarde ce ministère que je n'ai rien à y ajouter.
Mais j'ai tant de zèle pour tout ce qui peut toucher le service de
Sa Majesté, que je ne me puis empêcher de vous recommander,
avec toutes les instances et toute l'ardeur d'un sujet très-
fidèle, de faire voir au public, dans la dispensation de mon
autorité, par toutes les actions qui en peuvent être des effets,
qu'après la gloire de Dieu, je n'aurai jamais rien qui me soit
plus sensible que celle de Sa Majesté, l'intérêt de sa couronne

et le repos de ses peuples. Je vous prie aussi de chercher avec soin toutes les occasions de servir Messieurs de l'assemblée du clergé (1).

La correspondance que nous venons de résumer se terminait par un dernier pli, du 4 janvier, pour les suffragants de l'archevêché de Paris. Retz les chargeait de faire parvenir à leur destination les lettres qui précèdent et notamment celles qui étaient adressées au roi et à la reine. A la précision et à la sûreté de ces mouvements, on devine que Retz comptait sur l'appui du pape, et qu'il se flattait de donner au gouvernement du roi la tentation d'entrer ainsi, vis-à-vis de lui, dans une attitude plus conciliante. Mais, ici encore, il se trompait. Quand bien même les haines qu'il avait soulevées n'auraient pas eu un caractère indestructible, c'était l'évidence qu'il ne devait réussir, par ses dernières démarches, qu'à infliger à l'ambassadeur de Louis XIV un affront de nature à provoquer son rappel immédiat.

Il n'avait pu échapper au bout de quelque temps, à Lionne, qu'un grand silence s'était fait tout-à-coup sur le cardinal de Retz, et il commençait à en concevoir de vives inquiétudes, lorsque, le 19 janvier, il reçut la visite du secrétaire des chiffres du pape, l'abbé Sal-

(1) Affaires étrangères. *Correspondance de Rome,* tome CXXXI. Cette dernière lettre du cardinal de Retz est autographe; les autres ne sont que des copies.

vetti. Celui-ci avoua à l'ambassadeur que le cardinal
de Retz avait expédié depuis longtemps à M. du Saussay sa nomination de vicaire général, dans des termes
qui ne pouvaient manquer, d'ailleurs, d'être agréables
au roi, mais sans prévenir personne. Lionne, en
proie à la plus légitime irritation, réussit à peine à
se contenir :

Je repartis à cela, lisons-nous dans sa correspondance, que,
pourvu que Sa Majesté eût été contente de la députation
qu'il (Retz) avait envoyée, je n'avais à chercher autre chose
et ne me souciais nullement d'avoir été joué ici pendant trois
semaines ; que, le roi satisfait, je l'étais aussi, et que la seule
personne qui devait être offensée de ce procédé, était le pape ;
si ce n'est que tout eût passé, du su et de concert avec Sa
Sainteté, auquel cas, le roi pourrait trouver mauvais, avec
raison, que, sans nulle nécessité, on se fût moqué ici de
son ministre (1).

Lionne avait mis le doigt sur la plaie vive : la
complicité du pape avec Retz était flagrante et indé-
niable. Bien avant que le secrétaire d'Alexandre VII
vînt faire à Lionne l'aveu qui précède, la nouvelle
de l'envoi direct, par Retz, des lettres de nomination
relatives à du Saussay, était connue de plusieurs cardinaux, et l'un d'eux s'en était même entretenu avec
ce fidèle correspondant de Mazarin, le père Duneau,

(1) Lionne à Brienne, 19 janvier 1656. Affaires étrangères. *Correspondance de Rome,* tome CXXXI.

dont nous avons déjà eu occasion d'apprécier les informations si précises et si exactes (1). Au surplus, l'ambassadeur pouvait constater, en ce moment même, que le pape et son entourage lui infligeaient des humiliations de toute nature, avec un acharnement qui établissait, aux yeux des plus incrédules, le degré d'influence qu'avait repris à la cour pontificale l'ex-coadjuteur. Un expéditionnaire de Lionne s'étant présenté au cardinal dataire pour lui demander quelques faveurs intéressant des sujets français, celui-ci avait répondu par une véritable insulte à l'adresse du représentant du roi. Mais il était du devoir de ce dernier de prendre patience, en attendant les ordres de son souverain. C'est ce qu'il fit, sans se troubler outre mesure.

Le 14 février, il eut une audience du pape. C'était la première fois qu'il voyait le souverain-pontife, depuis le grave incident que nous venons de raconter.

Le pape, mande Lionne, se mit fort en peine de justifier ce qui s'était passé en la récente (?) affaire des vicaires, disant en substance, que je ne savais pas le mal qu'il avait eu de disposer le cardinal de Retz à consentir de faire cette députation. A quoi ledit cardinal n'avait condescendu que comme à un sacrifice qu'il faisait pour son respect; qu'à la vérité, voyant que je m'étais mis à pointiller sur des clauses qui lui

(1) Le père Duneau à Mazarin, 24 janvier 1656. Affaires étrangères. *Correspondance de Rome,* tome CXXXI.

paraissaient ou déraisonnables ou des bagatelles, il avait eu
un soupçon que je n'eusse quelque ordre secret d'empêcher
cette députation, et qu'il avait laissé courir la chose, sans s'en
mettre tant en peine qu'auparavant (1).

Il ne fut pas difficile à Lionne, qui était déjà muni
de la plupart des pièces de l'affaire, de réfuter ces
explications embarrassées. Pour s'en acquitter victorieusement, il n'eut qu'à rappeler que le pape lui
avait refusé une audience, pendant les dix premiers
jours de janvier, et que la lettre de Retz à l'assemblée
du clergé affirmait son entente complète avec le Saint-
Siége, dans tous les détails de cette mise en scène.

Le moment est venu de dire que Retz n'avait pas
eu longtemps confiance dans le succès de son audacieuse entreprise. La condition essentielle pour
qu'elle réussît, c'était que du Saussay fût en goût de
témoigner beaucoup de zèle pour les intérêts de l'archevêque dépossédé. Celui-ci, du reste, n'avait rien
négligé pour le gagner à sa cause. A la date du 7 février, il lui écrivait par un émissaire : « Je suis ravi
de voir mon autorité entre les mains d'une des personnes du monde que j'estime le plus et que je suis
assuré qui m'aime. » Dans le même billet, Retz disait
à son vicaire que le porteur leur servirait désormais

(1) Lionne à Brienne, 14 février 1656. Affaires étrangères. *Correspondance de Rome,* tome CXXXI.

d'intermédiaire, pour des « intelligences », qui ne devaient jamais servir qu'à « la gloire de Dieu ». Mais le billet, saisi en route, ne parvint pas à sa destination (1).

Quelques semaines plus tard, inquiet de n'avoir pas de nouvelles de Paris, Retz prit le parti d'écrire de nouveau à du Saussay. La prestation du serment de fidélité au roi était le point auquel il attachait, dans sa conception politique, le plus d'importance, parce que l'accomplissement régulier de cette formalité semblait propre à lui rouvrir, dans un délai rapproché, les portes de Paris et de son archevêché. « Ce que je demande, ajoutait-il, est si juste, que je me promets que vous n'aurez point de peine à l'obtenir. Mais, si on le refusait, j'espère que vous ferez ensuite tous les actes et les protestations qui seront nécessaires, pour fermer la régale et assurer mes intérêts. » En terminant, Retz insistait pour une réponse immédiate (2).

Or, Retz s'était trompé, du tout au tout, sur les dispositions de ses correspondants.

Les suffragants de Paris ne refusèrent pas seulement d'entrer dans le rôle que voulait leur impo-

(1) Retz à M. l'évêque de Toul, 7 février 1656. Affaires étrangères. *Correspondance de Rome*, tome CXXXI. Autographe.
(2) Retz à M. l'évêque de Toul, 28 février 1656. Affaires étrangères. *Correspondance de Rome*, tome CXXXI. Lettre en copie, mais avec signature autographe.

ser l'ex-coadjuteur, ils lui renvoyèrent les lettres qu'il avait adressées à l'assemblée du clergé, ainsi qu'au roi et à la reine. Quant à la nomination du vicaire, ils la remirent entre les mains du roi, pour la faire tenir à M. du Saussay, qui, sans cela, ne l'eût pas acceptée. D'ailleurs, la cour y ajoutait deux réserves assez importantes relativement, l'une à la collation des bénéfices, et l'autre à la révocation des anciens vicaires, qui avait été omise. Enfin, pour qu'aucun doute ne fût possible à Retz sur l'insuccès de son plan de campagne, c'est Lionne qui avait été choisi pour lui restituer les trois lettres dont les suffragants avaient refusé de se charger.

L'ambassadeur reçut ses instructions, vers la fin du mois de février. Il se rendit aussitôt chez le cardinal Bichi, afin de concerter avec lui les mesures les plus efficaces pour effectuer entre les mains de Retz la remise des documents, qui lui étaient retournés.

L'opération présentait bien quelques difficultés. Lionne ne pouvant s'y mêler personnellement, il fut convenu qu'on la confierait à un clerc du consistoire, du nom de Lambin, dont le calme et le sang-froid présentaient toutes les garanties. Mais il faut laisser Lionne narrer cette scène de haute comédie, qui se passa, le 27 février 1656, au domicile et au lever du cardinal. Lambin partit de bonne heure :

Ayant demandé, raconte Lionne, à parler audit seigneur cardinal, le maître de chambre le vint trouver un quart d'heure après, et, sous prétexte que son maître n'était pas habillé, le voulut obliger à lui dire ce qu'il avait à dire audit cardinal et qu'il lui viendrait aussitôt rendre réponse.

M. Lambin s'excusa sur ce qu'il ne pouvait le dire qu'à lui-même. A un quart d'heure de là, le cardinal vint, et, comme je l'avais chargé de ne me nommer que sur la fin de son discours, prévoyant, comme il est arrivé, que, dès qu'il me nommerait, il lui imposerait silence, il lui dit : — Monseigneur, voilà les lettres que Votre Éminence avait écrites au roi, à la reine et à l'assemblée du clergé, que j'ai été chargé de lui rapporter. — De la part de qui? répondit-il d'abord, tout troublé. — Monseigneur, les suffragants de l'archevêché de Paris à qui Votre Éminence (les) avait adressées, n'ayant pas trouvé les choses en état de lui rendre les services que Votre Éminence avait désirés d'eux en cela, et voulant lui renvoyer ses lettres, ont prié M. de Lionne, par une lettre qu'ils lui ont écrite, de les lui faire remettre en mains, par la voie qu'il jugerait la plus convenable. — Comment! comment! reprit-il, tout décontenancé et avec une extraordinaire émotion. — Et, sans lui donner le temps de poursuivre, appela tous ses gens, qui étaient dans l'antichambre, comme pour lui faire peur. — Écoutez, messieurs, ce que cet homme me dit; recommencez. — Et alors M. Lambin reprit son discours, et quand il fut au même endroit, il ne lui permit pas non plus de passer outre, mais le prenant par la main, la lui serrant et ayant le visage tout en feu : — Je trouve fort étrange, dit-il, que vous vous soyez voulu charger de cette commission. Vous ne me connaissez pas. Dites à M. de Lionne qu'il n'est pas trop grand seigneur pour m'apporter lui-même ces lettres, — et lui répéta jusqu'à trois fois le même discours, avec un désordre étrange. — Je respecte le roi, ajouta-t-il, et son caractère, quoiqu'il (Lionne) ne soit pas ambassadeur. — Mais il s'arrêta là, et comme M. Lambin reprit le discours pour lui demander s'il voulait voir ce que m'écrivent ses suffragants, dont je lui avais donné seulement une copie, de crainte qu'il ne déchirât l'original, si je le lui envoyais, il lui imposa silence, disant qu'il n'avait que faire desdites lettres, et pour conclusion lui dit : — Si vous étiez domestique de M. de Lionne, je vous traiterais plus aigrement que je ne fais ; vous ne deviez pas vous charger de cette commission. — Et puis, le licencia ; et tous ses braves, comme il sortit, le regardaient sur l'épaule, comme pour lui faire peur. Ledit sieur Lambin, qui est fort froid de son naturel et fort zélé pour le service du roi, ne s'étonna nullement et m'assure qu'il n'est pas croyable, à qui ne l'a point vu, combien ledit sieur cardinal était altéré et hors de lui, d'où l'on peut inférer à quel point le doit avoir touché l'affront de s'être vu renvoyer ses lettres, sur lesquelles il avait peut-être fait espérer au pape des merveilles (1).

Le gouvernement français avait tenu, on le voit, à fournir à Lionne les moyens de prendre une revanche éclatante contre Retz. Il restait au premier à protéger son ambassadeur contre les procédés blessants du pape ; c'est ce qu'il n'hésita pas à faire. Nous l'avons constaté précédemment : l'hostilité d'Alexandre VII à l'égard de Lionne avait pris un caractère aigu. Aux yeux du chef de l'Église, le

(1) Lionne à Brienne, 28 février 1656. Affaires étrangères. *Correspondance de Rome,* tome CXXXI.

représentant du roi n'était plus qu'un « fiscal et un espion, pour l'affaire du cardinal de Retz » (1). Ces propos, qui étaient revenus aux oreilles de Lionne, l'avaient profondément ému, et, comme il se doutait bien que ses ennemis ne manqueraient pas de profiter de la nouvelle humiliation qu'il venait de recevoir, dans la nomination de du Saussay, pour propager des doutes sur son habileté et sur son dévouement, il attendait avec une extrême impatience les ordres de la cour. Ils lui arrivèrent, au commencement de mars, sous la forme d'une lettre de Mazarin, qui était de nature à le rassurer pleinement. Le cardinal, dont l'amitié et l'affection pour le neveu de Servien ne s'étaient jamais démenties, approuvait sa conduite, louait son zèle et rejetait sur la faiblesse ou la duplicité du Saint-Siége toute la responsabilité des derniers incidents.

Cette lettre causa un véritable soulagement à Lionne, qui en remercia Mazarin avec effusion. Relevant ensuite les appréciations peu bienveillantes qu'Alexandre VII avait émises sur lui, et qui n'avaient pas manqué de se répandre dans Paris, par les soins du cardinal de Retz et de ses amis, Lionne s'exprimait ainsi :

(1) Le père Duneau au cardinal Antoine, 24 janvier 1656. Le même à Mazarin, 24 janvier 1656. Affaires étrangères. *Correspondance de Rome,* tome CXXXI.

Je ne m'étonne nullement que qui n'estime rien au monde que soi-même, qui croit être descendu de la côte des Dieux, qui ne parle qu'avec mépris de Sacchetti, de Spada, de Capponi, n'épargne pas non plus mon incapacité, ni la médiocrité de ma naissance..... Ce que je puis dire, c'est que, s'il parle de moi en mauvais termes....., j'ai assez en mains pour rabattre beaucoup, quand il me plaira, de cette grande réputation de sainteté et de suffisance, que j'avais contribué, plus qu'aucun autre, à lui donner, et pour m'en faire croire par toute la France..... Tout ce que dit le pape n'est pas évangile..... Le pape m'a bien soutenu qu'il n'a rien su de l'envoi clandestin de la commission du vicaire; cependant, il se trouve qu'elle est allée dans son paquet et que c'est son nonce qui l'a mise en mains des suffragants. Qu'on se fie, après cela, de trouver dans ses paroles la vérité d'un oracle (1).

Au moment où Lionne écrivait ces lignes, le gouvernement français était à la veille de le rappeler de Rome. Le 10 mars, le roi s'adressait, par lettre autographe, au cardinal Bichi, pour lui donner part des motifs qui l'avaient déterminé à faire cesser sa représentation diplomatique auprès du pape. Le cabinet de Mazarin avait d'abord rédigé un projet de dépêche, qui contenait l'énumération interminable des griefs de Louis XIV contre le souverain-pontife. On y substitua bientôt une pièce, d'un ton plus sec, où nous lisons :

(1) Lionne à Mazarin, 6 mars 1656. Affaires étrangères. *Correspondance de Rome,* tome CXXXI.

Voyant que la continuation des mauvais traitements que l'on me fait à Rome, jusques à me refuser justice contre un cardinal, mon sujet, après avoir tant de fois promis positivement, à vous et au sieur de Lionne, qu'elle me serait rendue, pourrait à la fin porter les choses à des fâcheuses extrémités, que je désire éviter, autant qu'il me sera possible, j'ai jugé à propos de rappeler auprès de moi ledit sieur de Lionne, afin d'empêcher au moins que ce mépris continuel, dont on use envers ce mien ministre, venant à éclater davantage, ne me contraigne, malgré moi, à rompre la bonne intelligence que j'ai toujours souhaité passionnément d'entretenir avec Sa Sainteté (1).

Toutefois, Brienne, interprétant la véritable portée de la décision du roi, dans une dépêche du même jour, déclarait qu'il fallait prémunir le pape contre la tentation de donner un sens trop rigoureux au rappel de Lionne. On ne voulait pas, notamment, que le chef de l'Église pût attribuer à la cour l'intention de ne plus envoyer d'ambassadeur à Rome, mais on désirait « qu'il en fût touché d'appréhension, sans avoir occasion de dire qu'on l'en eût menacé »(2).

(1) Le roi au cardinal Bichi, 10 mars 1656. Affaires étrangères. *Correspondance de Rome,* tome CXXXI. Il y a, comme nous le constatons, deux lettres du roi au cardinal Bichi : celle qui vient d'être indiquée et une autre qui porte la date du 9 mars, mais beaucoup plus étendue, et, disons le mot, mieux écrite. Cependant, pour des motifs qui nous échappent, c'est la dernière qui fut expédiée.

(2) Brienne au cardinal Bichi, 10 mars 1656. Affaires étrangères. *Correspondance de Rome,* tome CXXXI.

Venait ensuite la lettre, par laquelle le roi annonçait à Lionne son rappel. Cette lettre était conçue
dans les termes les plus flatteurs pour sa personne
et ses services. Elle lui prescrivait, aussitôt après la
réception des ordres de la cour, de revenir à Paris,
après avoir pris congé du pape, mais sans entrer
avec lui dans aucune explication. « Votre conduite a
été telle, ajoutait le roi, qu'elle me fait désirer, avec
impatience, votre retour près de moi, enfin que je
vous emploie en des affaires qui feront connaître à
tout le monde la parfaite confiance que j'ai en
vous (1). »

Enfin, craignant de ne pas avoir motivé suffisamment les graves mesures qu'il venait d'arrêter, le
roi, dans une seconde lettre au cardinal Bichi, lui
mandait que, par sa conduite, le nonce du pape à
Paris affectait envers les intérêts du cardinal de Retz
la même partialité que le souverain-pontife, à
Rome. « Sa Sainteté, écrivait Louis XIV, fait bien
connaître encore en cela qu'elle ne se soucie pas
d'entretenir avec moi une bonne correspondance,
puisqu'elle s'attache si fort à laisser ici un ministre
qui est plutôt un instrument de division que d'u-
nion (2). »

(1) Le roi à Lionne, 10 mars 1656. Affaires étrangères. *Correspondance de Rome,* tome CXXXI.
(2) Le roi au cardinal Bichi, 12 mars 1656. Affaires étrangères.
Correspondance de Rome, tome CXXXI.

Durant l'intervalle qui s'écoula, entre l'envoi et la réception de ces dépêches, Lionne s'était efforcé de démêler les mobiles qui avaient fait agir le pape avec tant de violence; ou tout au moins si peu de mesure, dans la question du vicariat du cardinal de Retz. La reine Christine de Suède se trouvant en ce moment à Rome, Lionne n'avait pas manqué d'entrer en relations avec elle, et de recourir à l'influence de la princesse pour pénétrer les secrets d'une conduite, dont les causes étaient restées, jusque-là, un mystère. La reine, malgré ses allures fantasques et son caractère inquiet, aimait à jouer les rôles de confidente. Elle s'intéressa facilement à la situation de Lionne et promit de chercher à prévenir une rupture entre la France et le Saint-Siége, en s'interposant pour amener Retz à donner sa démission d'archevêque de Paris.

Elle ne réussit pas dans son entreprise, mais elle parvint du moins à se rendre compte, avec assez de justesse, de l'état d'esprit du pape. Lionne s'était imaginé, comme tout le monde, qu'Alexandre VII avait subi l'influence des Espagnols et cédé à un entraînement de cœur pour l'ex-coadjuteur. La reine Christine, après avoir vu Alexandre VII, fut d'un autre avis, et voici dans quels termes, trop familiers, Lionne raconte qu'elle s'en expliqua avec lui :

Premièrement, je vous assure que ce n'est pas par la considération des Espagnols ; le bonhomme ne regarde pas si loin, ils sont aussi mal satisfaits de lui que de nous, et il ne se fait nuls amis. Ce n'est pas non plus par affection pour le cardinal de Retz, car je vous assure positivement que le cardinal de Retz n'y a pas le crédit que peut-être vous croyez. J'attribue, poursuivit-elle, sa conduite à deux principales causes : l'une, à l'inapplication qu'il a pour toutes les affaires, tant soit peu importantes, et l'autre, à être frappé de l'opinion, que je trouve en la plupart des gens de cette cour, que le cardinal de Retz doit un jour gouverner la France et que cela ne lui peut manquer tôt ou tard.

Et comme Lionne protestait, en déclarant que jamais la France ne subirait une pareille domination, la reine reprit avec malice :

Oh ! pour cela..... s'il n'y avait que cet obstacle, je n'en ferais pas grand cas. Vous êtes tous trop accoutumés à servir et à courtiser ceux qui entrent dans les bonnes grâces du maître (1).

L'histoire impartiale doit reconnaître que l'appréciation de la reine Christine se rapproche beaucoup de la vérité. Évidemment, les actes politiques de Retz n'ont jamais eu d'autre but que la possession du pouvoir. Or, l'instabilité de l'esprit public en France était déjà telle, à cette époque, que l'ambition de Retz

(1) Lionne à Mazarin, 13 mars 1656. Affaires étrangères. *Correspondance de Rome,* tome CXXXI.

paraissait fort naturelle, et il faut bien convenir que, si elle échoua, ce fut parce que le crédit de Mazarin reposait sur d'autres bases que sa capacité et l'éclat de ses services, comme premier ministre. En d'autres termes, son meilleur appui contre les retours de la fortune, ce fut le cœur de la reine Anne d'Autriche.

Du reste, à la date même où nous sommes, Mazarin, par l'intermédiaire de son confident, le père Duneau, semblait vouloir composer avec le cardinal de Retz, puisqu'il le faisait sonder sur la question de savoir s'il consentirait à « servir le roi et la France, à la cour de Rome » (1).

Les lettres royales, qui mettaient fin à la mission de Lionne, lui parvinrent dans les derniers jours de mars. Il demanda immédiatement une audience au pape et prit congé de lui, le 27 du même mois, à la suite d'une conversation, qui se traîna d'abord dans les généralités, au milieu de l'embarras des deux interlocuteurs. Lionne exposa au souverain-pontife, qui paraissait encore en douter, qu'il avait reçu l'ordre formel de rentrer en France, le roi ne voulant pas supporter plus longtemps les mauvais procédés de la cour de Rome. Alexandre VII répondit « qu'il y avait des fatalités, qui faisaient arriver les choses contre l'intention d'un chacun »; mais que le gouvernement

____

(1) Le père Duneau à Mazarin, 20 mars 1656. Affaires étrangères. *Correspondance de Rome,* tome CXXXI.

français avait tort de régler sa conduite sur la maxime, trop étroite et trop rigoureuse : « *Qui n'est pas avec nous, est contre nous.* » Il ajouta quelques mots qui donnaient à entendre que, si Lionne avait été rappelé, c'était parce que le roi était peu satisfait de la conduite de son représentant.

Ce qui m'obligea, reprend Lionne, de lui-faire comprendre que je le compatissais lui-même, en l'état où il s'était mis, pour n'avoir pas distingué les artifices d'autrui d'avec la sincère passion que j'avais pour sa gloire et pour son service, et que, pour mon particulier, jamais je n'en eus plus sujet d'être content, Sa Majesté me faisant l'honneur de me rappeler, avec des éloges de ma conduite et des témoignages de son affection et de son estime, que j'étais bien éloigné de mériter. — Vous en trouverez, me dit-il, en France, de la nôtre et que non-seulement une fois, mais deux et trois, nous y avons témoigné souhaiter votre avancement à de plus grands honneurs qu'on ne vous a voulu accorder. — Saint-Père, dis-je, je ne les méritais, ni ne les désirais. Mais cependant ce que Votre Sainteté m'a dit est bien contraire à ce que M. le cardinal de Retz a fait publier, et là et ici, par ses émissaires, que Votre Sainteté avait tant de mépris pour moi que, si on me donnait quelque ordre et pouvoir pour traiter avec elle de la paix, quand je voudrais lui en ouvrir la bouche, elle me tournerait le dos (1). — Le pape s'altéra ou en fit le semblant, donnant un démenti à quiquonque avait tenu ce discours, ajoutant que c'était une calomnie détestable, et que, pour m'en faire voir l'invraisemblance, il me déclarait

(1) Nous expliquerons plus loin de quelle paix il s'agissait ici.

que non-seulement moi, mais un petit moine et la moindre
personne du monde, qui lui parlerait de la paix, il l'écoute-
rait avec plaisir et en traiterait avec elle (1).

Après avoir touché encore à divers sujets avec le
pape, Lionne se retira, laissant, après tout, quelque
tristesse dans l'esprit d'Alexandre VII, qui craignait
d'être conduit à une rupture avec la France. Il combla
d'ailleurs d'attentions et de présents l'ambassadrice,
qui ne crut pas devoir les refuser. Nous citerons
même à ce sujet un trait assez caractéristique. Le
père de Lionne ayant résigné entre les mains de l'aîné
de ses petits-fils, alors âgé de sept ou huit ans, une
abbaye, il fallait une dispense du pape pour régulariser cette donation. L'ambassadeur la demanda donc,
dans les formes accoutumées, et l'expéditionnaire, se
prévalant de la tradition, persuada à Mme de Lionne
qu'elle pouvait réclamer cette faveur, à titre gratuit.
L'enfant, appelé à en bénéficier, présenta lui-même
sa requête au pape, qui s'empressa d'y répondre affirmativement. Instruit de cet incident, Lionne accou-
rut chez le cardinal dataire, pour lui dire qu'il y avait
eu méprise de la part de Mme de Lionne, et qu'il était
impossible au représentant du roi, dans les circonstances actuelles, de contracter une pareille obligation
envers le chef de l'Église. Mais le pape ayant insisté, le

(1) Lionne à Brienne, 27 mars 1656. Affaires étrangères. *Correspondance de Rome,* tome CXXXI.

dernier mot de l'ambassadeur fut que, si l'autorisation était délivrée gratuitement, il la déchirerait (1).

Nous venons de raconter les péripéties officielles de
la mission que Lionne remplit à la cour pontificale
pendant quatorze mois environ. Mais ce récit ne donne
qu'une idée incomplète des mécomptes et des dé-
boires qu'il y endura : il y faut ajouter d'autres détails
qui, s'ils ne présentent pas un grand prix pour l'histoire générale, achèveront de peindre Lionne, à cette
époque de sa vie publique, sous ses véritables traits.

Le lecteur se souvient peut-être que Lionne avait
quitté Paris, au mois de novembre 1654, avec le titre
d'ambassadeur extraordinaire auprès des princes
d'Italie. Mazarin, en effet, lui avait dit, au moment de
son départ, qu'il emportait ce titre avec l'agrément
du roi, mais que, pour diverses raisons, il devait auparavant se contenter, à Rome, de la qualité d'envoyé
de Sa Majesté, ce qui ne lui enlèverait rien de son
autorité, ni de sa considération, du moment qu'aux
yeux du public il était déjà destiné à une situation
plus élevée. Fort de cette assurance, Lionne avait fait
insérer dans la *Gazette*, avant de se mettre en route,
un avis conforme aux indications qui précèdent, et la
note de l'organe officiel de la cour n'avait été suivie
d'aucune observation. En se rendant de Paris à son

(1) Lionne à Brienne, 3 avril 1656. Affaires étrangères. *Correspondance de Rome*, tome CXXXI.

poste, l'envoyé du roi avait été traité partout comme
un ambassadeur, dans le midi de la France d'abord,
à Gênes ensuite, et enfin à Rome, par ses collègues
et les cardinaux. Mais une dépêche de Brienne l'aver-
tit bientôt d'avoir à se dépouiller d'un titre qui ne
lui appartenait pas, et, dès la fin de janvier 1655,
Lionne dut s'exécuter, d'autant mieux qu'il n'était
pas encore en possession des lettres qui l'accrédi-
taient, avec la qualité d'ambassadeur, auprès des
princes d'Italie. Ces lettres lui avaient été promises
seulement pour les fêtes de Pâques, c'est-à-dire pour
une date où l'on présumait qu'il aurait terminé sa
mission à Rome. Ce contre temps fut très-pénible à
Lionne, qui écrivait à Brienne, le 31 janvier : « C'est
à vous autres, messieurs, à juger si, n'étant plus
ici que comme M. Gueffier y était, je serai assez en
état d'y rendre le service que Sa Majesté peut désirer (1). » ·

Au lendemain de l'élection d'Alexandre VII, Lionne
eut quelque espoir de se relever, en apprenant que le

____

(1) Lionne à Mazarin, 31 janvier 1655. Affaires étrangères. *Correspondance de Rome*, tome CXXVII. Gueffier n'avait jamais eu
que le titre d'agent du roi. Après avoir occupé à Rome, pendant
près de trente ans, les fonctions de chargé d'affaires et de premier
secrétaire, Gueffier mourut dans cette ville, en 1660, laissant par
testament 20,000 écus romains pour la construction du grand escalier de la Trinité du Mont, place d'Espagne. Gueffier était originaire du Mans.

nouveau pape paraissait désireux de le voir accrédité comme ambassadeur, et qu'il se proposait de le
demander officiellement, par l'intermédiaire du nonce
du Saint-Siége à Paris (1). Mazarin avait toujours
témoigné à son protégé les plus affectueux sentiments,
mais il ne jugeait pas le moment opportun pour faire
de Lionne un ambassadeur auprès du souverain-
pontife, ni pour remettre sur un pied normal la représentation diplomatique du roi de France à Rome.
Il invita donc son protégé à s'abstenir de toute démarche dans ce sens et lui reprocha doucement de
s'être laissé aller jusqu'à dire ou à espérer qu'il réussirait à forcer la main au roi pour une situation, qui
n'était ni à donner, ni à créer. Cette déclaration porta
un coup terrible aux illusions de Lionne. Il s'excusa
auprès de Mazarin de les avoir eues, mais il ajouta
qu'en se comparant à ceux qui l'avaient précédé,
ou à ceux qui pouvaient lui succéder à Rome, il ne
croyait pas avoir, dans cette circonstance, trop pré-
sumé de ses capacités.

Il me semblait voir, dit-il, que ce n'était pas un saut si
mortel, ni de haut en bas, de M. le bailly de Valençay à moi,
ni de bas en haut, de l'ambassade extraordinaire aux princes
d'Italie, dont Votre Éminence a trouvé bon que je fusse

(1) Lionne à Mazarin, 10 avril 1655. Affaires étrangères. *Corres-*
pondance de Rome, tome CXXIX.

honoré, à l'ordinaire de Rome, puisqu'il y a très-peu d'honneurs à recevoir en cette dernière qualité, que je ne reçoive déjà avec la première. A la raison, que j'ai autrefois paru ici en ma jeunesse *in minoribus*, je me répondais que c'était la gloire de Votre Éminence d'avoir pu élever à cet honneur une de ses moindres créatures, et, après tout, que Rome, qui voit tous les jours de pareils exemples à celui du cardinal Azzolino, lequel, de sous-secrétaire de Panzirolo (1), se trouve en une matinée au-dessus de tous les princes d'Italie, est une cour que de semblables changements et les subites élévations ne surprennent point (2).

Toutefois Lionne, après avoir immolé, avec la prestesse d'un courtisan, ses ambitions les plus chères, ne perdit pas un instant pour demander son rappel.

Si j'avais eu, dit-il dans la même lettre, deux ou trois raisons de supplier Votre Éminence, comme j'ai fait par mes précédentes dépêches, que je puisse m'en retourner en France, j'en ai maintenant dix ou douze de l'en conjurer, comme de la plus grande et sensible grâce dont je puisse lui être redevable.

A la veille d'entrer officiellement en lutte avec Retz, Lionne avait besoin, en effet, d'un appui énergique, d'une autorité incontestable, et il lui sem=

---

(1) Pancirole avait joué un grand rôle diplomatique dans les affaires de Mantoue et de Savoie.

(2) Lionne à Mazarin, 26 mai 1655. Affaires étrangères. *Correspondance de Rome,* tome CXXIX.

blait qu'à Paris, on avait l'esprit plus en éveil sur
les fautes qu'il risquait de commettre, que sur les
services qu'il était à même de rendre. C'était l'influence de Le Tellier qu'il redoutait plus particulièrement à cette époque, influence que les Mémoires
du temps signalent d'ailleurs comme étroite et
ombrageuse.

Cependant Lionne n'était pas dépourvu d'amitiés
puissantes à la cour. En dehors de Mazarin, il pouvait compter sur le dévouement d'Abel Servien, qui
partageait alors avec Fouquet les fonctions de surintendant des finances du royaume. Aussi, quand il
écrivait à Servien, Lionne employait-il un langage
plus libre, et lui ouvrait-il son âme, sans ménager
les personnes. Plus que Mazarin, Servien recueillit
donc la véritable expression des amertumes de
Lionne, à suite de l'incident qui précède :

Le refus qu'on sait ici publiquement qui a été fait à l'instance du pape, sur l'ambassade ordinaire, en ma faveur, lui
disait-il, m'a exposé à la risée des personnes que j'ai été
obligé de ne pas épargner, durant le conclave, pour bien servir
le roi. On croyait que cette instance de Sa Sainteté même
pourrait tellement couvrir les défauts, qui sont d'ailleurs en
ma personne, qu'il ne s'y rencontrerait point de difficulté. Cela
m'a fait décréditer et m'oblige à presser mon retour (1).

(1) Lionne à Servien, 25 mai 1655. Affaires étrangères. *Correspondance de Rome*, tome CXXVII.

Or, Mazarin n'avait nullement l'intention de rappeler Lionne, dont il avait besoin, dans les conditions où il le maintenait à Rome, pour engager le procès du cardinal de Retz. Mais Lionne ne voulut pas s'en rendre compte, et lorsqu'il put espérer, au bout de quelque temps, que le pape allait envoyer des commissaires en France, pour informer contre l'ex-coadjuteur, l'ambassadeur contesté insista une seconde fois afin d'obtenir son congé. Cette démarche n'eut pas plus de succès que la première. Elle fut encore renouvelée au mois d'août, et toujours inutilement. Enfin, de guerre lasse, Lionne s'adressa à son oncle, au mois de novembre, et lui fit l'aveu que sa situation était devenue intolérable :

Je vous avoue, lui écrivit-il, que je ne puis plus demeurer ici qu'avec dégoût et le plus grand chagrin du monde. Il m'y arrive tous les jours mille incidents qui me percent le cœur. Pendant que des ambassadeurs d'obédience de Venise me donnent la main chez eux, je trouverai, d'un autre côté, de petits ambassadeurs de Malte, de Lucques, voire de Ferrare, qui la prétendent sur moi dans mon logis. La reine de Suède arrivera, qui peut-être fera difficulté de me traiter d'ambassadeur, quoiqu'on m'ordonne de la voir. Je ne puis visiter le Sacré-Collége, parce que les cardinaux refusent de sonner la cloche, à cause que je n'ai point de caractère public, quoiqu'ils l'aient sonnée pour l'ambassadeur de Mantoue, et cent autres choses semblables, qui arrivent tous les jours et me font honte à moi-même. Il est d'ailleurs ridicule que je demeure ici des années entières incognito, ne pouvant marcher que de cette sorte dans les rues (1).

Les amertumes de Lionne prenaient chaque jour un caractère plus aigu. Il en était venu à confesser à Servien qu'il aimerait mieux être enfermé à la Bastille, que de garder plus longtemps ce qu'il appelait l'incognito, à Rome. Désireux de calmer cette irritation, mais résolu à laisser supporter, jusqu'au bout, à son protégé le fardeau de la négociation relative à Retz, Mazarin finit par lui donner l'assurance qu'il l'autoriserait à prendre un congé, au printemps de l'année 1656. C'était une maigre consolation; elle aida cependant Lionne à patienter, bien qu'au fond l'idée de l'ambassade de Rome n'eût pas cessé de le poursuivre jusqu'à ce moment (2), même lorsqu'il demandait son rappel avec le plus d'énergie.

Le chagrin d'avoir perdu l'ambassade ordinaire de France auprès du pape, n'explique pas suffisamment, néanmoins, les démarches incessantes que Lionne fit pour rentrer à Paris, presque dès le lendemain de l'élection d'Alexandre VII.

Il dut rencontrer, dans l'accomplissement de sa mission, des tribulations et des épreuves d'une

(1) Lionne à Servien, 17 novembre 1655. Affaires étrangères. *Correspondance de Rome,* tome CXXVIII, f° 436.

(2) Lionne à Servien, 30 décembre 1655. Affaires étrangères. *Correspondance de Rome,* tome CXXVIII.

22

nature plus délicate, et qui le jetèrent de bonne
heure dans un découragement irrémédiable. S'il
fallait s'en rapporter aux Mémoires du cardinal de
Retz, Lionne aurait été trahi par ses confidents les
plus intimes et livré au ridicule par les écarts de
conduite de sa femme, qui, non contente de compromettre sa situation dans des aventures galantes
et peu dignes de son rang, se serait oubliée jusqu'à
livrer à ses amants les secrets professionnels de son
mari. Sans vouloir entreprendre la réhabilitation de
Mme de Lionne ; sans vouloir, à plus forte raison,
garantir l'intégrité de ses mœurs, nous pouvons
constater cependant qu'il lui aurait été bien difficile
de jouer à Rome, dans le cours de l'année 1655, le
rôle odieux que lui prête le cardinal de Retz. Deux
personnages sont en cause ici, sur lesquels nous
demandons la permission de dire quelques mots,
non plus en invoquant les écrits des adversaires de
Lionne, mais en consultant la correspondance officielle et les lettres particulières de ce dernier. Il
s'agit de Croissy et de Louis Fouquet, frère cadet
du surintendant, tous deux conseillers au parlement
de Paris.

Le premier avait accompagné autrefois d'Avaux à
Münster, et la force des choses en avait fait ainsi un
ennemi de Servien et par conséquent de son neveu,
Lionne. Pendant la Fronde, il fut amené à prendre

parti contre Mazarin et s'attacha à la fortune de
Condé. Arrêté, quelques jours après Retz, à la fin
de décembre 1652, il devint son compagnon de captivité au château de Vincennes; mais, plus heureux
que l'ex-coadjuteur, il fut mis en liberté, sans avoir
été jugé, à la condition de résigner sa charge et de
quitter le royaume. Au mois de mars 1655, il vint
à Rome en curieux, et, s'il faut en croire Retz, il se
posa bientôt, comme un de ses agents les plus actifs,
pour traverser et tenir en échec. la diplomatie de
Lionne.

Celui-ci, dans ses lettres à Servien, raconte les
choses plus simplement et sous un autre jour.
Nous y voyons que Croissy, après avoir quitté
Venise, où il avait résidé en dernier lieu, serait
arrivé à Rome, dans le courant de mars 1655,
et se serait présenté immédiatement chez l'ambassadeur du roi, pour lui rendre ses devoirs. Le but de
son voyage, il l'affirmait lui-même, n'était autre
que d'assister à l'exaltation et au couronnement du
futur pape. Lionne l'accueillit froidement, et avec
l'intention formelle de ne point nouer de relations
suivies avec lui. Mais il reçut, peu de temps après,
de Brienne, l'ordre de lui remettre une dépêche du
roi, portant que le gouvernement ne désapprouvait
pas le voyage de Croissy à Rome, et qu'on se gui-
derait, pour faire cesser ou maintenir sa disgrâce, sur

le témoignage que Lionne rendrait de sa conduite.
D'ailleurs, Croissy n'était pas sans influence à la
cour, car Brienne le recommandait dans une dépêche
particulière à l'ambassadeur, « comme une personne
de mérite et qui pourra être utile à Sa Majesté ».

Ces hautes interventions, en faveur de Croissy,
causèrent à Lionne le plus grand embarras; elles
l'obligeaient en quelque sorte à donner son appui à
un homme, qui ne s'était signalé jusque-là que par
sa haine contre Servien. Sans avoir la moindre idée
de la situation, Croissy, de son côté, redoublait
d'obséquiosité envers Lionne, et lui demandait,
comme une faveur, d'être admis à le voir le plus
souvent possible. Ces avances furent nettement dé-
clinées par l'ambassadeur.

Je lui ai fait répondre, écrit-il à Servien, que cela n'était
nullement nécessaire; que je le priais de me dispenser de
recevoir cet honneur, et que, pourvu que je n'eusse aucun
avis de sa conduite, qui m'obligeât à écrire à son désavantage,
à la cour, il pouvait s'assurer que, sans qu'il fût besoin de
ses visites, je rendrais honnêtement les témoignages que l'on
doit à la vérité, quand il serait mon capital ennemi. Et comme
il pourra, avec le temps, désirer de moi que j'écrive à M. de
Brienne sur son sujet, et si j'ai rien appris de sa conduite qui
le rende indigne de la grâce qu'il espère, je vous supplie de
me mander comme vous estimez et désirez que j'en use (1).

_____

(1) Lionne à M. le surintendant, 8 mars 1655. Affaires étrangères.
Correspondance de Rome, tome CXXVII, f° 292.

On éprouvera quelque scrupule à admettre que
Croissy ait pris, au degré qu'indique Retz, une attitude hostile contre Lionne, alors que les destinées
du premier étaient si manifestement placées entre
les mains du représentant du roi. Retz aura donc
probablement exagéré beaucoup, dans un intérêt de
vanité, le dévouement que lui témoigna Croissy.
Cependant celui-ci fut dénoncé à Paris comme un
agent infatigable de l'ex-coadjuteur, et compris, à ce
titre, parmi les Français dont le gouvernement du roi
ordonna l'expulsion de Rome.

D'après la correspondance de Lionne, Croissy dut
quitter cette ville le 26 mai 1655 (1). Toutefois
Guy-Joli prétend qu'il y était encore, à la fin de cette
même année.

Quelle qu'ait été l'attitude de Croissy, elle n'a pu
exercer qu'une influence secondaire sur la situation
de Lionne. Mais il n'en est pas de même du conseiller
Fouquet, que les Mémoires de Retz dénoncent à la
fois, comme le confident de l'ambassadeur et l'amant
de sa femme, et qui aurait servi avec passion les
intérêts du cardinal contre le gouvernement français
et son représentant à Rome. Nous ne placerons pas
sous les yeux du lecteur les scènes bouffonnes
dans lesquelles s'est complu à ce propos la verve

(1) Lionne à Mazarin, 24 mai 1655. Affaires étrangères. *Correspondance de Rome*, tome CXXIX.

intarissable de Retz; elles appartiennent d'ailleurs
beaucoup moins à la littérature qu'à la comédie gros-
sière. Il est assurément fort possible que Mme de
Lionne se soit, dès cette époque, signalée par des
écarts de conduite qui n'eurent, plus tard, que trop
de retentissement. Nous savons cependant, par les
témoignages des agents de Mazarin, qu'elle fut, à
Rome, jusqu'à son départ, l'objet des plus tou-
chantes attentions de la part du pape, et nous en
concluons, tout au moins, que sa réputation n'y était
pas scandaleusement compromise. Le père Duneau
assure même qu'elle passait pour professer des opinions favorables au jansénisme (1). Enfin, s'il n'est
pas indigne de l'histoire d'entrer dans ces détails,
nous remarquerons que Mme de Lionne accoucha de
son troisième fils, le 8 novembre 1655, après une
grossesse assez éprouvée, ce qui ne se concilierait
guère avec les habitudes désordonnées que lui attribue Retz, du mois d'avril au mois de juillet de la
même année.

Mais il y a d'autres raisons plus sérieuses à invoquer pour concevoir des doutes sur l'authenticité du
récit de Retz.

Le conseiller Fouquet, d'après ce qu'il a raconté
lui-même, s'était rendu à Rome pour les affaires de

_____

(1) Le père Duneau à Mazarin, 17 janvier 1656. Affaires étrangères. *Correspondance de Rome,* tome CXXXI.

sa maison et pour son instruction particulière (1).

Le père Duneau, dont les appréciations sont si justes et si éclairées, après avoir rendu hommage à son esprit et à son jugement, qu'il qualifie de « très-exquis en toutes sortes d'affaires », ajoute qu'il est « véritablement homme d'honneur ». Or, si Fouquet avait mené, à Rome, la vie dissipée et peu honorable que lui impute Retz, comment aurait-il mérité les éloges d'un religieux aussi bien renseigné sur toutes choses que le père Duneau? Le fait authentique, c'est que Lionne et Fouquet, liés depuis longtemps, vivaient dans une grande intimité, et que le second avait mis à la disposition du premier des sources d'information très-sûres et très-précieuses, au sujet des mouvements de l'ex-coadjuteur et de ses amis. L'ambassadeur écrivait alors à Mazarin, en parlant de Fouquet :

C'est une personne qui, sans flatterie ni exagération, a joint à une vivacité d'esprit incomparable beaucoup d'étude dans les belles sciences et grande application aux affaires. En sorte que je tiens qu'à son âge (qui pourra paraître la seule exception) il rendra aussi bon compte de quelque grande et importante affaire qu'on lui puisse commettre, soit au dedans ou au dehors du royaume, de quelque nature qu'elle soit, que saurait rendre le plus vieux conseiller d'État et le

(1) Fouquet à Mazarin, 22 mai 1656. Affaires étrangères. *Correspondance de Rome*, tome CXXXI.

plus consommé dans les affaires. Et, s'il y a occasion de le
mettre à épreuve, je consens que ce soit à moi seul (et non
pas à messieurs ses frères, que je ne regarde point dans ce
témoignage que je rends), que Votre Éminence fasse des
reproches, si elle s'y trouve trompée (1).

A coup sûr, le mari a pu être déçu dans la
confiance qu'il témoignait à Fouquet, mais il n'a pas
dû en être de même de l'homme politique. Le jeune
Fouquet n'était pas dépourvu d'ambition, à beaucoup près ; de plus il était avisé, fin, et fort actif pour
ses intérêts. Comment admettre qu'il eût épousé,
dans de pareilles conditions, le parti de l'ex-coadjuteur, pour courir le risque de voir le ressentiment
du cardinal Mazarin, non-seulement entraver sa
propre fortune, mais encore ébranler celle de son
frère, le surintendant ? Du reste, Guy-Joli prétend
dans ses Mémoires qu'il ne fut jamais dupe des
sentiments de Fouquet pour le cardinal de Retz, et
qu'il mit souvent celui-ci en garde contre le danger
d'un commerce d'amitié imprudent, qui n'avait pour
résultat que de fournir à Lionne les indications les
plus circonstanciées sur les actes et les paroles de
l'ennemi de Mazarin.

Cependant l'habitude qu'avait prise Lionne de
tout dire et de tout communiquer à Fouquet n'avait

(1) Lionne à Mazarin, 3 mai 1655. Affaires étrangères. *Correspondance de Rome*, tome CXXIX.

pas laissé de causer quelque appréhension à la
cour, car il est de règle invariable qu'un ambassadeur est tenu d'observer, même à l'égard de
ses amis les plus éprouvés, une réserve absolue
pour les secrets d'État dont il est dépositaire. Le
bruit des relations de Fouquet avec Mme de Lionne
avait d'ailleurs été propagé à Paris par les agents de
Retz, et il en résulta bientôt des insinuations et des
propos fâcheux, qui obligèrent Servien à prévenir
son neveu.

On s'est plaint autrefois, lui écrivait il le 25 juin 1655, de
M. de Rohan, et on fut enfin contraint de le révoquer à cause
que, lorsqu'il était employé dans les affaires étrangères,
il ne faisait rien que sa femme n'en fut informée la première.
Je ne vous fais pas ce discours pour ma nièce, mais pour
d'autres personnes qui sont près de vous, que vous devez
bien considérer de leur faire part de ce qui se passe (1).

Fort ému de cette observation, Lionne s'empressa
de répondre à son oncle :

Ma femme ne sait non plus ce qui se passe ici dans mes
négociations que si elle soit au bout du monde. Pour M. le
conseiller Fouquet, il est vrai que jusqu'ici je ne lui ai pas
célé diverses choses qu'il eût aussi bien pu apprendre d'ailleurs, quand je ne les lui aurais pas dites, car il est très-mal-
aisé que rien demeure ici fort secret, le pape communiquant,

(1) Servien à Lionne, 25 juin 1655. Affaires étrangères. *Correspondance de Rome*, tome CXXVIII.

par nécessité de l'affaire, même à M. le cardinal de Retz
beaucoup de choses que je lui dis. Néanmoins je me prévau-
drai comme je dois de l'avis qu'il vous a plu me douner, pour
en user avec plus de réserve (1).

L'incident ne paraît pas avoir eu d'autre suite,
ni avoir causé la moindre altération dans les rapports
de Lionne et de Fouquet. Après le rappel du premier,
le second eut évidemment quelque velléité de solliciter l'ambassade de Rome, et nous constatons
même, dans sa correspondance, qu'il fut chargé par
Mazarin d'une mission spéciale auprès de la reine de
Suède, qui était encore dans cette ville. Mais un
deuil de famille lui fit quitter l'Italie, dès la fin du
mois de mai 1656, et dénoua aussi brusquement ses
ambitions diplomatiques (2).

Un des griefs les plus vifs d'Alexandre VII contre
Mazarin, c'était la répugnance que celui-ci avait ma-
nifestée, lors du congrès de Münster, pour conclure
la paix avec l'Espagne, et son parti pris invincible
de la différer depuis cette époque. Le pape n'était
que trop porté à fermer les yeux sur les véritables raisons d'une semblable politique et à n'y voir que l'expression d'un mauvais sentiment contre le souverain-

(1) Lionne à Servien, 12 juillet 1655. Affaires étrangères. *Correspondance de Rome*, tome CXXVIII.

(2) Fouquet à Mazarin, Rome, 22 mai 1656. Le père Duneau à
Mazarin, 29 mai 1656. Affaires étrangères. *Correspondance de Rome*,
tome CXXXI.

pontife, à qui son titre de chef de la chrétienté imposait une impartialité souvent pénible entre les belligérants, et l'obligation de rechercher tous les moyens d'interposer sa médiation amicale. Mais Mazarin obéissait, dans cet ordre d'idées, à des considérations exclusivement patriotiques, et s'il se dérobait à la conclusion de la paix avec l'Espagne, c'est parce qu'il voulait l'affaiblir plus complétement et obtenir d'elle des stipulations plus glorieuses.

Dans presque toutes ses conversations avec Lionne, Alexandre VII abordait ce sujet et montrait jusqu'à quel point il dominait ses autres préoccupations. A partir du mois de septembre 1655, la question de la paix devint l'idée fixe du pape. Il se dit résolu à faire prochainement une démarche pressante dans ce but, à Madrid et à Paris, afin que les deux rois nommassent sans retard leurs plénipotentiaires respectifs et choisissent Rome pour le siége des négociations (1). Mazarin, avec son habileté ordinaire, se garda bien de fermer l'oreille à ces suggestions; il insinua même qu'elles étaient d'autant plus opportunes, que le gouvernement du roi venait précisément de recevoir de Cromwell des propositions d'une autre nature, mais fort séduisantes. Toutefois le cardinal voyait des objections sérieuses à traiter de la paix à Rome; et

---

(1) Lionne à Mazarin; Rome, 14 septembre 1655. Affaires étrangères. *Correspondance de Rome,* tome CXXVIII, f° 280.

Lionne, qui les comprenait admirablement, les résumait ainsi :

Ce traité ne se peut faire commodément ni utilement à Rome, tant pour les raisons que Votre Éminence marque, que pour celles que le pape Clément disait à M. le cardinal d'Ossat, lorsque le feu roi Henri le Grand, pour ôter toute connaissance aux Anglais et Hollandais de ce qui se passait dans le traité qui fut depuis conclu à Vervins, désirait avec passion que la négociation s'en fît à Rome. Ce grand pape, qui était fort sage, ne le voulut jamais permettre et soutint toujours qu'il ne s'y pouvait jamais rien conclure de bon. Et d'ailleurs, il y a une considération convaincante et sans réplique, qui est que, sur le moindre incident où les plénipotentiaires et surtout ceux d'Espagne ne pourraient se résoudre, sans avoir de nouveaux ordres du roi d'Espagne, il faudrait attendre oisivement près de trois mois, avant qu'un courrier pût être allé à Madrid, y être expédié et être de retour. Ainsi, trois ou quatre incidents de cette nature, dont il en peut arriver trente et quarante dans le traité, consommeraient inutilement une année entière (1).

Du reste, à tous les arguments qui précèdent, s'ajoutait naturellement une autre considération, tirée de la présence du cardinal de Retz à Rome, qui, à elle seule, suffisait pour rendre impossible une négociation de cette importance, dans une ville où le secret des plénipotentiaires eût couru le risque d'être pénétré

(1) Lionne à Mazarin, 1er novembre 1655. Affaires étrangères. *Correspondance de Rome,* tome CXXX.

par tant d'esprits curieux. Lionne offrit donc au pape
de choisir une ville, à proximité du territoire italien,
comme Avignon ou Nice, par exemple, où Sa Sainteté
se transporterait sans trop de difficulté, et d'où elle
appellerait auprès d'elle le cardinal Mazarin et don
Louis de Haro. Mais le pape répondit que sa dignité
ne lui permettait pas de sortir de l'État pontifical,
excepté dans le cas où il aurait l'assurance de se rencontrer avec les deux souverains intéressés (1).

Malgré ces obstacles, la pression du sentiment général en faveur de la paix devint telle, qu'au commencement de l'année 1656, Mazarin dut promettre
que le roi Louis XIV se rendrait sur la frontière des
Pyrénées avec son premier ministre, dès que la campagne, alors en cours d'exécution, serait terminée (2).

Ajoutons que, si Lionne était entré avec tant de
zèle dans ces pourparlers, c'était avec l'espoir d'être
employé à la paix générale, soit à Rome, soit ailleurs
Au milieu des froissements et des amertumes dont il
était abreuvé, il s'attachait à cette perspective, comme
à une compensation qui lui était due, et il ne perdait
pas une occasion pour y préparer l'esprit de Mazarin.
Dans une lettre, sans suscription, mais probablement

(1) Lionne à Mazarin, 3 novembre 1655. Affaires étrangères. Correspondance de Rome, tome CXXX.

(2) Brienne au cardinal Bichi, 10 mars 1656. Affaires étrangères.
Correspondance de Rome, tome CXXXI.

écrite à Servien, Lionne passait un jour en revue les divers personnages qui essayeraient de s'imposer à ce propos au choix du cardinal. On ne s'étonnera pas que, dans l'état d'esprit où nous l'avons vu, il les ait jugés sévèrement.

Il se pourrait faire, disait-il, que M. le chancelier (Séguier), à présent qu'il n'a pas les sceaux, voulut être de la partie. Vous savez sa portée en affaires d'État. *Verbosus et nil suprà*, et par conséquent *impedimentum rerum agendarum*, et encore plus M. de Vendôme, si on y pensait. Outre que ce dernier choix passerait en France et partout ailleurs pour fort ridicule ; M. de Vendôme, qui ne dit jamais un mot de vérité, traiter la paix (1) !

Lionne concluait en priant son oncle de le recommander à Mazarin, sinon directement, au moins par Brienne, dont le fils, alors de passage à Rome, était l'hôte de l'ambassadeur. Une fois de plus, Servien se mit très-adroitement en campagne, en faveur de son neveu. A la vérité, il ne dit rien personnellement au cardinal, dans la crainte de paraître désirer lui-même quelque chose d'analogue, car il avait conservé, quoique surintendant des finances, la qualité de plénipotentiaire. Mais il fit parler à Mazarin (2), et, au

(1) Lionne à Servien (?), 14 septembre 1655. Affaires étrangères. *Correspondance de Rome*, tome CXXVIII, f° 280.

(2) Servien à Lionne, 30 octobre 1655. Affaires étrangères. *Correspondance de Rome*, tome CXXVIII.

commencement de décembre, celui-ci informait déjà
Lionne qu'on lui réservait un emploi dans la négociation de la paix générale, lorsque le moment serait
venu de l'aborder. Enfin, cette promesse lui fut con-
firmée par la dépêche de Brienne, qui accompagnait
ses lettres de rappel.

Vos services ont en sorte été considérés, lui écrivait ce
ministre, et si agréablement reçus, qu'on vous destine à un
emploi de tout autre conséquence et qui ne pourrait pas
compatir qu'on n'eût en vous une entière et la dernière confiance (1).

Lionne, après avoir remis les affaires de l'ambassade au cardinal Bichi, et pris congé de la reine de
Suède, quitta Rome le 3 avril, et rentra en France par
la voie de Gênes et du midi. Si l'on ne tient compte
que des instructions qu'il avait emportées, on peut
prétendre, à la rigueur, que ses efforts ne furent pas
heureux, car il n'obtint aucune satisfaction immédiate, au sujet du procès du cardinal de Retz. Mais
il avait cependant réussi à familiariser la cour
pontificale avec l'idée que ce dernier ne pourrait
jamais occuper le siége archiépiscapal de Paris, et
que sa démission, régulière ou non, était irrévo-
cable. Au fond, c'était tout ce qu'il était permis

(1) Brienne à Lionne, 10 mars 1656. Affaires étrangères. *Correspondance de Rome,* tome CXXXI.

à Mazarin de désirer ; car la nature des choses répugnait à ce que le pape épousât les animosités de la
cour de France, au point de traiter le cardinal de Retz
comme un criminel, et de le faire condamner à ce titre
par les tribunaux ecclésiastiques. Quant aux contemporains, ils conçurent, dès le premier jour, la plus
haute idée de l'habileté avec laquelle Lionne avait
manœuvré pendant le conclave, pour dégager à temps
Louis XIV d'exclusions impolitiques ou mal calcu-
lées. L'histoire doit ratifier ce jugement, en se fon-
dant sur les correspondances de Lionne, qui font tant
d'honneur à son discernement et à sa prudence.

FIN.

TABLE DES MATIÈRES.

LIVRE PREMIER

MISSION DE PARME

1642-1643

LIVRE SECOND

AMBASSADE DE ROME

1654-1656

Lionne prépare une exposition orale devant le conclave. — Il y renonce, de peur d'être mal placé pour se faire entendre, et se résout à envoyer au Sacré-Collége une note écrite. — Modifications et atténuations que les

Le 26 avril 1655, Lionne remet au Pape la lettre précédemment adressée par le roi à Innocent X, pour demander des poursuites contre le cardinal de Retz. —
Alexandre VII dit avoir besoin de quelques jours pour
l'examiner. — Influence croissante du cardinal de Retz
à Rome. — Lettre de Mazarin au Pape. — Nouvelle lettre
du roi à Sa Sainteté. — Le mandement de Retz du
22 mai 1655. — Plaintes de Lionne contre les libelles de
l'ex-coadjuteur. — Première promesse du Pape à Lionne,
au sujet d'une congrégation chargée d'examiner l'affaire

Pages.

Le Pape décide de nommer directement un suffragant
pour administrer l'archevêché de Paris, mais il refuse
d'entamer immédiatement le procès de Retz. — Conditions exagérées que le nonce du pape, à Paris, met à la
délivrance du bref concernant le suffragant. — Opposition
de l'épiscopat français. — Le gouvernement se résigne à
demander la nomination d'un vicaire général, choisi par
Retz, sur une liste dressée par le roi. — Le Pape accepte avec empressement cette proposition. — Retz délègue ses pouvoirs à l'official de Paris, M. du Saussay.
— Lionne demande des changements au libellé de la nomination. — Le pape ne les approuve pas tous. — Retz

FIN DE LA TABLE DES MATIÈRES.

Paris. — Typographie Georges Chamerot, rue des Saints-Pères, 19. — 5871.

www.ingramcontent.com/pod-product-compliance
Lightning Source LLC
Chambersburg PA
CBHW060954280326
41935CB00009B/720